모줌다,
그리스도와의 대화

모줌다 지음　　**이상민** 옮김

서른세개의 계단

펴낸곳 _ 서른세개의 계단

사색에만 빠진 철학은 삶과의 괴리를 만들고, 현실의 이익에만 눈을 돌린 자기계발은 삶의 의미를 잃고 방황하게 만듭니다. 그래서 실천적인 형이상학, 즉 현실에 도움이 되면서 삶의 의미를 명확하게 할 수 있는 책을 발간하고자 하는 것이 서른세개의 계단 출판사 목표입니다. 계속 좋은 책을 발간하도록 노력하겠습니다.

http://33steps.kr

번 역 _ 이상민 (리그파)

한양대 법학과 졸업. 2007년 '서른세개의 계단 출판사'를 설립하고, 네빌 고다드의 저작을 비롯해, 실천적 형이상학 관련 도서를 번역하여 출간하고 있다. 주요 역서로는 [네빌고다드 5일간의 강의] [세상은 당신의 명령을 기다리고 있습니다] [믿음으로 걸어라] [웨이아웃] 등이 있다.

이메일 pathtolight@naver.com

모줌다

모든 긍정적 속성은 **신 안에서 영원하다**

모줌다, 그리스도와의 대화

Triumphant Spirit

"모줌다의 생애 ———————————— 6

역자 서문 ———————————————— 10

Chapter 1 창조적 상상력과 실체 ———— 14

Chapter 2 상상과 믿음 ———————— 48

Chapter 3 믿음과 구원의 그리스도 ——— 82

Chapter 4 현대의 그리스도 계시 ——— 106

Chapter 5 그리스도의 역동적 명상 ___136

Chapter 6 영적 세계와 긍정 치유 ___178

Chapter 7 우주의 현상 ___230

Chapter 8 거대한 내면, 신비 중의 신비 ___270

Chapter 9 무한의 시야 ___306

모줌다의 생애

AKhoy Kumar Mozumdar (1864-1953)

   모줌다는 1864년 인도 캘커타에서 태어나 영적인 어머니의 영향을 깊이 받으며 성장했다. 어머니의 죽음 후 삶의 의미를 찾기 위해 인도 전역을 여행했고, 결국 미국으로 건너가라는 내면의 영감을 따르게 된다. 하와이에서 짧게 머물며 사람들에게 가르침과 치유를 전한 그는, 이후 시애틀에 도착한다. 당시 시애틀에 도착한 모줌다는 돈도 없고 영어도 몰랐지만, 현지 스웨덴 사람들의 도움을 받아 3년 동안 영어와 신학을 공부했다. 이후 그는 스포케인으로 옮겨, 본격적인 강연과 치유 활동을 시작했다.

   1905년 스포케인에서 시작된 그의 강연은 매주 일요일마다 많은 사람들을 모았고, 그의 영적 가르침은 점점 널리 알려졌다. 특히 인도의 영성과 크리스천 사상을 조화롭게 융합해 쉽게 전달하는 그의 능력은 사람들에게 깊은 인상을 남겼다. 그는 어려운 개념을 대중이 이해할 수 있도록 단순하고 명확하게 표현하

며, 매일 찾아오는 사람들에게 무료로 상담과 치유를 제공했다. 모줌다는 돈을 요구하지 않았지만, 사람들은 감사의 마음으로 그에게 관대한 기부를 했다.

이후 그는 뉴 메시아닉 메시지를 창설하고 미국 전역을 순회하며 강연을 했다. 그의 강연 주제는 "신과 창조", "전체성과 일체성" 등으로, 인간 내면의 신성과 우주의 본질을 강조했다. 많은 이들이 그의 가르침을 통해 삶의 의미와 방향을 새롭게 찾았고, 그는 미국 내에서 영적 지도자로서의 입지를 확고히 다졌다.

모줌다는 자신의 가르침을 통해 사람들이 더 큰 시야를 가지고 내면의 성장과 행복을 추구할 수 있도록 도왔다. 그는 우주를 하나의 생명으로 보고, 우리 삶의 모든 과정이 그 생명이 표현되는 과정이라고 설명했다. 모줌다는 특히 서구의 기독교 전통을 존중하면서도, 모든 종교의 진리와 가르침을 하나로 통합해 전달하려 노력했다.

    모줌다의 겸손한 태도 또한 그의 가르침의 중요한 부분이었다. 그는 자신의 성취를 개인의 업적으로 여기지 않았고, 모든 영광을 "하나의 근원 생명"에 돌렸다. 이로 인해 그의 이름은 많이 알려지지 않았지만, 그의 가르침은 점차 더 많은 사람들에게 영향을 미쳤다. 모줌다는 "가르침이 중요한 것이지, 교사가 아니다"라고 강조하며, 진정한 가치는 교사의 개성이 아니라 전달된 가르침에 있다고 역설했다.

    모줌다가 남긴 저작들은 현재에도 많은 사람들에게 영감을 주며, 그의 "전체성과 일체성"에 대한 메시지는 현대의 영적 탐구자들 사이에서 점점 더 중요하게 여겨지고 있다.

서른세개의 계단 출판사

서른세개의 계단 **블로그**

서른세개의 계단 **유튜브 채널**

교정용 가지치기 가위 카페

역자 서문

이 상민

　아내가 해오던 일을 잠시 쉬기로 하면서 우리 가족은 조금 긴 여행을 떠났다. 그동안 바쁘게 사느라 쉬지 못했던 것을 보상받듯이, 가보고 싶었던 휴양지들을 찾아다니며 시간을 보냈다.

　평소 보지 못했던 풍경에 넋을 놓고 바라보았지만, 솔직히 그것도 잠시일 뿐, 내 일상의 문제들과 계획들, 그리고 좋아하고 싫어하는 감정들이 다시금 머릿속을 채웠다. 눈은 멋진 풍경을 보고, 귀는 파도 소리를 들으면서도, 내 마음은 여전히 일상의 고민과 계획들에 묶여 있었다.

　"아! 좋다!"라는 순간적인 감탄이 전부였다. 오히려 새로운 환경에서 오는 미세한 긴장감과 내가 더 만족할 수 있는 다른 곳을 찾아야 한다는 부담감이 더해졌다. 그렇게 몸은 휴양지에 있었지만, 마음은 더 분주하고 불안했다.

　공교롭게 이번에도 이런 상태에서 모줌다의 책을 마무리하는 중이었다. 모줌다는 '내면의 왕국'을 이야기했다. 모든 것이 완

벽하고 부정적인 것이 전혀 들어올 수 없는, 원래 우리가 가진 순수한 상태가 지금 우리 내면에 있다고 그는 말한다. 그것은 그저 우리의 상상이 아닌, 하나의 실체이고, 인식하고 자각하면 들어갈 수 있는 곳이다. 나는 그것을 상상해보았다. 그 상태가 본래 내 상태임을 믿고 집중하려 했다. 하지만 생각은 자꾸 습관적인 불안함으로 인해 딴 길로 샜고, 나는 그 생각을 다시 내면의 왕국으로 되돌리기를 반복했다.

그 왕국은 모든 것이 다 준비되어 있어 욕망을 일으킬 필요조차 없는 곳이다. 고통도 허락되지 않는 완전한 평화의 장소다. 이곳에 내가 있다고 느껴보았다. 그 상태에 마음이 머문다는 것이 불가능해보였던 것이, 시간이 지날수록 차츰 견고해지면서, 진정한 편안함이 찾아왔다. 끊임없이 욕망을 쫓던 마음도 멈추기 시작했다. 특히 그곳은 욕망이 이미 실현되어 있는 공간이라는 생각이 내 욕망의 분주함을 점점 더 이완시켰다.

　마음이 진짜 쉬기 시작한 것이다. 그러면서, 내가 알고 있던 '휴식'과는 완전히 다른 "진짜 휴식" 상태를 잠시나마 경험했다. 무거운 짐을 내려놓은 듯한 가벼움이 찾아왔다. 나중에는 육체에 대한 인식마저 희미해졌다. 이는 어떤 휴양지에서도 경험할 수 없는 신비한 쉼의 상태였다.

　삶에서 혼란은 어쩌면 당연하다. 항상 행복을 찾고 있는 우리는 그 혼란을 피해 휴양지를 찾고, 은퇴를 꿈꾼다. 휴양지나 은퇴가 혼란을 끝내줄 것이라고 믿지만, 꼭 그렇지는 않다. 오히려 일이 바쁠 때는 그 일로 인해 부정적인 생각을 할 여유가 없었지만, 쉬게 되면 더 많은 부정적인 생각이 들어오곤 한다. 그렇기에 휴양지나 은퇴는 혼란의 해결책이 될 수 없다.

　그러나 우리는 일상 속에서도 내면에 피난처를 마련할 수 있다. 눈과 귀를 닫고 외부 세계를 차단한 후, 마음속에 천상의 세계를 만들 수 있다. 이곳은 언제 어디서든 들어갈 수 있는 피난

처이며, 점점 더 실체를 갖추게 되어, 보다 더 큰 쉼을 느낄 수 있게 되고, 보다 빠르게 접근할 수 있게 된다고 한다. 마침내 그 피난처는 우리 내면의 안정된 세계로 자리 잡는다.

  우리는 우리의 오감과 이성의 한계로 인해 안정과 평화가 외부에 존재한다고 믿으며, 이 내면의 왕국은 보지 못한 채, 외부에서 찾아 헤매고 있다. 하지만 그것은 우리의 내면에 지금도 존재하고 있다고 모줌다는 말한다. 이 책을 읽은 우리가 반드시 찾고, 도전해봐야 할 과제이다.

  나도 잠시나마 경험했던 그 공간을 나의 영원한 왕국으로 견고하게 만들어봐야겠다는 생각이 든다. 이 책을 읽는 많은 분들이 모두 도전해서 실제로 많은 이득을 얻기를 바란다.

Chapter 1

CREATIVE IMAGINATION AND REALITY
창조적 상상력과 실체

이 삶 어떤 것도 영원히 멈춰 있는 것은 없다.

모든 것은 언제나 계속되는 우주의 흐름 속에 있기에,
순간의 허황됨에 속아
무한한 가능성의 비전을 잃지 말라.

어떤 것도 한 곳에 영원히 머무르는 것은 없다.

당신이 이 땅에 오기 전에
수천 세대가 지나갔고, 당신이 이 땅을 떠난 후에도
수천 세대가 이어질 것이다.

왜 이 짧은 순간을 당신 삶의 전부로 만들어,
하나님의 영원한 왕국에는 존재하지도 않는
문제와 걱정을 만들어내려 하는가?

Chapter 1 CREATIVE IMAGINATION AND REALITY
창조적 상상력과 실체

어느 날 예수님이 내 앞에서 나와 대화를 나눈다고 상상했다. 그분이 무엇을 말씀하실지도 상상했다. 갑자기 놀라운 일이 일어났다. 상상이 점점 더 선명해지면서, 예수님의 존재가 현실로 느껴지기 시작했다. 내가 질문을 하면 인위적인 노력도 하지 않았음에도 예수님이 대답하신다는 것을 깨달았다. 그분이 말씀하신 내용은 내가 이전에 읽거나 듣거나 생각해본 적 없는 것들이었다. 잠시 의심이 들었다.

"이건 내 상상 속의 환영일까?"

그러자 그 목소리가 내 생각에 명확하고 또렷하게 대답했다.

"내가 네 상상 속의 환영이라면, 네가 전에 알지 못했던 것들을 어떻게 말해줄 수 있겠는가? 너는 학자도 철학자도 아니다. 너는 한 번도 인생에서 어떤 주제를 일관되게 깊이 생각하고 합리적인 결론에 도달해본 적이 없다. 너의 생각 대부분은 영감에 기반을 두고 있으며, 네가 내린 결론 대부분은 직관적이었다; 그럼에도 불구하고 너의 생각은 합리적이었다. 너는 네가 떠올리는 훌륭한 생각과 아이디어들이 어떤 알려지지 않은 근원에서 온 것일 수 있다는 생각을 해본 적이 있었나?"

나는 해본 적이 없다고 대답했다.

그러자 예수님이 말씀하셨다.

"네가 나에 대해 알고 싶은 것이라면 무엇이든 물어보라. 내가 대답해보겠다."

이 덕분에 나는 그분의 가르침에 대해 질문할 기회를 가졌다.

"스승이시여, 당신은 특별히 무엇을 가르치기 위해 오셨나요? 저는 당신의 가르침과 다른 위대한 교사들의 가르침 사이에 차이를 잘 모르겠습니다."

"큰 차이가 있다." 그분은 대답하셨다. "이 차이는 내 가르침이 다른 가르침보다 더 실용적이고 합리적일 뿐만 아니라 매우 급진적이라는 것을 의미한다. 예를 들어, 다른 스승들은 개인적인 노력이나 엄격한 수행 또는 의례의 준수를 통해 신을 깨달아야 한다고 가르쳤지만, 나는 이러한 것들이 필요하지 않다고 가르쳤다. 너는 너 자신의 노력으로 이 세상에 온 것이 아니다. 너를 이곳에 데려온 무한한 힘은 항상 너와 함께하며 너를 둘러싸고 있다. 나는 그 힘이 항상 너와 함께하며 너를 둘러싸고 있음을 깨닫게 하기 위해 노력하고 있다.

그 도움을 인식하고 받아들이는 것이 너의 몫이다. 수천억, 수조의 별과 은하를 움직이는 힘이 인간을 필연적인 영적 운명으로 이끄는 것은 당연하다."

스승은 잠시 멈췄다.

"우리가 왜 그 도움을 인식하는 것이 필요한가요?"라고 물었다.

"우리를 창조한 '무한한 권능Infinite Power'은 분명히 그 도움의 손길을 인식하게 할 수 있을 것이다." 답변은 간단하면서도 설득력 있었다. "인간은 의식을 가진 정신적 존재로 창조되었다. 어떤 것이 사람에게 존재하기 전에 먼저 인식하는 것이 인간의 본성 또는 기능이다. 그래서 당연히, 인간이 만물에 편재하는 하나님의 존재나 하나님의 도움의 손길을 인식하지 않는다면 그것은 존재하지 않는 것이 된다. 하나님은 인간에게 창조적 상상력을 부여했으며, 이를 통해 인간은 자신이 선택한 어떤 것이든 인식할 수 있었다. 그래서 한 사람이 의식적이거나 무의식적으로 받아들이지 않는다면, 그것은 존재하지 않는 것이 된다. 인간이 인식하고 받아들이는 것은 무엇이더라도 그에게 현실이 된다. 이 의식적인 인식과 상상력은 인간을 다른 창조물과 구별 짓게 한다."

나는 이어서 이렇게 질문했다. "하나님을 자각하거나 그분의 선물을 받기 위해 우리는 무엇을 해야 하나요?"

"상상하고 받아들이며, 하나님이 너를 돕고 있다고 믿어라."

이로써 우리의 대화는 끝났다. 당신은 이 대화가 단지 상상 속의 대화였다고 말할지도 모른다. 과연 그럴까? 이것은 풀어야 할 숙제이다. 이 대화는 그 무엇보다도 현실적이었다. 이 짧은 대화는 나에게 새로운 세계를 열어주었고, 보이지 않는 것을 보이게 하며, 건설적인 상상을 현실로 만들어주었다. 나는 하나의 현실에서 다른 현실로 가는 새로운 길을 발견하게 된 것이다.

아마도 당신은 "상상과 현실의 차이는 무엇인가?"라고 물을 것이다.

그 차이는 하나는 수단이고 다른 하나는 목적이라는 것이다. 당신의 상상은 당신의 의식에서 현실이 된다. 당신이 의식하는 것은 당신에게 존재하게 된다. 자연스럽게 당신은 이런 의문을 가질 것이다. "우리가 상상하는 것에 어떤 실체적인 것이 있을까?" 다른 말로 하자면, "상상한 것은 우리의 상상과 독립적으로 존재하는가?"일 것이다.

나는 그렇다고 대답한다. 만약 그것이 독립적인 실체를 가지고 있지 않았다면, 우리는 그것을 상상할 수 없었을 것이고, 나중에 그 실체를 나타낼 수도 없었을 것이다.

어느 날, 매우 재능 있는 젊은 여성 음악가가 자신이 겪은 신기하면서도 특이한 경험에 대해 말했다.

그녀는 말했다. "저는 우리의 지구보다 더 많이 발전한 많은 행성들이 있고, 그 안의 거주자들과 대화할 수 있다는 글을 읽고, 이런 내용을 바탕으로 제가 무엇을 할 수 있을지 알아보고 싶어졌어요. 저는 음악, 예술이 매우 발전된 행성의 거주자들과 연락해서 새로운 곡을 만드는 데 도움을 받기 위해 그곳의 천상의 존재를 불러내고 싶었죠. 어느 날 밤, 이것을 생각하며 누워 있을 때, 저도 모르게 제 앞에 그런 존재를 상상하고 있다는 것을 깨달았습니다. 그 존재는 점차 생생한 현실이 되기 시작했어요. 저는 그의 얼굴을 분명히 볼 수 있었어요. 그에게 제가 새로운 곡을 만들고 싶다는 소망을 말했어요. 그는 잠시 침묵하며, 유쾌하면서도 친절한 미소가 그의 고귀한 얼굴에 서서히 번졌습니다. 그리고 그는 부드럽게 명령했어요. '연필과 종이를 준비해서 쓰세요.' 저는 바로 그렇게 했고, 곧바로 환상적인 멜로디가 펼쳐졌습니다. 저는 서둘러 멜로디를 적고는 잠이 들었습니다. 다음날 아침에 깨어나서 그 멋진 곡을 피아노로 연주하며 멜로디를 흥얼거렸어요. 정말 놀라운 작품이었어요! 나중에 대중 앞에서 연주했을 때,

가장 까다로운 비평가들조차 이 곡에 깊은 인상을 받았어요. 만약 이것이 제 상상의 산물일 뿐이라면, 현실이라 불리는 것과 상상에는 무슨 차이가 있는 걸까요? 상상 속 인물이 진정으로 가치 있고 건설적인 것을 줄 수 있다면, 그 상상 속 인물도 실제 사람만큼 현실적이지 않나요?"

우리가 상상하는 것과 상상할 수 있는 것은 다를 수 있지만, 우리가 상상하는 존재, 사물, 상황들은 분명히 존재한다. 그러므로 우리가 상상하는 것은 우리의 의식에서 현실이 될 뿐만 아니라, 우리에 의해 실현되고 외부 세계에 나타날 수 있다.

인류의 모든 발전 과정에서 이것은 사실로 입증되었다. 역사 속에서 인간이 상상하고 이상으로 삼은 것은 항상 현실로 이루어졌다. 이 상상을 유발한 것이 외부적인 요인이든 인간 자체의 내적 충동이든, 이미지를 창조하는 힘인 상상력이 인간의 운명을 결정해왔다.

당신의 창조적 상상력은 생각의 흐름을 계속 만들어내서, 당신이 상상한 것을 실현하게 해준다. 무한한 창조 생명이 광대한 우주에 흩어져 있는 모든 멋진 것들을 먼저 만들어낸 것처럼 보이고, 그 다음에 이 경이로운 것들을 실현할 수 있는 창조적 상상력을 지닌 인간을 창조한 것처럼 보인다.

인간이 상상하고 인식할 수 없는 것은 실현될 수 없다. 원숭이도 인간처럼 도구를 쥘 수 있지만, 창조적 상상력이 부족해 건설적인 방식으로 사용할 수는 없다. 또한 원숭이는 가치판단 능력이 부족해서, 바나나와 다이아몬드를 함께 두면 바나나를 선택할 가능성이 높다. 문명인과 부시맨이 함께 있을 때, 원숭이는 자신과 가장 비슷한 부시맨을 따를 것이다. 마찬가지로 부시맨도 원숭이가 더 안전하다 생각되기에 문명인보다 원숭이를 선호할지도 모른다.

　이런 비교는 원숭이와 인간에만 한정된 것은 아니다. 인간과 인간 사이에도 적용된다. 낮은 차원의 사람은 높은 차원에 속하는 사람의 가치와 그가 이룬 업적을 인식할 수 없다. 왜냐하면 낮은 차원의 인간이 가진 창조적 상상력은 높은 차원의 인간의 것에까지 도달하지 못하기 때문이다.

　이 문명화된 사회에서도 인간에게 내재된 높은 영적 가능성을 상상조차 못하는 많은 사람들이 있다. 그들은 자신의 직접적인 주변 환경과 관련이 없는 것에 대해서는 생각하려 하지 않는다.

　얼마 전, 매우 정직한 한 신사분이 나에게 이런 질문을 했다.

　"정상적인 사람이라면 사후세계를 어떻게 믿을 수 있죠?"

나는 다시 이렇게 물었다.

"어떻게 인간은 무엇이든 믿을 수 있을까요?"

"제 말이 바로 그겁니다." 그는 냉소적으로 말했다.

"하지만 당신은 당신 자신이 한 말을 믿지 않아요."라고 나는 계속해서 말했다. "만약 믿었다면, 당신은 정신적으로 성장하지 못하고 인생에서 자신의 일을 계속할 수 없었을 겁니다. 특정한 가능성을 상상하고 믿지 않았다면, 어떻게 사업을 시작하고 유지할 수 있었겠습니까?"

"그건 다르죠," 그가 자신 있게 말했다. "제가 다루는 것은 구체적이고 현재 삶과 관련된 것이지만, 내세를 믿는 것은 저에게 너무 멀게 느껴집니다."

"당신이 사업을 시작했을 때 모든 단계를 본 것은 아닙니다." 나는 지적했다. "그럼에도 상상 속에서 제시된 가능성을 믿고 나아갔죠. 그 가능성들에 대해 구체적인 어떤 것도 없었습니다. 무엇이 당신에게 희망과 성공을 향해 나아갈 용기를 주었을까요? 그것은 바로 당신의 창조적 상상력 아니겠습니까? 하나님이 인간에게 부여한 모든 기능들은 특정한 역할을 가지며, 명확한 목적을 가집니다. 하나님이 인간에게 시력을 준 것처럼, 볼 대상들도 함께 주어졌죠. 만약 볼 대상들을 주지 않았다면 인간의 시력은 아무 의미가 없었을 겁니다. 이것은 인간이 가진 모든 능력에도 똑같이 적용됩니다. 하나님은 인간에게 미래 삶에 대한 희망을 주고, 그것을 실현할 수 없도록 만들지는 않았을 겁니다. 실제로 그러한 세계가 존재하지 않는다면, 인간은 저 너머의 세계를 상상할 수도 없을 겁니다. 인간이 내일을 생각하고 경험할 수 있듯이, 저 세상을 생각할 수 있기에 저 세상도 경험하게 될 것입니다."

이것을 통해 우리는 인간의 상상력이 삶의 여정뿐 아니라 사고 흐름을 조절한다는 것을 알 수 있다. 간단한 논리로, 인간이 사후세계를 상상할 수 있다는 사실 자체가 사후세계의 존재를 증명한다. 사후세계는 생명의 끊임없는 연속성 속에서 여러 방식으로 해석될 수 있다. 어떤 사람들에게는 다른 몸으로의 전환을 의미할 수 있고, 다른 사람들에게는 새로운 환경이나 의식 상태로 옮기는 것을 의미할 수 있다.

이 모든 것은 우리의 생각을 미래로 투영하는 것이 우리 존재의 연속성과 관련이 있다는 것을 보여준다. 절대적인 의미에서는 시간이 존재하지 않을 수 있지만, 우리는 상상과 현실 속에서 시간의 개념을 가지고 살아간다. 생명의 연속성 자체가 시간의 존재를 의미한다.

인간의 모든 건설적 상상이 이루어졌고, 계속 이루어지고 있는 것을 보면, 사후세상에 대한 상상만 예외일 이유가 무엇이며, 질병과 죽음을 정복하는 꿈이 이루어지지 않을 이유가 무엇인가?

대부분의 사람들은 익숙한 길을 벗어나는 것에 두려움을 가지고 있다. 그들은 창조적 상상력이 자신들이 속한 집단의 본능을 넘어서는 것을 허용하지 않는다. 우리는 소수의 모험심이 강한 영혼들이 세계 역사의 발전을 이끌었음을 볼 수 있다. 콜럼버스가 아메리카를 발견하든, 린드버그가 대서양을 횡단하든, 그리스도가 생명을 구하는 메시지를 전하든, 모험과 창조적 상상력은 분리될 수 없다.

이런 성취들은 하나님의 창조적 영역에서 가장 고귀한 모험이다. 지금 우리의 삶은 영원한 모험의 여정이다. 끊임없는 패배와 절망으로 인해 흐려진 시야로는 그렇게 보이지 않겠지만, 상상의 날개로 장대한 비행을 하는 데에 익숙한 영혼에게는 분명 영원한 모험의 여정으로 보일 것이다.

하루는 말을 더듬는 습관을 가진 어린 아이가 나를 찾아왔을 때 나는 이렇게 말했다.

"다른 아이들처럼 말하는 너 자신을 상상할 수 있니?"

"네." 아이는 더듬거리며 대답했다.

"그럼 혼자 있을 때, 상상 속에서 자신에게 유창하게 말해봐. 무슨 일이 일어나는지 확인해보자."

얼마 지나지 않아 아이의 엄마는 아이가 혼자 있을 때 말을 더듬지 않고 말하는 것을 보게 되었다. 하지만 아이는 어머니의 존재를 의식하자마자, 다시 말을 더듬기 시작했다. 그 소식을 듣고 아이를 다시 데려오라고 했다. 아이가 왔을 때 이렇게 말했다.

"정말 잘 하고 있어. 이제 상상을 조금 더 넓혀보자. 상상 속에서 아빠, 엄마, 형제자매들, 네가 알고 있는 사람들과 대화해보렴. 때로는 네 앞에 있는 것처럼 상상하고 대화를 해봐."

아이는 내 지시를 철저히 따라서, 말더듬는 습관을 극복했다. 이 습관을 극복할 수 있었던 이유가 궁금하다면, 아이가 생생한 상상력을 가졌기 때문이라고 확실히 말할 수 있다. 아이는 달성하고자 하는 이상적인 상태에 대한 매우 뚜렷한 이미지를 만들 수 있었다.

우리가 명확하고 일관되게 상상할 수 있다면 그것이 무엇이든 실현 가능하다. 말더듬는 습관을 가진 또 다른 사람은 다른 방법을 통해 그 습관에서 벗어났다. 나는 그에게, 유창하게 말할 수 있는 신이 그의 혀를 통제하고 그를 통해 말하고 있으며, 신이 바로 '모든 곳에 편재하는 힘 All-Pervading Power'이고 그의 말하는 능력 자체라는 생각을 심어주었다. 그는 이 방법을 통해 하나의 뚜렷한 정신적 이미지를 만들어냈고, 곧 말더듬는 습관을 극복했다.

우리가 어떤 매개체를 통해 도움을 받고 있다고 상상하고 믿으면, 모든 정신적 불안과 걱정에서 벗어날 수 있다. 우리는 그 도움의 손길을 정신적으로 받아들여 원하는 결과를 얻을 수 있다. 우리의 신체적 상태는 정신적인 것이다. 우리의 잠재의식 시스템이 우리의 신체 상태를 통제한다.

이전에 언급했듯, 상상하고 이상화할 수 없는 것은 실현할 수 없으며, 일관성과 집중력이 결여된 무의미하고 게으른 상상은 어떤 결과도 가져다주지 않는다. 때로는 추상적이고 철학적인 개념만으로는 특정한 부정적 상태를 극복하기에 부족하다.

한 저명한 사업가가 내게 이렇게 말했다.

"선생님! 전 걱정에서 벗어날 수가 없네요. 모든 형이상학적 수단과 방법을 시도해보았지만 소용이 없었어요."

나는 말했다. "좋습니다. 당신이 뚜렷하게 상상할 수만 있다면 당신의 걱정을 없애 줄 방법을 드리겠습니다."

그가 해보겠다고 하자, 나는 그에게 해야 할 것을 말해주었다.

"당신의 마음 속에 신을 두세요. 어떻게 해야 하는지 모를 수도 있지만, 방법은 매우 간단합니다. 과학은 만물이 진동으로 환원될 수 있다고 말합니다. 즉, 만물은 진동 에너지로 이루어져 있습니다. 이 중 가장 높은 진동은 '전지전능하고 어디에나 존재하는 신$_{\text{God, All-Pervading and Omnipresent}}$'입니다. 진동의 법칙에 따르면 높은 진동이 낮은 진동을 지배합니다. 흥분제가 우리 몸을 자극하는 이유는 그것의 원자 진동이 우리 신체 진동보다 높기 때문입니다. 모든 진동의 근원인 신의 진동은 모든 곳에 편재하고 있습니다. 신의 존재를 상상하고 몸과 마음에서 그 존재를 인식하는 순간, 당신은 정신적으로 그것과 접촉하게 됩니다. 만일 당신이 그 생각에 마음을 집중한다면 이것의 효과는 흥분제나 강장제의 효과와 같습니다. 결과에 대해 걱정하지 마세요. 걱정을 치유하는 것에 대한 모든 생각을 내버려 두세요. 이 가장 높은 진동이 어떤 치료제보다도 강력하다고 상상하는 것만으로도 충분하며, 그러면 그것은 그것 고유의 방식으로 작동하여 부정적인 걱정의 진동을 사라지게 할 것입니다."

그 남자가 이 간단한 원리를 적용하자, 곧 모든 근심에서 해방되었다.

그에게 이 특정한 방법을 권유했던 이유는, 그는 현실적이고 분석적인 마음의 소유자였기 때문이다. 그의 마음은 믿음으로 충만하거나 신비적이거나 형이상학에 익숙하지 않았다. 그는 모든 것을 구체적인 현실 관점에서 이해했다. 그래서 내가 그에게 구체적이면서 과학적 진리를 제시한 순간, 그는 명확한 이미지를 형성하여 받아들일 수 있게 된 것이다.

우리가 정신적으로 인식하지 않는다면 어떤 상황도 존재할 수 없기 때문에 모든 상황은 우리 마음 속에 존재해야 한다. 우리의 마음이 받아들이는 모든 관념은 이성의 테두리 안에서 정신적 효과를 만들어낸다.

어느 날, 나는 괴로운 생각에 마음이 찢어지는 듯한 고통을 겪었다. 아무리 애써봐도 마음을 통제하지 못해, 평소와 같은 평온함과 침착함을 유지할 수 없었다.

그때 갑자기 하나의 생각이 나에게 떠올랐다.

그것은 이랬다.

"만물을 창조한 창조 생명은 만물을 통제하고 규제한다. 그렇다면 왜 이와 같은 창조 생명이 당신의 마음을 통제하고 있다고 상상하지 않는가? 그리고 왜 그 창조 생명이 당신의 마음을 그것의 뜻대로 하게 내버려 두지 않는가?"

굉장히 경이로운 생각이었다. 내가 그 생각에 더 집중할수록 마음은 평화를 되찾아갔다.

긍정적 상상을 불러일으킨다면 하나의 정신적 인상을 만들어내게 되고, 그것은 우리에게 특정한 긍정적 영향을 미친다. 그것이 영원한 진리에 기초한 것이라면 일시적인 긍정적 확신을 넘어서 지속적인 효과를 만들어낸다.

현대 과학은 우리의 많은 미신적 믿음을 제거한 동시에, 본질적이고 영구적인 기반 위에 우리의 믿음을 구축하고 있다. 우리가 진실로 받아들인 것은 무엇이든, 우리에게 진실이 된다. 오늘 우리에게 진실인 것은 수천 년 전 우리 야만적인 조상들에게는 진실이 아니었다. 그들의 창조적 상상력의 한계로 인해 그들은 제한된 환경을 넘어서 볼 수 없었다. 그래서 생명에 대한 좁은 관점의 한계를 벗어나지 못한 채 그 안에서 살다가 죽었다.

그러나 세대를 거듭하는 동안, 그들의 후손들은 삶의 계단을 하나씩 올라가면서 점점 더 멀리 볼 수 있게 되었다. 점점 넓어지는 정신적 지평은 계속해서 새로운 경계를 넘어가기 시작했다. 투쟁과 갈등을 통해 계속 올라갔다. 그 과정은 느리게 진행되었다. 모든 혁신과 새로운 사상은 세대를 거듭할수록 더 높은 것을 허용하지 않으려는 낮은 사고 방식 때문에, 이전 세대들에 의해서 강력히 저항받았다.

이것은 수천 년 전이나 지금이나 마찬가지이다. 내 말이 믿기지 않는다면 정치인, 편집자, 출판인, 설교자, 그리고 이른

바 애국자라 불리는 사람들을 관찰해보라. 그들은 진보적인 관념을 쉽게 허용하지 않을 것이다. 그들의 극단적인 이기심은 창조적 상상력이 확장되지 못하게 막는다. 그들은 자신의 개인적인 업적과 영광에 너무 심취하여 자신의 자녀와 손주들에게 남겨주게 될 파멸적이고 가치 없는 유산에 대해 생각할 시간이 없다. 그럼에도 불구하고, 그 평범한 문명인은 자신의 가족과 자녀를 자랑스럽게 여긴다고 말한다.

다행히도 이 급변하는 시대 속에서 우리 문명의 진보적 요소들이 그들 앞의 낡고 오래된 것들을 쓸어버리고 있다. 현대 과학의 발전과 보편적 교육의 확산이 이런 긍정적 상황을 어느 정도 이끌고 있다.

창조적 상상력이 커질수록 당신이 이룩할 성취도 커진다. 그렇다면 왜 당신이 이룩하고자 하는 성취를 이기적인 이득이 아닌, 하나님이 운명 지은 참자아의 표현으로 만들려 하지 않는가? 아름다움과 웅장함의 무한한 영역 안에 있는 무한한 가능성이 당신을 계속해서 부르고 있다. 당신 자신을 현재의 작은 생명의 이기적인 열망으로 제한하지 않는다면 당신이 탐험하기를 기다리고 있는 무한한 영역을 발견하게 될 것이다. 그리고 나이가 들면서 죽음과 쇠퇴를 마주하기보다는 언제나 새로운 도전을 준비하게 될 것이다.

이 삶 어떤 것도 영원히 멈춰 있는 것은 없다. 모든 것은 언제나 계속되는 우주의 흐름 속에 있기에, 순간의 허황됨에 속아 무한한 가능성의 비전을 잃지 말라. 어떤 것도 한 곳에 영원히 머무르는 것은 없다. 당신이 이 땅에 오기 전에 수천 세대가 지나갔고, 당신이 이 땅을 떠난 후에도 수천 세대가 이어질 것이다. 왜 이 짧은 순간을 당신 삶의 전부로 만들어, 하나님의 영원한 왕국에는 존재하지도 않는 문제와 걱정을 만들어내려 하는가?

마치 물방울이 거대한 대양과 하나 되는 것처럼, 이 생명도 그것의 근원인 우주 생명의 거대한 바다로 돌아간다고 여기면서, 삶이 영원한 모험임을 기억한다면 이 땅에서 머무는 시간을 행복한 경험으로 만들게 될 것이다. 이것은 당신에게 희망과 용기와 영감을 불어넣어주며, 두려움 없이 당신이 하는 일을 할 수 있게 만든다. 삶이 정말로 영원한 모험이라고 생각하고 상상할 수 있다면, 그것은 실제로 영원한 모험이 된다.

당신은 이곳보다 더 아름답고 고귀한, 거주 가능한 다른 세계와 집들을 상상할 수 있다. 다만 많은 사람들은 하나님이 부여한 힘을 잘못 사용하여 확장된 비전이 주는 감동적인 짜릿함을 잃어버린다. 이 땅에서의 삶이 황혼에 접어들 때 사람들은 시야가 흐려지면서 절망적인 마음으로 어딘가 쉴 수 있는 곳을 찾으려 한다. 하지만 그들이 찾게 되는 것은 서서히 사라져가는 생명의 얕은 강 끝자락의 황량한 불모지이다.

우리는 이 슬픈 광경을 흔히 볼 수 있다. 하지만 지친 여행자가 창조적 상상력을 조금만 더 넓힐 수 있다면 황혼의 지평선 너머에 있는 일출을 볼 수 있다. 그러면 이곳보다 더 행복하고 밝은 다른 세계의 장엄함이 펼쳐지며, 그에게 오라고 손짓한다. 내일의 새벽보다 더 고귀하고 신성한 존재들이 그를 맞이하고 인도할 준비가 되어 있다. '불멸의 전지전능한 존재 Eternity's Omniscient Presence' 앞에서 세월은 사라진다. 어젯밤의 악몽처럼, 슬픔과 고통은 잊혀진다.

이제 그의 창조적 상상력은 하나의 실체가 되어 그의 꿈을 실현시킨다. 당신은 "그 너머에는 무엇이 있을까?"라고 묻는다. 당신이 믿고, 느끼고, 알고 있는 것 너머에는 영원한 잠이 있다. 하지만 계속 깨어 있는 우주에서는 그런 잠을 상상조차 할 수 없다. 전자와 원자도 잠들지 않는다. 그들은 노래하고 춤추며 우주의 형상 속으로 들어간다. 그곳에서 멈추지 않는다. 그들은 계속해서 나타났다가 사라지며, 그들이 나온 무한의 품 속으로 돌아간다. 이렇게 그들은 영원한 숨바꼭질을 한다.

친구여, 언제나 깨어 있는 세상에서는 그 무엇도 잠들지 않는다. 당신은 의식을 가진 존재이다. 그렇기에 당신이 의식하고 있는 것은 당신에게 현실이다. 의식 있는 존재인 당신이, 의식 없는 어떤 것으로부터 왔을 리는 없다. 낮은 차원의 것이 높은 차원의 것을 만들어낼 수는 없기 때문이다.

한 남자가 나에게 찾아와 말했다. "마음이 너무 혼란스럽습니다. 생각할 수도, 계획을 세울 수도 없습니다. 현재의 어려운 상황에서 벗어날 방법을 찾을 수 없어요."

나는 대답했다. "당신이 생각하거나 계획하기 전에 '무언가가' 당신의 생각과 계획을 만들었습니다. 그렇지 않았다면 당신은 이곳에 있지도 않았을 것입니다. 그렇다면 그 무언가가 지금도 당신을 위해 생각하고 계획한다고 상상하는 건 어떨까요? 이러한 상상은 당신에게 현실이 되고, 모든 불안과 걱정에서 당신의 마음을 해방시킬 것입니다. 당신의 마음이 불안과 걱정에서 자유로워지면, 명확한 사고를 할 수 있게 됩니다. 그렇게 생각하는 것은 심리적으로도 매우 큰 효과를 줄 것이며, 뿐만 아니라 '영적 실체 Spiritual Reality'를 깨닫게 되는 영적 효과는 말할 것도 없습니다."

"저도 당신처럼 믿음이 있으면 좋겠네요." 그가 슬퍼하며 말했다.

"만약 당신도 지금 제가 말하고 있는 것을 이해하려고 노력한다면, 당신도 이런 믿음을 가질 수 있습니다." 나는 계속 말했다. "신이 당신을 위해 어떤 일을 하고 있다고 상상한다면, 그 일이 무엇이든 그분은 당신이 그렇게 받아들이고 믿은 것에 따라 그 일을 할 것입니다. 긍정적 확신을 갖고 상상하는 것은 당신에게 현실이 될 것이며, 당신의 삶을 지배하고 통제하게 될 것입니다. 당신을 가장 안심시키고 풍성한 결실로 인도하는 것은, 모든 곳에서 신이 당신을 돕고 있다는 상상입니다. 진리를 상상하는 것은 당신을 깨달음의 길로 인도합니다. 당신이 인식하는 것만이 당신에게 현실이 됩니다. 당신이 그것이 진실임을 인식하지 않는 한, 그것은 당신에게 현실이 되지 않습니다. 당신의 상상력이 그것을 의식하게 해줍니다. 당신이 '만물에 편재하는 초의식 All-Pervading Superconscious Being' 존재를 상상할 수 있다는 것은, 당신에게 그것을 실현할 수 있는 능력이 있다는 것을 말해줍니다."

이 대화 후, 그는 완벽한 평화를 찾았을 뿐만 아니라 자신의 문제를 해결할 내면의 인도도 받게 되었다.

이 '우주의 창조 근원 Creative Principle of this universe'은 하나이며 나눌 수 없다. 모든 곳에 편재하고 있는 이 근원 안에 마음을 지니고 있는 우리 중 누구도, 따로 분리되어 살 수는 없다. 우리는 우리의 꿈을 만들고 다시 실현하기 위해 우주의 창조 근원을 인식할 수밖에 없다. 무한의 끝없는 영역 안으로 우리의 정신적 시야를 고양시키기 위해서는 최초의 근원으로 돌아가야만 한다. '불멸의 창조 생명Eternal Creative Life'의 부름에 우리가 응답하지 못한다면 오직 죽음과 어둠만을 마주하게 된다. 자의식을 가진 정신적 존재인 인간에게 정신적 어둠이란 죽음과 같다. 그의 믿음과 희망을 고무시키는 모든 것이 사라진다. 그러면 그저 의미 없는 노동, 결실 없는 노력만이 그를 맞이한다. 우리가 '초월적 존재Supernal Being'의 은총을 얻기 위해 하는 소위 선행이라 불리는 것을 한다 해도 정신적 생명의 활력을 유지하기에 충분하지 않다.

우리가 우리의 모든 긍정적 생각과 행동을 '창조의 근원Creative Principle'에서 왔다고 여길수록, 우리는 '그것'과 더욱 연결될 것이다. 하나님이 우리 마음을 통해 생각하고 있다는 상상은 우리의 개인적인 노력으로 하는 어떤 생각이나 계획보다 더 큰 평화와 만족을 준다. 우리가 하나님이 우리를 통해 생각하게 할 때, 우리는 언제나 위를 바라보며 하나님의 생각이 우리 마음에 스며들기를 기다린다.

이런 마음가짐으로 인해 우리는 숭고한 평화의 느낌을 받는다. 우리가 하나님의 중요한 도구라는 생각은 우리의 삶을 외롭게 만드는 고립감을 없애주고, 개인적인 노력에서 오는 모든 걱정과 메마름도 사라지게 한다. 그때 우리는 '파괴할 수 없고 자존하는 근원Indestructible Self-Existent Principle'과 밀접하게 연결되어 있음을 깨닫기 시작한다. 결국, 하나님과 그분의 창조물은 불가분의 관계인 것이다.

겉에서는 많은 것이 변화되는 듯 보이지만, 이 우주의 근본적 근원은 언제나 그대로이다. 만일 이런 고귀한 철학적 통찰력이나 상상력이 없다 하더라도, 여전히 '영원한 진리Eternal Truth'에 다가갈 다른 방법이 있다. 바로 이것이다. 만일 당신의 '의식하는 생명'이 '어떤 것'의 산물이라면, 그 '어떤 것'은 다른 것들보다 중요할 것이다. 그 '어떤 것'은 언제나 계속 당신에게 새로운 영감과 계시를 주며 당신을 영원히 앞으로 나아가게 하고 있다.

의식하는 존재인 인간에게 주어진 가장 큰 유산은 비전과 의식을 확장하는 것이다. 비전으로 당신은 살고 있으며, 당신이 무한한 유산을 인식하는 만큼, 그만큼 더 넓은 영역에서 살게 된다. 당신에게 이런 가능성을 준 그 '권능Power'을 이제 조금 신뢰하고 믿을 수 없겠는가? 그 '권능'이 당신을 실패하게 한다면 당신이 할 수 있는 것이란 없다! 하지만 그 '권능'은 실패할 수 없다. '자존하는 불멸의 근원Self-Existing Eternal Foundation'

은 절대 실패하는 일은 없다. 당신이 그 사실을 인식하고 그 근원에 기대어 살게 되면, 모든 걱정과 두려움으로부터 벗어나게 될 것이다.

당신이 이 땅 위에 태어난 것에 대한 책임이 당신에게 없다면, 당신을 이 상황으로 데려온 그 '권능'에게 그 책임을 맡기는 것은 어떤가? 당신이 이 '편재하고 보호하는 권능_{All-Pervading Protecting Power}'을 더 많이 상상할수록, 당신은 보호받고 있음을 더욱 확신하게 된다.

그러므로 우리는 하나님이 인간에게 준 가장 큰 선물이 인간의 창조적 상상력이라고 주장한다. 이 선물을 통해 인간은 자기자신을 자신이 상상하는 것의 일부로 만든다. 우리에게는 상상력이 있다. 우리를 그렇게 상상력 있는 존재로 만든 '그것'이 우리보다 못할 수 있을까? 만일 그렇다면 '그것'은 자신의 목적을 성취할 수 없을 것이다.

우리는 작은 자아의 범주에서 생각하고 그것에 기반한 관념을 갖고 있기에, 우리가 그 '우주적 창조 근원'을 '우주적 인격체_{Universal Personality}'로 상상하는 것은 극히 자연스러운 일이다. 또한 우리의 모든 경험이 우리의 '생각을 하는 작은 자아_{personal thinking life}'의 생명과 연관되기 때문에 '우주적 창조 근원'을 '우주적 인격체'로 상상하고 인식하는 것은 우리의 특권이다.

'우주적 인격체'를 자각하는 것은 우리가 할 수 있는 가장 흥미진진한 경험이다. 우리가 받아들여 현실로 만드는 것이 우리에게 실제가 된다는 것은 하나님의 법칙이다. 그 이상의 것은 모두 의미 없는 추측에 불과하다. '무한의 존재Infinite Being'를 비인격적인 것으로 생각하는 것은 당신의 마음에 공허와 어둠을 남긴다. 그것은 '믿고 생각하고 자각하는 생명believing, thinking, and realizing life'을 심연의 무無, nothingness의 세계로 가라앉게 만든다.

당신이 작은 생각을 하는 사람이라면, '그것'을 '우주적 생각하는 자Universal Thinker'로 상상함으로써 '우주의 창조 생명Universal Creative Life'과 굉장한 친밀감을 느낄 수 있게 된다. 당신이 그 '거대한 생각하는 존재'에 대한 생각을 더 많이 할수록, 당신이 하는 긍정적 생각이 현실이라고 더 확신하게 된다. 진실되고 선하며 긍정적인 모든 것은 우주의 생각일 뿐만 아니라, 당신에게 현실이 된다.

당신이 인식하는 것은 당신에게 현실이다. 그 너머는 어떤 것도 당신에게 영향을 주지 않는다. 당신이 하는 생각과 관념으로 인해 당신은 이 작은 생명을 현실로 인식하게 되었다. 그렇다면 당신이 '불멸하고 자존하는, 우주적 생각하는 자'라고 상상한다면 그 생명은 당신에게 얼마나 또 현실이 될 것인가!

 공간을 텅 빈 것으로 생각하는 대신, 언제나 우리를 선한 생각으로 보호하고 있는 '우주적 생각하는 자'의 존재로 생각하는 것은 어떤가? 선한 생각의 영역에서는 죽음과 파괴의 개념이 존재할 수 없다. 이 선한 생각들은 모두 당신 주위에 있다. 이렇게 인식한다면 당신의 생각을 선한 것으로 만들 것이고, 당신은 자동적으로 선한 것만을 나타낼 것이다. 이것은 또한 불행하고 부정적인 생각들 모두를 지배하게 할 것이다.

 이렇게 부정적인 생각을 지배하는 것은 세상을 정복하여 명성과 부를 얻는 것보다 더 위대한 일이다. '영원히 변하지 않는 본질의 세계Indestructible Essence'에서는 모든 건설적인 생각이 선한 생각이다. 당신은 선한 생각을 해야 할 뿐만 아니라, 당신 자신을 '우주적 생각하는 자Cosmic Thinker'로 상상해야만 한다. 이것은 언제나 생명으로 가득 차 있고, 완벽하며 자유로운, 당신의 또 다른 모습이다. 당신이 이것을 주장하고, 믿고, 이것 안에서 사는 상상을 한다면, 당신은 분명 그 모습을 나타낼 것이다. 그 그림은 당신의 정신적 생명의 일부가 되어 자동으로 투사될 것이다.

 결국, 당신이 보는 모든 것은 '우주 화가Cosmic Painter'가 그린 그림이다. 당신이 3차원에서 이해하는 모든 것은 '무형의 영

Intangible Spirit'에 그 근원을 두고 있다. 3차원 물체 안에서 고체 상태부터 영원히 진동하는 우주 에너지에 이르기까지 다른 차원을 쉽게 발견할 수 있다. 상상을 통해서만 다른 차원들과 접촉할 수 있다.

이 '생각하고 믿고 자각하는 생명thinking, believing, and realizing life'을 넘어서는 것에 대해 누가 추측하고 싶어하겠는가? 생각을 넘어선 상태에 대해 추측하기 위해 '생각하는 생명'을 이용한다면 그 생각으로 과연 무엇을 얻을 수 있을까? 공void이나 무nothingness를 궁극적 목적으로 생각한다고 해서 당신의 '생각하는 생명'을 소멸시킬 수는 없다. 왜냐하면 공이나 무를 생각하더라도, 당신은 여전히 생각하는 자로 남아 있기 때문이다.

이 생각하는 자는 공이나 무보다 더 크다. 사실이 그렇다. 그렇지 않았다면 당신의 궁극적인 공이나 무는 아무 의미도 없었을 것이다. 오히려 당신의 생각하는 생명이 거대한 무엇이었다는 것을 역설적으로 증명하게 될 것이다.

그렇다면 왜 '생각 없는 무thoughtless nothingness'를 생명의 궁극적 목적으로 생각해, 이 생각하는 생명의 즐거움과 행복함을 해치려 하는가?

그러므로 당신이 '모든 곳에 편재하는 창조의 생명All-Pervading Creative Life'인 하나님에게 말할 때, 그분이 사람처럼 당신의 말을 듣고 이해할 수 있다고 상상하라. 그렇게 한다면 당신의 마음은 '우주의 초의식 근원Universal Superconscious Principle'과 빠르게 조화를 이룰 것이다. 이 '초의식의 근원'은 당신 안에 있으며, 또한 당신을 둘러싸고 있다. 다시 말해 '그것'은 편재하며 전능하다.

'초의식'이 당신 안에 있다고 말할 때, 그것은 당신 마음이나 의식 안에 있다는 것을 의미한다. 당신은 '초의식'이 당신의 마음에 스며들어 있으면서 당신의 마음을 지탱하고 있다고 상상할 수 있는가? 만약 그렇게 할 수 있다면, 당신은 부정한 생각을 하지 않게 될 것이다. 당신 마음속에서 이 '신성한 존재'를 하나의 인격체로 만든다면, 그 존재의 본성으로 인해 당신은 정직하고 진실하게 된다.

이 인격화된 '초의식'은 진실되고 선한 것이 아니라면, 당신이 행하지 못하게 할 것이다. 게다가 '그것'은 당신을 인도하고 지시할 것이며, 당신은 삶의 모든 여정에서 '그것'의 소리 없는 음성을 듣게 될 것이다.

어느 날, 실제 일어나지 않은 일로 한 남자가 나에게 온갖 욕을 하며 비난하기 시작했다. 순간 나는 내 마음 속 초의식과의 연결을 잃었다. 보복하려는 마음으로 폭발하기 직전, 내 의식 속에서 목소리가 울렸다.

"침묵하라. 인내하라. 내가 이 상황을 처리할 것이다."

나는 이 내면의 목소리에 응답하며 말했다.

"주여! 당신의 말씀을 따르겠습니다."

그러자 놀라운 광경이 펼쳐졌다. 나를 비난하던 자는 더 이상 나를 똑바로 쳐다보지 못했다. 부끄러움에 고개를 숙이고서는 작은 목소리로 사과하기 시작했다. 우리는 불행히도, 이 '초의식 생명 Superconscious Life'을 믿고 신뢰하지 못한다. '초의식'을 실제처럼 대할수록, 그것은 더욱 실제가 된다. 당신이 상상하고 받아들이는 어떠한 형태로든, '그것'은 반응한다. 당신이 '그것의' 목소리를 더 들을수록, '그 존재'는 당신에게 더욱 뚜렷해진다.

모든 긍정적인 생각과 관념은 언제나 '불멸의 긍정적 존재 Eternal Positive Being'에게 속한다. 그래서 '초의식'이 당신에게 말한다고 상상하는 모든 긍정적인 것은 '초의식'에게 진실이 될 것이다. 상상 속에서 나눈 초의식과의 대화는 현실이 될 것이다. 다시 말해 당신이 상상하는 것과는 별개로 초의식이 당신에게 필요한 것을 말할 것이다.

한 남자가 나에게 말했다. "모줍다 선생님. 저는 꽤 형이상학과 영적인 철학을 공부해왔지만 초의식의 목소리를 들은 적은 없습니다. 사실 저는 그 개념이 잘 잡히지 않았습니다.

초의식과 접촉하는 방법과 그 존재를 확인할 수 있는 방법을 알려주시겠습니까?"

"기꺼이 도와드리겠습니다." 나는 대답했다. "이제, 제가 하라는 대로 하세요. 당신이 혼자 있을 때 초의식이 당신 안에서 생생하게 한 인격으로 존재한다고 상상하십시오. 다시 말해 그 초의식은 당신의 말을 듣고 이해할 수 있는 겁니다. 그리고 살아있는 사람에게 말하듯이 '초의식'에게 말하세요. 원하는 질문을 하되, 미리 답을 생각하지 말고, 상상의 초의식이 생생한 현실이 될 때까지 계속 질문하세요. 즉, 초의식이 당신 안에서 살아있는 존재로 느껴질 때까지 질문하세요. 당신이 상상을 하지 않아도 '초의식'은 질문에 대한 답을 하게 될 것이니, 놀라지 마세요."

이 남자는 실험을 한 지 10일도 되지 않아, 놀라운 결과를 얻게 되었다. 처음 이틀 동안은 어떤 변화도 없었다. 셋째 날 그는 약간의 변화를 느꼈는데, 마치 초의식이 사람인 것처럼 실감나기 시작했다. 넷째 날, 그 존재는 매우 뚜렷해졌다. 그때부터 그의 질문에 대한 답이 분명하게 오기 시작했다. 나중에 발생한 사건들과 경험을 통해, 그 답이 진실임이 입증됐다.

기억해야 할 한 가지는 우리가 원하는 만큼 빠르게 우리 안에서 초의식의 생생한 존재를 느낄 수 있다는 것이다. 이를 위해서는 약간의 생생한 상상력, 이해력, 그리고 믿음만 있으면 된다. 내가 '초의식'으로부터 도움받는 것을 생생하게 상상한다면 그 도움의 손길은 즉각 주어진다. 천상의 도움이 오는 것을 명확하게 상상한다면 반드시 오게 된다.

법칙은 다음과 같다. 우리가 인식하는 것은 우리에게 현실이 된다. 우리가 상상할 수 있는 긍정적인 것, 긍정적인 생각은 '영원한 긍정적 존재Eternal Positive Being'로부터 나오는 것이다. 우리가 그것을 상상할 수 있다는 사실 자체가 그것을 상상하고 실현하는 것이 우리의 몫임을 보여준다. 수단이나 방법은 중요하지 않다. '모든 곳에 편재하고 자존하는 영원한 근원All-Pervading and Self-Existing Immortal Principle'이 항상 우리와 함께 있고 우리를 돕는다는 것을 생생하게 상상하고 명상하는 것만큼 우리의 '생각하고 믿는 생명thinking-and-believing life'에게 두려움 없는 용기와 위로를 주는 것은 없다. 그러면 어떤 일이 일어나더라도, 그것은 모두 편재하는 창조의 본질 안에서 일어난다는 깨달음이 온다.

광대하고 우주적인 관점에서 이 경이로운 창조물과 생명을 생각하면 모든 걱정과 고민은 사라지게 된다. 우리는 계속해서 우리를 전진시키고 상승시키는 '무한한 우주의 물결'을 따라 전진하고 상승한다. 우리는 모든 부정적인 것이 너무나 헛되고 무의미해 보여서, 그런 허상 같은 것들을 무시하고 죽은 과거의 많은 불행한 사건들을 잊을 수 있게 된다.

그때 우리는 '모든 곳에 편재한 영'의 세계에서 무한한 가능성이 끊임없이 새로운 영감을 주며 우리를 손짓하고 있음을 깨닫기 시작한다. 이것을 '영원한 생명'이라고 부른다.

이 영광스러운 생각, 그것의 바깥에는 오직 어둠과 죽음만이 있다.

광대하고 우주적인 관점에서
이 경이로운 창조물과 생명을 생각하면
모든 걱정과 고민은 사라지게 된다.

우리는 계속해서 우리를 전진시키고 상승시키는
'무한한 우주의 물결'을 따라 전진하고 상승한다.
우리는 모든 부정적인 것이 너무나 헛되고 무의미해 보
여서, 그런 허상 같은 것들을 무시하고
죽은 과거의 많은 불행한 사건들을 잊을 수 있게 된다.

Chapter2

IMAGINATION AND BELIEF
상상과 믿음

무언가 일이 잘못되면, 당신은 타인을 탓하려고 한다. 그로 인해 상황은 더 악화되고 만다.
혼란한 마음은 혼란만을 더 가져오고, 그렇게 되면 문제는 더욱 악화된다.
사실상 문제 해결에서 더욱 멀어진다.

이 잘못된 상황을

하나님이 바로잡고 있다는 상상과 믿음은
가장 경이로운 결과를 가져오는 방법이다.

개인적인 노력으로 문제를 해결하려고
애쓰지 않을수록, 해결책은 더 빨리 찾아온다.
'하나님의 전능함'을 더 깊게 깨달을수록, 우리는 높은 법칙에 다가가게 된다.
영적인 차원에서의 상상, 비전, 믿음은 모든 것을 우리의 정신적 시야 안에 가져올 뿐만 아니라 현실에서도 실현시킨다.

Chapter 2 IMAGINATION AND BELIEF
상상과 믿음

우리의 삶은 우리가 상상하고 믿은 것이다.

우리가 지닌 믿음은 우리의 삶에 동기를 부여하고 삶의 방향을 결정한다. 우리가 특정한 방식으로 생각하고 행동하는 이유는 무엇일까? 그것은 동기를 부여하는 믿음 때문이다. 다시 말해, 의식적이든 무의식적이든, 우리는 믿음을 지니고 있으며, 이 믿음이 특정 방식으로 생각하고 행동하게 한다.

어느 날 한 남자가 나에게 말했다. "생계를 꾸리는 것이 쉽지 않아요."

"왜 그렇게 생각하나요?" 나는 물었다.

"제 경험으로 보아 그렇다고 느꼈습니다." 그는 대답했다.

나는 그의 생계의 어려움이 정신 상태 때문임을 알았다. 하지만 나는 그 정신 상태를 만든 원인은 알지 못했으며, 단지 어릴 적의 어떤 정신적 인상에서 비롯되었다는 것만 알 수 있었다. 그래서 나는 그의 어린 시절과 유년의 가정 환경에 대해 조사하면서, 그의 아버지가 삶은 힘든 투쟁이며 생계를 꾸린다는 것이 어렵다는 생각을 마음에 심어주었다는 것을 알게 됐다. 이 믿음은 아들의 정신적 시야를 좁혀서, 주위에 있는 더 큰 기회와 가능성을 볼 수 없게 만들었다.

다행히도 그에게는 타고난 머리와 배울 의지가 있었다. 내가 예시와 사례로 그에게 상상과 믿음의 힘을 확신시킨 순간, 그는 이해하기 시작했다. 또한 새로운 믿음을 구축하고, 확립된 믿음을 발판삼아 정신적 시야를 점차 넓혀 가면서, 그것에 따라 행동하는 법을 빠르게 배웠다. 급속도로 새로운 사람이 되어갔다.

만약 그에게 변하고자 하는 의지가 없었다면 그는 바뀌지 않았을 것이다. 우리들은 왜 자신이 변할 수 없는지에 대한 수백 가지 변명을 찾고 제시한다. 이 변명들은 잠재의식 안의 반대 믿음에서 비롯된 것이다. 만일 믿음과 믿음이 가진 힘에 대한 진리를 이해하고 자신의 의식 속에 새로운 동기를 만들어내려는 욕망이 있는 사람이라면 쉽게 정신적 정체 상태에서 벗어날 수 있다.

어떤 사람들은 항상 자신의 노력에 따른 확실한 결과를 기대한다. 이 결과가 나타나지 않으면, 노력에 대한 신뢰를 상실한다. 또 어떤 사람들은 결과가 확실히 자신의 노력에 따라온다고 느끼는데, 이러한 유형의 사람들은 실천가와 창작가인 경우가 많다. 당신은 이들의 성과 뒤에는 항상 일관된 창조적 상상력이 있음을 보게 된다. 당신은 창작물을 작업할 때, 그것이 완성을 향해 나아가지 않는다면 작업을 계속할 수 없다. 당신이 노력의 결과를 기다리는 동안, 당신은 단지 기다리고 있다는 믿음을 형성할 뿐이다. 따라서 당신이 성취하고 있다고 믿는 것을 당신은 성취한다.

우리 대부분은 과거에 심어진 부정적 인상과 싸우고 있다. 우리가 그 과거의 사실을 인식하면 우리는 그 부정적 인상에 너무 많은 힘을 주게 된다. 왜냐하면 우리는 우리의 욕망과 바람을 이루기 위해 그 거대한 장애물을 제거하는 것이 매우 힘들다고 믿기 때문이다. 그런 믿음이야말로 제거해야 할 장애 중 하나라는 사실을 간과한다.

그렇다면 왜 어릴 적에 심어진 정신적 인상에 그렇게 큰 의미를 부여하는가? 우리가 장애물을 덜 인식할수록, 우리가 만나게 되는 장애물도 적어지게 된다. 소위 장애물이라고 불리는 것들을 디딤돌로 여기고, 목표에 시선을 고정하라.

극도로 예민하지만 똑똑하고 재능 있는 소녀가 있었다. 그녀는 끊임없이 주변 사람들이 자신에게 음모를 꾸미고 있다고 상상했다. 그녀에게 무슨 문제가 있는 것일까? 어린 시절에 어떤 형태로든 불친절한 대우를 받았을 것이다. 그래서 매 맞는 아이처럼 상상의 공격을 막기 위해 끊임없이 손을 올리는 것이다. 이것이 과민함의 진짜 원인이다. 만약 그 누구도 그녀를 공격하지 않으며, 단지 상상 속 두려움이 그녀 스스로를 지치게 하고 있다는 것을 설득시킬 수 있다면 그녀는 자유롭게 될 것이다. 물론 그녀가 자유롭게 되는 것을 원치 않는다면 누구도 그녀를 도울 수 없다.

어느 날 뉴욕에서 매우 계몽된 여성을 만났다. 단점이 하나 있다면 과도하게 예민하다는 것이었다.

나는 그녀에게 물었다. "왜 그렇게 예민한가요?"

"잘 모르겠어요." 그녀는 대답했다.

"당신은 누군가가 당신을 깎아내릴 것이라는 무의식적인 두려움을 가지고 있죠. 그렇지 않나요?" 나는 조심스럽게 물었다.

"잘 모르겠어요." 그녀는 대답했다.

"기분이 나쁘지 않다면, 그 원인을 말해드릴 수 있습니다."

그녀는 계속 이야기하라고 했다. 그래서 나는 말했다.

"아마도 당신이 어릴 때 가난했고, 사회적 혜택이 부족해서 다른 사람들의 불친절한 말에 매우 민감하게 반응했을 겁니다."

그녀는 그 말이 맞다고 인정했다.

"이것으로 인해 당신은 만나는 사람들에게 인정받으려는 욕구를 갖고 있습니다. 그래서 당신에게 배려를 하는 사람들에게 지나치게 관대하게 되었죠."

그녀는 이에 동의하며 물었다. "어떻게 이 모든 것을 아는 거죠?"

"저도 한때 사람들의 의견에 매우 예민했던 사람이거든요. 미국에서 초기에 겪었던 일들은 결코 유쾌하지 않았어요. 저는 제 믿음을 바꾸면서 예민함을 극복했죠."

"어떻게 믿음을 바꾼 거죠?" 그녀는 물었다.

"우선 저는 신이 저를 돕고 있다는 믿음을 가졌습니다. 그리고 많은 훌륭한 사람들이 저에게 친절하고 우호적이기에, 제가 만나는 사람 모두에게 인정받을 필요가 없다는 생각을 마음에 새겼습니다. 미국에서 태어난 사람들조차 저만큼 많은 친구를 두지 못했습니다. 그런데 왜 제가 이 사람 저 사람의 의견을 걱정해야 할까요? 그때부터 저는 예민함을 극복했을 뿐 아니라, 그 믿음으로 인해 많은 도움을 얻게 되었습니다. 지금은 그때 가졌던 믿음보다 더 새롭고, 강하고, 보다 나은 믿음을 지니게 되었습니다. 그것은 신이 인간에게 자신의 생명을 잘 표현할 수 있는 특정 수의 사람들을 주었으며, 이들이 동료 영혼이라는 믿음입니다. 동료 영혼들을 더 많이 찾으려 할수록, 더 많은 동료 영혼들과 만나게 됩니다. 따라서 다른 사람들에 대해 걱정할 필요는 없습니다."

단점의 원인을 찾기 위해 과도하게 분석하는 것은 도움이 되기보다는 해가 된다. 그것은 마음을 혼란스럽게 하면서 우리가 극복하려는 약점을 더욱 의식하게 하곤 한다. 우리가 너무 과도하게 의미를 두고 있는 부정적인 성향은 극복하기 어려워진다. 우리가 어렵다고 받아들인 것은 실제로 그렇게 되기 때문이다. 이 단순한 진리를 마음에 새긴다면, 우리는 단점이라 불리는 것도 쉽게 극복할 수 있을 것이다.

한때 나는 너무 긴장을 해서 운전을 할 수 없다고 믿었다. 그러던 어느 날 나는 왜 운전을 못하는지 스스로에게 물었다. 이 질문에 대해 납득할 만한 답을 찾을 수 없었다. 그러나 내 마음이 받아들이고 믿는 것에 모든 것이 달려 있다는 것을 깨닫게 된 순간, 나는 다른 사람들처럼 운전을 잘할 수 있다고 믿기로 결심했다. 또한 모든 긍정적인 욕망 배후에는 하나님이 있고, 하나님이 그 욕망을 이루도록 돕고 있다는 믿음을 마음에 새겼다. 이것으로 인해 나는 자신감을 찾을 수 있었고, 곧 운전을 하기 시작했다.

이 경험을 통해, 믿음을 만드는 데에 믿음 그 자체 외에는, 다른 이유가 필요 없음을 깨닫게 되었다. 믿음은 우리가 받아들이고 교육받은 특정한 인상들이 우리의 정신적 생명의 일부가 되는 것에 기초하고 있다. 하지만 의식적으로 새로운 믿음을 만들기 위해서는 마음을 설득할 수 있는 어떤 이유가 필요하다. 확신하지 못한 낯선 생각은 마음이 쉽게 받아들이지 못한다. 하지만 어떤 생각은 우리가 가진 과거의 잠재적 인상으로 인해 쉽게 받아들이기도 한다. 따라서 확신이란 정신적 수용성의 문제이다. 우리는 상상력과 확신의 내재적 가치를 이해함으로써 우리 자신을 수용적으로 만들 수 있다.

새로운 긍정적 믿음을 만드는 가장 좋은 방법은 그 믿음이 마음을 장악하고 있으며, 빛이 어두운 그림자를 사라지게 하듯, 모든 불신이 사라지고 있는 것을 상상하는 것이다. 중요한 것은 먼저 무엇을 믿을지 정하고, 그 후 상상력과 믿음의 힘을 이해하는 것이다. 자신에게 도움이 되는 것을 믿고 있으며, 그 믿음이 바로 이 순간 정신적 생명의 일부가 되고 있다고 상상할 수 있다면, 그것은 현실이 될 것이다.

그 현실 여부는 당신의 마음이 믿음을 받아들이고 있다는 것을, 혹은 그 믿음이 당신 마음의 일부가 되고 있다는 것을, 당신이 얼마나 생생하게 상상하고 그리는지에 달려 있다. 예를 들어 마음이 긍정적인 생각을 받아들이고 있다거나, 그 생각이 실제로 마음의 일부가 되는 것을 상상할 수 있다면 그것은 당신에게 현실이 될 것이다.

당신의 마음을 당신에게 노출된 모든 것을 사진으로 각인

되는 민감한 필름처럼 상상할 수 있나? 만일 그렇게 할 수 있다면, 더 빠르고 좋은 결과를 얻게 될 것이다.

나는 한때 긍정적인 것들을 믿지 않던 시기가 있었다. 내 이성은 그것을 받아들일 수 없었기 때문이다. 어느 날 무엇을 믿느냐, 마느냐는 내 특권이라는 생각이 떠올랐다. 믿음은 우리의 삶을 만들고 있다. 그런데 나는 긍정적인 것을 믿지 않아서 나에게서 긍정적인 경험과 반응을 스스로 빼앗고 있었던 것이다.

그렇다면 왜 나에게 유리한 것인데도 믿지 않았을까? 나는 이렇게 문제를 단순화시키는 것을 통해 긍정적 믿음을 흔드는 정신적 논쟁들을 멈출 수 있었다.

나는 분명 이렇게 말하는 목소리를 들었다. "삶은 논리로 사는 것이 아니라, 삶, 그 자체의 가치로 사는 것이다. 그리고 당신이 당신의 삶이라고 믿는 대로 당신의 의식 속에 나타난다."

그때부터 나는 이렇게 단순한 이유로 무언가를 믿기 시작했고, 많은 실험을 통해 놀라운 결과를 얻었다.

어느 날 한 청년이 내게 말했다. "사람이 믿음만으로 자신을 바꿀 수 있다는 걸 전혀 받아들일 수 없어요."

나는 대답했다. "그 이유는 당신이 그것을 믿고 싶어하지 않기 때문입니다. 당신의 불신은 실제로는 부정에 대한 믿음입니다. 따라서 긍정적인 것 혹은 긍정적인 생각을 믿지 않을 때 당신은 부정적 결과를 경험하게 됩니다. 이 진리를 깨달았다면, 긍정적인 것들 모두를 믿기로 결심함으로써 긍정적인 결과를 얻으십시오. 당신의 믿음에 따른 행동과 반응은 당신의 의식하는 생명과 그것이 무엇을 실현할지를 결정짓습니다."

"어디에서 이런 것을 배우셨어요?" 그가 물었다.

"더 높은 차원으로부터 얻습니다. 제가 더 높은 차원의 관념이나 생각을 얻으려고 할 때면, 저는 차원이 더 높은 원천을 믿기로 결심해서, 상상을 통해 그것의 존재를 생생하게 느낍니다."

"그렇다면 그건 순전히 당신의 상상이겠군요." 그가 말했다.

"하지만 그 상상은 사실입니다." 나는 대답했다. "단순한 상상이 제가 받은 경이로운 사상들을 창조할 지능이 있을까요? 결과만 두고보자면, 제가 상상했던 높은 차원의 원천은 매우 실제적입니다."

"당신 말은, 우리가 더 높은 차원의 원천을 상상하고 믿는다면 영감을 받게 되어 창의적인 생각들을 얻을 수 있다는 건가요?" 그가 물었다.

"물론입니다. 그건 우리가 얼마나 생생하게 상상하고 믿을 수 있는지, 그리고 비전을 명확하게 할 수 있는지에 달려 있습니다." 나는 그에게 말했다.

어느 날 밤, 나는 '모든 곳에 편재하는 하나님의 존재Conscious Presence of the Omnipresent God'를 느끼며 잠자리에 들었다. 잠자는 동안 고차원의 지식이 내게 주어질 수 있도록, 마음을 열어두었다. 그 상태에서 잠에 들었을 때 여전히 반쯤 깨어있는 상태임을 알았다. 즉, 잠이 들었지만 여전히 '모든 곳에 편재하는 하나님의 존재'를 느끼고 있었다.

이 상태가 얼마나 지속되었는지는 알 수 없다. 점차 나는 매우 중요한 것을 배우고 있음을 알게 되었다. 누군가가 나를 가르치고 있었는지, 아니면 내가 단순히 우주의 원천으로부터 어떤 지식을 흡수하고 있었는지는 모르겠다. 나는 잠에서 깨어서도 이 중요한 지식을 가져가야 한다고 생각했다. 이전의 경험에 비추어봤을 때 이것이 어렵다는 것을 알고 있었다. 잠의 상태에서 깨어있는 상태로 귀중한 정보를 가져오려 할 때마다 실패했기 때문이다. 잠 속에서 매우 단순하면서도 실용적인 정보를 들었지만, 잠에서 깨자 기억할 수 없었다. 깨어나는 순간 망각 속으로 사라지곤 했다. 하지만 신기하게도,

나중에 어떤 다른 일에 몰두하고 있을 때, 그것이 내 마음속에 갑자기 섬광처럼 떠오르곤 했다.

이런 어려움을 생각하면서, 나는 잠으로부터 깨어 있는 상태로 정보를 가져오는 방법을 찾고 있었다. 내가 누군가에게 묻고 있었는지, 마음 속으로 생각하고 있었는지, 아니면 '모든 지식을 아는 영원한 자All-Knowing Eternal Being'로부터 그 지식을 흡수하려고 했는지는 알 수 없다. 어쨌든 무언가가 혹은 누군가가 내 마음 속에서 말하고 있었고, 내가 무엇을 해야 할지 알려주고 있었다.

"잠든 상태에서 깨어 있는 상태로 연속성을 이어가라."

그래서 나는 잠든 상태에서부터 깨어 있는 상태로 내 마음을 점차적으로 끌어올리기 시작했다. 그때가 처음으로 잠 속에서 받은 것을 깨어나서도 기억한 순간이었다. 내가 가져온 정보는 매우 단순하면서도 놀랍도록 실용적이었다. 그것을 내가 받은 그대로 표현해 보겠다. 편의를 위해 이 지식을 준 존재를 '주님'이라고 부르겠다.

주님은 이렇게 말씀하셨다. "당신이 받고 있다고 상상하거나 믿는 특성은 실제로 받게 된다. 그것이 떠난다고 상상하고 믿으면, 실제로 떠난다."

나는 물었다. "이것이 몸과 마음에만 해당하나요?"

주님: "아니다, 이것은 인간 경험의 모든 영역에 해당한다. 어떤 성질이나 상태를 인격화하여 개체나 사람처럼 취급하면서 오거나 가라고 명하면, 그것은 그 말을 따르게 된다. 그것이 오고 가는 모습을 명확하게 상상해보라. 평범한 사람도 특정한 성질이나 상태를 받아들이거나 쫓아내는 것을 쉽게 할 수 있다."

나: "신체에 결함이 있을 때 어떻게 이 방법을 활용하여 없앨 수 있을까요?"

주님: "그것을 너의 완벽한 몸 위에 붙어 있는 기생충으로 취급하라. 너의 완벽한 몸의 이미지를 항상 간직하라. 다시 말해 불완전함, 그 밑에 완전함을 그려라. 그리고 주 예수 그리스도의 이름으로, 혹은 하나님의 이름으로 그 어둡고 원하지 않는 영혼에게 떠나라고 명하라. 그것의 그림자 같은 형체가 사라질 뿐만 아니라, 당신의 완벽한 몸이 우주의 빛 속에서 나타나는 것을 마음 속으로 보라."

이 순간 질문이 떠올랐다. 내가 묻기 전에 대답이 주어졌다.

주님은 계속 말씀하셨다. "철학적 관점이나 교리적 믿음은 이 단순한 마음의 작용과는 아무런 상관이 없다. 네가 만들어 낸 모든 상황이 네 마음 속에 존재한다는 것을 아는 것으로 충분하다. 네가 마음으로 붙잡고 있는 상태는 유지되고, 네가 놓아주는 상태는 사라진다. 부정적인 상황이 너의 마음에서 떠나게 하는 가장 확실한 방법은 그것이 떠나는 것을 상상하는 것이다. 그 상황을 인격화하는 것은 진리에서 벗어나는 것이 아니다."

나: "우리가 정신적으로 특정한 상황을 받아들였기 때문에 그 상황이 살아있는 것이라면, 어떻게 그것이 독립된 정체성을 가진다고 할 수 있을까요? 우리가 그것에게 힘과 생명을 주는 것 아닌가요? 그것은 분명 우리와 독립적으로 존재할 수는 없어 보입니다."

주님: "한편으로 그것은 믿음의 개체이다. 즉, 네가 정신적으로 받아들이고 믿었기에 그것의 존재를 가능하게 했다. 너의 마음은 부정적인 조건을 일단 받아들이게 되면 그것을 쉽게 놓아주는 방법을 모른다. 그러나 마음이 상상하고 그리는 것은 현실이 된다. 이 방법을 활용해볼 수 있다. 이 방법은 사람들을 스스로 만든 속박에서 해방시키기 위해 예수 그리스도에 의해 처음 발견되고 밝혀졌다."

나: "주님, 의학에서는 질병이 실제로 몸에 영향을 미친다고 말합니다. 그렇다면 질병에 걸렸는데도 몸이 어떻게 완벽할 수 있을까요?"

주님: "이 몸이 만들어진 질료 혹은 물질은 영향을 받을 수

없다. 이 질료는 비생물적 에너지로, 일반적으로 원자 에너지라고 불리는 것이다. 따라서 어떤 생물학적 상태나 세균도 이것에 영향을 미칠 수 없다. 이것을 생각해본다면 너는 왜 몸의 영원한 완전함을 상상해야 하는지 알게 될 것이다. 너의 몸은 마음 상태에 의해 유지되기 때문에 만일 너의 마음이 질병을 받아들인다면 그것은 너의 육체를 통해 반영된다. 우리의 의학이 마음 상태가 몸에 미치는 영향을 빨리 인식할수록, 의학이 이루게 될 업적은 더 커질 것이다."

나 : "주님, 우리 신체가 마음에 의해 유지된다는 것을 이해할 수 없습니다."

주님 : "간단하다. 너희의 과학은 살아있는 유기체가 어떤 형태의 마음이 없다면 기능할 수 없다고 한다. 몸의 소화와 배설 과정은 마음 없이는 불가능하다. 이 마음을 잠재 마음, 혹은 잠재의식 마음이라 부르는데, 어떻게 부르든 상관없다. 살아있는 유기체가 마음 없이는 기능할 수 없다면, 어떻게 마음 없이 성장하거나 구조를 변화시킬 수 있을까? 그러므로 육체는 마음과 연관되어 있다. 살아있는 유기체 배후에 마음이 있다는 것을 인정하지 않으면 생물학적 진화는 존재할 수 없다."

나 : "우리의 의학도 질병을 의인화하는 개념을 받아들이게

될까요?"

주님 : "이미 그렇게 하고 있다. 의학은 병균이라는 이름 아래 질병을 의인화하고 있다. 인간의 정신은 병균의 정신보다 위대하다. 물리적 관점에서만 보더라도, 인간의 마음이 병균에 영향을 미친다는 것을 쉽게 볼 수 있다. 너의 잠재의식이 병균을 인식하지 못한다면, 그것들은 너의 생물학적 몸에서 살아갈 수 없다. 왜냐하면 너의 몸은 마음에 의해 유지되기 때문이다. 결국 질병과 병균을 유지하는 것은 너의 마음이다."

나 : "주님, 행운과 불운은 어떻게 되는 것인가요?"

주님 : "네가 말하는 것은, 어떻게 하면 불운을 몰아내고, 행운을 얻어낼 수 있는지 알고 싶다는 것이다. 만약 매우 현실적이고 객관적인 마음을 가진 사람이라면, 불운에게 떠나라고 명령하고, 어두운 그림자 같은 것이 너를 떠나는 것을 상상하라. 그와 동시에 행운을 초대하고, 그것이 기쁜 빛의 형태로 너의 마음과 몸에 들어오는 것을 상상하라. 네 믿음이 네 삶을 만들어갈 것이다."

우리의 상상력과 믿음이 무엇을 할 수 있는지 보여주기 위해 나는 이 경험을 기록한다. 이 방법의 원리는 내가 발견한 것이 아니다. 20세기 전, 예수 그리스도에 의해 발견되고 적용되었다. 예수 그리스도는 자주 부정적인 상태를 악마나 악령으로 다루면서, 고통받는 사람에게 그것이 떠난다는 구체적인 개념을 심어주었다. 귀머거리와 벙어리가 치유되기를 원할 때, 귀머거리와 벙어리의 악령을 쫓아냈다.

위에서 언급한 경험 이후, 나는 여러 실험을 해봤다. 예를 들어, 이마에 난 사마귀에게 그리스도의 이름으로 떠나라고 명령하면서 손가락으로 누르자 며칠 안에 사라졌다. 물론 나는 마음의 법칙을 완전하게 이해해서 생생한 상상력과 믿음을 적용하였던 것이다. 어느 날은 복부에 극심한 통증이 왔을 때, 2분 만에 멈추게 했다. 이 방법에 따라, 내 장기를 의인화하고, 신성한 에너지를 흡수하라고 명령함으로써 그 기능을 촉진시킬 수 있었다. 단지 나는 '모든 곳에 편재하는 신성한 에너지 Omnipresent Divine Energy'를 흡수하는 장기의 모습을 상상했다.

우리는 이 방법이 단지 우리의 마음에 긍정적인 성질을 심어주는 수단일 뿐이며, 어떤 철학적 관점이나 교리와는 관련이 없다는 것을 잊어서는 안 된다. 어느 날, 내가 이 책을 쓰고 있을 때 한 마리의 모기가 나를 괴롭혔다. 온갖 방법을 동원해 그 모기를 쫓아내려고 했지만, 모기는 숨바꼭질을 하며 저항했다. 투쟁의 시간이 지난 후, 이런 생각이 들었다. "나는 왜 모기를 의식 있는 존재로 취급해서 모기가 나의 말을 이해하고 내 명령을 따라 떠나는 것을 상상하지 않았지?"

나는 이 단순한 방법을 사용했고, 기적 같은 효과를 냈다.

마음의 법칙은 이렇다. 당신이 끌어당긴다 상상하고 믿고 있는 것을, 당신은 끌어당긴다. 당신이 쫓아내고 있다고 믿는 것을, 당신은 쫓아낸다. 이 법칙이 작동되고 있다는 것을 더 크게 확신할수록, 당신의 힘과 당신이 해내는 일도 더 커질 것이다. 예수 그리스도는 만일 어떤 것이 진실이라 믿는다면 그것은 진실이 된다고 말했다. 이 믿음이 바로 확신이다.

당신을 괴롭히고 있는 것이 있나? 주님의 이름과 영으로 그것에게 떠나라고, 상냥하게 말하라. 그것이 떠나는 것을 믿고 생생하게 상상할 수 있다면 그것은 떠날 것이다. 마찬가지로 당신은 다른 사람의 자유를 침해하지 않으면서 삶에서 구하고자 하는 것이 있는가? 그렇다면 그것에게 오라고 말하고 그것이 오고 있는 것을 마음으로 보라. 그것은 오게 될 것이다.

당신이 접촉하고 있는 사람들에 대한 당신의 상상은 그들에게 영향을 미친다. 당신의 마음에서 나오는 은은한 에너지나 진동은 주변의 모든 것에 영향을 미칠 것이며, 특히 당신 마음의 주파수에 맞춰진 사람들에게 영향을 미칠 것이다. 라디오처럼, 당신 마음의 분위기와 태도에 맞춰 일정한 파장이

나온다. 신성의 근원을 이해한다면 당신은 당신에 대한 타인의 부정적인 태도를 극복할 수 있다. 때때로 당신은 당신의 마음 상태에 따라 어떤 것을 무의식적으로 끌어당기거나 쫓기도 한다. 당신의 마음은 계속해서 에너지를 방사하기에 결코 멈추지 않는다.

당신이 사업을 한다면, 어떤 날은 일이 순조롭고 어떤 날은 순탄치 않음을 경험할 것이다. 당신의 마음을, 특히 생각의 흐름을 관찰하면 원인이 무엇인지 알 수 있을 것이다. 법칙을 안다면 한낮이라도 마음을 바꿔서 새롭게 시작할 수 있다. 당신의 마음을 송수신이 가능한 라디오라고 상상해보라. 이 라디오는 송신하는 것과 같은 파동으로 수신한다는 것을 알아라. 이제, 올바른 마음 상태로 당신의 욕망을 의식적으로 송출하라! 그리고 그것이 당신에게 온다고 믿는 비전과 상상력을 통해 당신이 원하는 것을 받으라.

당신이 마음을 완벽하게 평화롭게 할 수 있다면 소망을 현실로 만들 수 있을 것이다. 다른 사람들에 대한 불친절, 질투, 시기심이 적을수록, 방해를 덜 받게 될 것이다. 법칙은, 서로 다른 두 주파수의 방송국을 동시에 맞출 수 없고, 그럴 경우 어떤 것도 수신할 수 없다는 것이다. 무언가를 끌어당기고 밀어내는 당신의 의식적 생각에는 당신이 상상하는 것보다 더 큰 신비가 있다.

　무언가 일이 잘못되면, 당신은 타인을 탓하려고 한다. 그로 인해 상황은 더 악화되고 만다. 혼란한 마음은 혼란만을 더 가져오고, 그렇게 되면 문제는 더욱 악화된다. 사실상 문제 해결에서 더욱 멀어진다. 이 잘못된 상황을 하나님이 바로잡고 있다는 상상과 믿음은 가장 경이로운 결과를 가져오는 방법이다. 개인적인 노력으로 문제를 해결하려고 애쓰지 않을수록, 해결책은 더 빨리 찾아온다.

　'하나님의 전능함'을 더 깊게 깨달을수록, 우리는 높은 법칙에 다가가게 된다. 영적인 차원에서의 상상, 비전, 믿음은 모든 것을 우리의 정신적 시야 안에 가져올 뿐만 아니라 현실에서도 실현시킨다. '모든 곳에 편재하는 불멸의 영Omnipresent Eternal Spirit' 안에 모든 것이 존재한다. 이 영은 불멸하고 시작도 끝도 없기에, 만물은 그것의 '전지한 품' 안에 영원히 존재한다. 시공간을 초월하는 '영'에게 새로운 것이란 있을 수 없다. 왜냐하면 새로운 것이란, 시간상으로 새로운 시작을 전제하기 때문이다. 겉에서는 온갖 변화가 일어나는 듯 보이지만, 모든 것은 그 존재 안에서 언제나 온전하다.

　따라서 우리가 이 '영' 안에 존재한다고 상상하는 긍정적인 것 모두는 영원히 존재한다. 하나님 안에는 공간이 없다. 그분은 모든 존재와 모든 것들을 채우고 있다. 실제로, 모든 존재와 모든 것은 그분 안에 존재한다. 우리가 가진 공간에 대한 관념으로 인해 우리는 공간에 분리된 두 물체로 인식하면서 그것들 사이에 거리가 있다는 생각을 하게 된다. 뿐만 아니라, 시간에 대한 관념은 우리가 미래에 실현하고자 하는 것을 우리에게서 멀리 떨어져 있는 것처럼 보이게 만든다. 따라서 우리가 시간에 의해 분리되면 하나님 안에 있는 그것이 영원히 있다는 것을 깨닫지 못한다.

실제로는 멀리 떨어져 있는 것이란 없다. 거리에 대한 관념은 오직 우리 의식 속에만 존재할 뿐이다. 하나님 안에는 시간이 있을 수 없다. 그분은 시작도 끝도 없기 때문이다. 우리는 하나님이 모든 곳에 존재한다는 것을 인식하지 못해, 멀리 떨어진 존재로 생각할 수도 있다. 그러나 그것은 사실이 아니다. 그런 분리는 오직 우리의 의식 안에만 존재할 뿐, 우리의 의식 바깥에서는 존재하지도 않는다. 하나님 안에서는 실제로 어떤 분리도 없다. 하나님 안에는 위치라는 것이 있을 수 없다. 따라서 '모든 것이 하나로 이어진 존재 All-Connected Being' 안에서는 우리가 하나님의 특정 부분에 있다고도 말할 수 없다. 하나님이 있는 곳에 우리 모두 있다. 하나님이 우리 몸과 마음 안에 있다면 우리는 우리의 몸과 마음 안에서 하나님을 찾을 수 있다. 공간이라는 관념에서 말하는 것이 아니라, 모든 시공간을 초월한 하나님의 관점에서 말하는 것이다.

우리의 의식은 어떤 것이 가까이 있거나 멀리 있다고 느낄 수 있지만, 실제로는 우리가 하나님 안에서 그것의 존재를 인식하는 곳에 그것은 영원히 있다. 한 사람이 우리로부터 수백 마일 떨어져 있더라도, 우리는 그가 그 거리에 있거나 혹은 바로 앞에 있는 것처럼 상상할 수 있다. 어느 경우든 그의 존재를 느끼는 것은 우리의 의식에 달려 있으며, 공간과는 아무런 상관이 없다.

모든 것이 우리의 의식과 관련되어 있으므로, 우리가 그것을 의식하지 않으면 그것은 우리에게 존재할 수 없다. 따라서 우리의 의식은 시공간과 무관하다. 의식은 독립적인 요소이며, 따라서 근원적인 것이다.

가령 당신이 의식이 없는데 백만 달러가 당신 주위에 놓여 있다면, 그것이 당신에게 무슨 소용이 있겠는가? 당신에게는 전혀 존재하지 않는 것과 같을 것이다. 당신이 어떤 것을 의식하지 못할 때, 그것이 가깝든 멀든 상관없다. 당신이 볼 수도, 느낄 수도, 알 수도 없는 것은 당신의 의식에 존재할 수 없다.

이제 또 다른 예를 들어보자. 당신이 의식을 지니고 어떤 것을 찾고 있는데, 실제로는 가까이에 있지만 멀리 있다고 믿고 있다면, 그것을 찾을 수 있을까? 아마도 찾을 수 없을 것이다. 우리는 집 안에서 물건을 제자리에 두지 않기도 한다. 우리는 그것이 실제 있는 곳이 아닌 다른 곳에 두었다고 생각하면서 찾는다면, 그것을 찾을 수 없다.

하나님 안에 존재하는 모든 것은 우리가 그것을 의식할 때 우리 가까이에서 찾을 수 있다. 하나님 안에는 시간도 공간도 없기 때문에, 우리가 하나님 안에서 그 무엇이든 인식할 때 우리는 그것을 발견하게 된다. 우리가 어떤 것을 인식해야만 누릴 수 있다면, 하나님 안에서 우리가 바라는 것을 인식하고 그것을 누려야 하지 않겠는가?

미래를 기다리는 것보다 우리가 원하는 것을 상상 속에서 지금 누리는 것이 올바른 방법이다. 우리의 모든 즐거움은 정신적인 것이다. 우리는 즐거움을 예상하고 기다림으로써, 예상하고 기다리는 법만 배우게 되고 지금 누리는 법은 배우지 못한다. 우리가 이렇게 누리는 능력을 기르지 않으면, 다른 모든 능력들처럼 약화되거나 시들게 된다. 이것이 미래에 누리기를 바라며 재산을 모으는 많은 사람들에게 일어나고 있는 일이다. 그 날이 오면, 그들은 자신의 즐거움을 느끼는 능력이 완전히 사라졌다는 사실을 깨닫고 충격을 받는다. 그때는 인생의 성공이라 말해지는 것이 아무런 의미가 없게 된다.

우리가 '전지한 하느님의 존재' 안에 있는 '영원한 지금Eternal Now' 속에서 원하는 것을 즐기는 법을 배워야 하는 또 다른 심리적 이유가 있다. 그것은 우리의 마음을 우리가 원하는 것에 맞추게 하고, 진동 에너지를 통해 그것이 우리의 삶에 나타나도록 끌어당기기 때문이다. 그러나 우리는 우리의 모든 즐거움이 정신적이라는 것과 우리가 의식하는 것이 우리에게 현실이 된다는 것을 항상 기억해야 한다.

위대한 것을 이루고 싶은가? 용기와 비전이 있는가? 그렇다면 결과에 대해 걱정하지 마라. 그것이 하나님 안에서 영원히 이루어졌다는 것을 알라. '영원하고 시간을 초월한 하나님Eternal and Timeless God'에게는 새로운 활동이 있을 수 없다. 당신과 내가 한 개인으로서 해야 할 일은 이미 하나님 안의 다른 창조 지점에서 영원히 이루어져 있다. 당신이 영원히 성취된 소망을 주장할 때, 그것이 당신 안에서 이루어졌다는 확신으로 주장하라.

이미 이루어졌다는 자각이 생긴다면 어떤 정신적 불안도 없다. 마음이 걱정과 불안에서 자유롭게 되면 평소보다 훨씬 더 많은 것을 보고, 할 수 있게 된다. 그럼에도 노력마저 필요하지 않게 된다. 단지 당신 앞에 나타난 패턴을 따르기만 하면 된다. 이는 어떤 부담도 없다. 마음을 쉬게 하면, 비전이 당신을 인도할 것이다. 이런 일치조율 과정은 많은 창의적인 천재들을 불필요한 걱정과 불안에서 구해주었다.

나는 지금 이 글을 쓰고 있는 동안에도 내 마음을 항상 성취된 과업의 흐름에 두고, 편안하게 휴식을 취하고 있다. 생각이 생각을 따라 내 마음의 시야 앞에 펼쳐지면서, 나를 앞으로 나아가게 한다. 우리의 창조성은 우리가 그리고자 하는 우주적 그림을 얼마나 충실히 재현할 수 있는지에 달려 있다. 예술가가 이상적이고 완성된 마음의 그림 없이는 걸작을 만들 수 없는 것처럼, 목표에 대한 뚜렷한 비전 없이 목적지로 나아갈 수 없다.

당신의 특정한 목표가 영원한 하나님 안에 영원히 존재하며, 이미 영원히 성취되었다고 상상할 수 있는가? 그렇게 할 수 있다면, 당신의 성취는 쉽게 이루어질 것이다. 영원한 시간 속에서 소망이 성취되어 있다는 자각이 당신을 앞으로 나아가게 할 것이다. 당신을 지금 이곳에 데려온 그 '충동'은 당신에게 긍정적인 소망을 주었으며, 그 소망을 실현하도록 돕고 있다. 세부적인 것에 대해 걱정할 필요가 없다. 우주의 비전에 따라 움직일 때 그것들은 당신에게 자연스럽게 펼쳐질 것이다.

패턴의 명확한 인상이 주어지지 않았다면, 그냥 이완하고 그것이 당신에게 다가오고 있음을 알아라. 언제 어떻게 오는지는 중요하지 않다. 필요한 것은 그 그림이 다가오고 있다는 긍정적인 확신과 완전한 정신적 휴식이다. 그것은 당신이 살아 있다는 것만큼 확실히 다가오고 있다. 그것은 당신의 생명이 외부로 나타나는 것이다.

생명의 계획을 완벽하게 이해해서 믿음을 고수한다면 그 누구도 당신에게서 그것이 나타나는 것을 막을 수 없다. 이것은, 당신이라는 의식을 지니고 있는 존재가 가진 신성한 유산이다. 하나님의 계획과 현현에 맞춰, 당신의 생명을 표현하라. 따라서 그 사실을 의식하고, 그 자각을 지니고 행동하는 것이 필요하다. 나머지는 쉽다. 강물이 바다로 흘러들어가듯이, 당신의 삶은 하나님의 계획이 완벽하게 표현되는 방향으로 흘러갈 것이다. 의미 없는 걱정과 불안은 이 놀라운 유산을 가지는 것을 방해할 뿐이다.

예전에는 책을 쓰고자 하는 내면의 충동과 영감이 올 때마다 끔찍한 정신적 고통을 겪곤 했다. 누군가가 내 창작 작업을 방해할까 두려워 사람들로부터 떨어진 곳에 있곤 했다. 이 기간 동안 나는 때때로 비이성적인 감정의 폭발과 함께, 거의 광기와 같은 특이한 기질을 보이곤 했다. 그 후 몇 년 동안,

글을 쓰고 싶은 충동을 느낄 때마다 이러한 상태가 찾아올 것이라고 예상하곤 했다. 그래서 이번 책을 쓰기 전에, 나는 몇몇 가까운 친구들에게 이 기간 동안에는 나에게서 어떤 이성적인 대우도 기대하지 말라고 경고했다.

어느 날, 나는 글을 쓰고 있는 동안 다음과 같은 꾸짖는 목소리를 분명히 들었다.

"이런 성격적 문제는 모두 어리석은 것이다. 너는 이것을 네 생명의 육체적 개념에 굴복할 기회로 삼고 있다. 네가 하나님의 일을 하고 신성한 운명을 성취하고 있다면, 왜 그렇게 많은 책임을 혼자 짊어지는가? 마음을 하나님에게 두고, 영원히 완성된 과업에 대한 비전을 유지하라. 그러면 너의 믿음과 비전이 너를 인도할 것이다. 너의 생명이 하나님의 생명이며, 하나님이 너를 돕고 있다는 것을 알고 깨달아라."

나는 스스로에게 말했다. "이 말은 전적으로 맞다. 나는 세상에 위로의 메시지를 전하고 있지만, 내 안에서 그 위로와 평화를 보여주지 못하고 있다."

이로 인해 나는 평화와 이성을 되찾을 수 있었다. 내 모든 잠재의식 속 불안과 신경질적인 기분은 완전히 사라졌다. 이제는 내 앞에 완벽한 패턴을 그리며, 내면의 충동에 따르고 있다. 심지어 시간조차도 더 이상 내 창작 작업을 방해할 수 없다. 나는 그것을 이미 이루어진 사실로 받아들였다. 개인적인 책임을 내려놓는다면 영원의 시간 속에서 이미 성취된 과업을 이루는 것은 전혀 어렵지 않다.

이것이 바로 주님이자 스승인 그리스도의 메시지이다. 확실히 그분의 멍에와 짐은 가벼웠다. 나는 그분과 그분의 메시지를 알게 된 특권에 대해 감사하고 있다. "나의 잔은 넘친다." 이 말은 진리이다.

더 정확히, 부정적인 소망은 하나님 안에 존재하지 않는다. 그것은 인간의 마음 안에만 존재한다.

왜인지 묻는다면, 나는 이렇게 말할 것이다. 인간은 자의식을 지닌 정신적 존재로 창조되었기 때문에 의식을 지니고 행동하게 된다. 인간의 독특한 기능들은 인간으로 특징되는 요소들이다. 그 기능들은 생각하기, 상상하기, 비전하기, 믿기, 구별하기, 자각하기 등이다. 의지도 또한 인간에게 주어졌다. 만약 당신이 의지나 자유 의지가 왜 필요한지 묻는다면, 내 대답은 인간이 그렇게 만들어졌기 때문이라는 것이다.

예를 들어, 자동차를 만들기 위해서는 관련 부품들이 필요하다. 펌프 기계는 자동차와 공통점이 있긴 하지만, 결코 자동차가 될 수 없다. 마찬가지로 어떤 동물들이 인간과 공통된 특정 능력을 가질 수 있지만, 그것들은 결코 인간이 될 수 없다. 특정한 독특한 능력, 기능, 몸의 특성들이 인간을 다른 동물과 구별하게 한다. 이런 복합적인 존재인 인간은 본성상 긍정적이거나 부정적으로 생각할 수 있다. 그것은 인간으로서의 특권이다. 우리가 부정적이거나 긍정적으로 생각할 수 있다는 사실 자체가, 그것이 우리 인간의 본성임을 증명한다. 이론의 여지가 없다.

부정적인 상상이나 생각은 창조주와 그분의 창조물의 본성에 부합하지 않다. 이것이 현재 내가 할 수 있는 가장 최선의 정의이다. 하지만 부정적인 생각은 우리의 마음에 긍정적인 생각만큼이나 실제처럼 보일 수 있다. 그러나 부정적인 생각은 우리 마음 밖에서는 어떤 의미도 가지지 않기 때문에, 하나님의 창조 계획과는 실제로 관련이 없다.

우리의 존재는 긍정적이다. 왜냐하면 우리의 존재는 진리이고 근원적인 것이기 때문이다. 우리의 존재가 진리가 아니라면, 우리는 부정적인 생각도, 긍정적인 생각도 하지 못할 것이다.

아마 많은 사람들이 절대적인 차원에서 무엇이 진리이고 무엇이 진리가 아닌지 궁금해할 것이다. 이것은 간단한 분석을 통해 쉽게 알 수 있다. 어떤 것이 실재하면서 동시에 실재하지 않을 수는 없다. 그것은 존재하거나 존재하지 않거나 둘

중 하나이다. 둘 다 할 수는 없다. 예를 들어, 어떤 대상에 관한 두 가지 상충되는 생각에 대해 살펴보자. 하나는 그것의 존재를 긍정하고, 다른 하나는 그것의 존재를 부정한다. 어느 것이 진실인지 어떻게 알 수 있을까?

첫째, 우리는 어떤 것의 존재를 먼저 긍정하지 않고는 그것을 부정할 수 없다. 둘째, 부정적인 생각은 긍정적인 사실의 존재를 부정함으로써 형성된다. 긍정적인 것을 점차 줄여 나가면, 우리는 그 긍정적인 것의 부정적인 상태인 완전한 제로에 도달하게 된다. 우리가 질병을 부정적인 정신 상태나 그림이라고 부르는 이유는 우리가 그것을 건강의 부정으로 경험하기 때문이다. 만약 우리의 첫 경험이 건강이 아니었다면, 우리는 질병을 알 방법이 없을 것이다.

따라서 우리는 건강이 우리의 존재만큼 근본적이며, 그것이 우리 존재의 긍정적인 본질을 해석한다고 주장한다. 우리의 긍정적인 존재를 해석하는 것은 항상 긍정적이다. 우리의 보호 본능은 우리가 평화, 안락함, 행복을 원한다는 것을 보여준다. 따라서 이런 것 모두를 유지하거나 견고하게 하지 않는 것은 부정적이다. 인간으로서의 특권을 행사해 우리는 부정적으로 생각하고 부정적인 이미지를 품을 수 있지만, '긍정의 존재' 안에 영원히 존재하는 긍정적인 사실을 바꿀 수는 없다. 예를 들어, 대낮에 눈을 감아 어둠을 만들 수 있다. 하지만 그렇게 한다고 햇빛에 영향을 주거나 없앨 수는 없다. 뜨거운 태양 아래 서서 눈을 감고 시원해지기를 바란다면, 결코 성공할 수 없다. 더위는 우리를 그늘지고 시원한 곳으로 피신하게 만든다.

그것이 바로 우리가 영원히 존재하는 긍정적인 존재 안에서 부정적으로 생각하거나 상상할 때 일어나는 일이다. 긍정적인 진리의 힘에 의해 반작용이 일어나고 우리는 불편함을 느낀다. 현명하다면 불쾌한 반응에 대해 걱정하는 대신, 우리는 긍정적인 진리인, 만물에 편재하는 하나님 안으로 피신할 것이다.

하나님의 진리는 우리가 기꺼이 그것을 생각하고, 상상하고, 보려고 하는 만큼 우리에게 드러난다. 모든 긍정적인 존재와 사물에 대해 생각하고, 상상하고, 믿음으로써 우리는 그것들을 의식 속에서 실제로 만들고, 그것들과 접촉하고 현실로 만든다.

한 번은 캘리포니아 할리우드 보울에서 열린 심포니 콘서트에 참석했을 때, 나는 슈베르트의 "미완성 교향곡"을 들었다. 음악을 듣는 동안 이상한 느낌이 들었다. 내가 듣고 있는 음악이 천상의 음악처럼 느껴졌다. 그 곡은 이 땅의 것이 아니었다. 본능적으로 나는 위를 올려다보았다. 그곳에는 수백만 개의 별들이 흩어진 보석처럼 빛나고 있었다.

그리고 나서, 그 멜로디의 후렴이 연주되는 동안 갑자기 생각이 들었다. 저 별들 주위 어딘가에 사람이 살 수 있는 행성이 있고, 지구의 존재들보다 더 고귀한 다른 존재들이 때때로 특정 임무를 위해 그들의 동료를 이곳으로 보낸다는 생각이 들었다. 그 영혼들은 그들의 고향에서 멋진 음악, 예술, 과학적 지식을 우리에게 가져다준다. 그들 중 일부는 견딜 수 없는 고난, 오해, 박해를 겪으며 임무를 수행한다. 그들의 임무가 완료된 후, 무거운 마음으로 잠시 머물던 곳을 떠날 때, 그곳의 천사들이 그들의 귀향 여정을 안내한다. 그 후 동료 영혼들과의 기쁜 재회가 있다. 지구는 잊히고 배신의 상처는 치유되며, 잘 수행된 임무의 기쁨만이 남는다. 그렇게 행성 간의 드라마가 펼쳐진다.

그리고 나서 또 다른 생각이 들었다.

'이 영혼들이 지구에 오는 것은 헛된 것이 아니다. 그들은 우리에게 위를 보고 삶에서 더 높고 좋은 것을 추구하게 만드는 메시지를 남긴다. 한 명의 슈베르트, 한 명의 베토벤, 한 명의 셰익스피어, 한 명의 뉴턴은 수백만 명의 이기적이고 비열한 정치인들보다 더 값어치 있다. 한 명의 그리스도는 온 인류의 구세주이다. 이러한 상상과 믿음은 우리를 하나님에게 들어 올려 평화, 행복, 기쁨, 희망, 열망을 가져온다.'

Chapter 3

THE BELIEVING AND REDEEMING CHRIST
믿음과 구원의 그리스도

당신은 모든 것을 영원한 현재 속에서 경험한다.
모든 것은 당신의 의식 속에서 일어난다.
당신이 의식하지 않았는데, 당신에게 오는 것은 없다.

그러나 당신은 원하는 것을 내면에서 찾는 대신
항상 바깥에서 찾으려 한다.

하나님의 것을 이해하는 내면의 눈으로 보는 대신, 당신은
항상 불확실성과 좌절의 먼 지평선을 바라보고 있다.

당신은 계속해서 헛된 행위를 찬양하는 육신의 법을 따르려고 한다.

육신의 법을 따르는 것으로 당신에게 성공과 성취는 주어지지 않는다. 그것은 작은 자아의 생각과 계획으로 주어지는 것이 아닌,
더 거대한 존재로부터 주어진다.

Chapter 3 THE BELIEVING AND REDEEMING CHRIST
믿음과 구원의 그리스도

 영국의 저명한 과학자 제임스 진 경은 그의 책 『신비로운 우주』에서 이렇게 말한다.

 "몇몇 별들은 지구보다 조금 클 뿐이지만, 대부분의 별들은 수십만 개의 지구를 담을 수 있을 만큼 거대하고, 우리는 때로 수백만 개의 지구를 담을 수 있을 만큼 매우 큰 거대 별들을 발견하기도 한다. 우주에 있는 별의 총 수는 아마도 전 세계 해변에 있는 모래알의 총 수와 비슷할 것이다. 이 우주 전체의 규모와 비교하면 우리가 머물고 있는 이 행성은 얼마나 작은가!

 "이 수많은 별들은 우주를 떠돌아다닌다. 몇몇 별들은 무리를 이루면서 여행하지만, 대부분은 고독한 여행자들이다. 그리고 이 별들이 여행하는 우주는 너무도 넓기에 별끼리 근접한다는 것은 거의 상상할 수 없을 정도이다. 대부분의 별들은 텅 빈 바다를 항해하는 배처럼 고립된 상태로 여행한다. 별들을 배로 비유해보면, 평균적인 배는 가장 가까운 이웃 배와도 백만 마일 이상 떨어져 있다. 그래서 배가 다른 배를 마주치는 일은 굉장히 드물다.

"우리는 모래알 하나만큼 작은 공간에 서서, 우리를 둘러싼 우주의 본질과 목적을 발견하려고 한다. 처음 받게 되는 인상은 공포와 비슷하다. 우리는 거리란 것이 무의미할 정도로 광대한 우주의 크기와 인간 역사를 눈 깜짝할 사이의 찰나로 만드는 상상할 수 없을 만큼 긴 시간 때문에 우주를 두렵게 느낀다. 전 세계 바닷가의 모래알 중 백만분의 일에 불과하기에, 극도의 외로움과 우주에서의 물질적 왜소함은 공포를 자아낸다. 하지만 무엇보다도 우리를 무섭게 하는 것은 우주가 우리의 삶에 무관심해 보이기 때문이다. 우리의 감정, 야망과 성취, 예술과 종교 모두 우주의 계획과는 무관해 보인다.

"생명은 오직 좁은 온대 지역 내에서만 존재할 수 있다. 이 지역을 벗어나면 생명은 얼어붙고 시들어버린다. 생명이 살 수 있는 지역은 대략 계산해봐도, 전체 공간의 천억 분의 일도 되지 않는다. 심지어 그 안에서도 생명이 실제 살고 있는 곳은 드물다. 왜냐하면 태양이 행성을 형성하는 일은 매우 드문 일이기 때문이다. 아마도 10만 개의 별 중 하나만이 생명이 가능한 작은 영역에서 행성을 거느리고 있을 것이다."

우주의 별의 총수가 세계 모든 해변의 모래알 수와 비슷하다면 자연스럽게 의문이 생긴다. '세계 모든 해변에는 몇 개의 모래알이 있을까?' 나 같은 비전문가는 셀 수 없을 만큼 많다고 답할 수밖에 없다. 그처럼, 끝없는 우주의 모든 별을 세거나 그 수를 정확히 파악하는 것은 불가능에 가깝다. 이 수많은 별들 중에서 만 개 중 하나가 생명이 가능한 작은 지역에서 행성을 가지고 있다면, 이 우주에는 얼마나 많은 수백만의 거주 가능한 행성들이 있을까! 또한 우리 눈에 보이는 우주의 저 끝 너머에는 어떤 창조물이 존재하는지 알 수 없다. "내 아버지의 집에는 많은 저택이 있다. 그렇지 않다면 너희에게 말했을 것이다. 내가 너희를 위해 장소를 준비하러 가노라"[요한복음 14:2]고 했던 20세기 전 예수 그리스도의 말은 옳았다.

당신은 이 어마어마한 우주와 거의 무한에 가까운 광대함으로 인해 두려워할 필요가 없다. 그 무한한 끝자락은 생각만큼 멀지 않다. 당신은 시공간 속에서 모든 것을 보고 있다. 그 결과, 측정할 수 없는 거리를 생각한다. 하지만 당신이 그것들을 '언제나 존재하고, 시공간을 초월한 하나님 Ever-Present Timeless and Spaceless God' 안에서 보려고 할 때 모든 것이 가까이 있음을 알게 될 것이다. 하나님은 '스스로 존재하는 근원'이다. 따라서 시공간을 초월한다. 다시 말해 시간이 있기 전에 그분은 존재했다. 시간은 단지 인간의 관념일 뿐이다. 따라서 인간이 존재하기 전, 그리고 인간이 시간을 계산하는 것보다도 먼저 존재하는 '근원'은 시간을 초월해야 한다. 그렇다면 왜 하나님을 시공간을 무한하게 확장시킨 채로 상상하려 하는가? 하나님의 끊임없는 존재 안에서는 거리를 측정할 수 없기 때문에 공간이 존재할 수 없다. 공간 역시 인간의 개념일 뿐이다. 공간은 소위 비어 있는 것에 의해 두 개 이상의 물체가 떨어져 있는 거리 개념이다. 따라서 하나님이 하나로서 모든 곳에 존재하는 곳에는 공간이 있을 수 없다.

우리의 공간 개념에서 하나님은 모든 곳에 항상 존재한다. 하나님은 나누어질 수 없는 하나이므로, 공간을 무한하게 확장한 것 안에서 그분이 있다고 생각할 때 무의미한 정신적 반응을 얻게 된다. 당신이 상상할 수 없는 것은 당신에게 아무 의미를 주지 못한다. 의미 없는 것은 당신에게 아무것도 아니다. 시간과 공간 속에서 당신은 하나님이 당신 안과 주변에 있는 것을 온전히 자각할 수 있다. 그분의 존재를 어떻게 어디서 인식하든지, 하나님은 그곳에 온전히 존재한다. 당신이 언제 어디서 어떤 의미로 하나님을 자각하고자 하든지, 그분을 발견할 것이다. 당신이 그분을 인간의 형태로 자각하고, 그런 인식이 당신에게 위안과 평화를 준다면 그렇게 할 수 있다. 그렇게 당신이 생각한 인간의 형태 속에서 하나님을 온전히 발견할 것이다. 하나님과 함께 한다는 느낌만큼 기쁨과 풍요를 주는 것은 없다. 그것은 우리의 존재가 하나님의 본질 안에 얽혀 있다는 자각이다.

  이 자각을 얻으면 우리의 의식에 영원한 것이 새겨진다. 하나님이 영원히 우리 안에 있으며 우리가 하나님 안에 있고, 그분은 결코 우리를 버리지 않는다는 것이다. 하지만 우리는 우리의 의식에서 그분을 버릴 수 있다. 비록 실제로는 여전히 그분의 전지한 존재 안에 묶여 있지만 우리 인간의 의식 안에서는 그분을 버릴 수 있다. 하나님을 시공간을 초월한 존재로 상상하는 것은 많은 사람들에게 어려울 수 있다. 하지만 우리는 모두 하나님의 끊임없는 존재 안에 모든 존재와 사물이 있다고 상상할 수 있다. 우리의 정신적 이미지가 우리 마음 안에서 어떤 공간을 차지하는 것은 아니듯, 창조물도 하나님 안에서 어떤 공간을 차지하는 것이 아니다. 창조물 전체는 하나님이 있는 곳에 존재한다. 우리의 공간 개념에서 하나님이 모든 곳에 존재하기 때문에 창조물도 모든 곳에 존재한다. 끊임없는 하나님의 존재 안에서는 시간과 공간이 사라진다. 어떤 별도 다른 별만큼 우리에게 가까이 있으며, 우리가 하나님 안에서 그것들을 의식하는 곳 어디든지, 그것들을 발견하게 된다. 우리가 이슬방울 속에서 하나님을 깨달을 수 있다면, 그 속에서 우주 전체를 발견할 수 있다. 하나님 안에서 우리는 원하는 어떤 것도 바로 우리 앞에 있는 것으로 인식할 수 있고, 그러면 그것은 실제 경험이 될 것이다. 하나님 안에서 누군가 혹은 어떤 것이 우리 가까이에 있다고 인식하면, 그것이 실제 있다는 것을 발견한다. 우리는 상상의 도움으로 어떤 것이든 인식할 수 있다. 그래서 수백만 마일 떨어진 두 자의식 있는 존재 사이의 소통도 하나님 안에서는 가능하다. 하나님 안에서는 그 무엇도 죽지 않기에, 우리가 이 지구나 다른 거주 가능한 행성에 존재했던 어떤 존재를 인식함으로써 소통하지 못할 이유가 무엇인가?

많은 사람들은 우리가 그리스도와 소통하는 것이 불가능하다고 생각한다. 불가능하다는 그 생각과 믿음이 그것을 불가능하게 만든다. 다른 근본적인 이유는 없다. 우주의 '영원히 존재하는 하나님'과 소통할 수 있다면, 그분의 살아있는 표현인 예수 그리스도와 소통하지 못 할 이유는 무엇인가? 우리가 하나님 안에서 그리스도의 살아있는 존재를 상상할 때, 우리는 상상의 생명력과 힘을 통해 그분의 존재를 의식하게 된다. 이것은 우리가 항상 그분의 존재를 느끼며 그분의 마음과 접촉한다는 의미는 아니다. 우리는 어떤 사람과 함께 있어도 그의 마음을 알거나 접촉하지 않을 수도 있다. 그리스도의 마음과 접촉하기 위해 우리는 그분이 가졌던 것과 같은 평온,

평화, 신의 섭리에 대한 신뢰, 그리고 아버지가 우리 삶의 전부임을 인정하는 자기 항복이 필요하다. 그리스도의 영 안에서 내가 이 경이로운 메시지를 적으면서, 내 마음은 점차 집착에서 해방되어 자유로워지게 되어, 그분의 마음과 주파수를 맞추게 된다. 나는 영원한 진리를 설명하는 그리스도의 영원한 목소리를 듣기 시작한다.

그분은 이렇게 말씀하신다.

"시간과 공간을 없앰으로써, 나는 하나님과 그분의 우주를 인류의 의식에 더 가깝게 만들었다. 나는 어둠과 고립되었다는 두려움을 없애서, 세상의 많은 고통과 불행의 원인으로부터 해방시킨다. 이제 그 누구도 '하나님은 어디에 있나요? 그분을 만나기 위해 얼마나 멀리 가야 하나요?'라고 물을 수 없다. 내면에서 인식하고 보는 능력을 키우는 것은 인간의 정신적 시야를 제한하는 차가운 객관성의 속박에서 벗어나는 것이다. 내면의 시야를 통해 하나님의 의식 속에서 무엇인가를 본다면 그것은 영원하고 진실한 실제이다. 불멸하는 하나님의 존재 Eternal Presence of God 안에서 무언가를 보는 것은 내면에서 그것을 보는 것이다. 이 내면의 왕국을 발견했을 때 모든 것이 더해진다. 하나님에게 속한 이상적이고 꿈꾸던 모든 것이 자신의 정신적 생명의 일부가 된다. 자신이 의식하지 않는 한 그 무엇도 존재하지 않기 때문에 우리가 경험하는 모든 것은 우리의 마음과 관련되어 있다. 이 사실을 인식하는 것은 우리의 객관적 경험을 주관적 현실로 만든다. 인간이 무언가를 인식했다고 해서 그것이 더 많아지거나 적어지는 것은 아니다. 그것은 영원히 전지전능한 하나님의 존재 안에 남아 있다. 하지만 누군가가 이것을 인식한다면 그것은 그 사람의 정신 생명의 일부가 된다. 따라서 한 사람의 생명은 그의 비전에 따라 점차 확장되며, 의식에서 더 커져간다. 이 의식의 확장이 불멸의 생명이며, 이것 바깥에는 어둠과 죽음만이 있다.

"하나님의 영원한 존재 안에는 당신과 당신의 행동에 대한 완벽한 그림이 있다. 하나님의 뜻은 당신이 이 그림을 당신의 개인적 삶에서 표현하고 재현하는 것이다. 이 영원히 확장하는 생명의 목적은 언제나 불변하는 이상을 역동적으로 표현하는 것이다. 이런 긍정적인 이상을 당신의 생각과 행동에서 얼마나 많이 그리고 얼마나 멀리 실행할 수 있는지가, 끊임없이 확장되는 당신의 생명이 맛보게 될 행복과 기쁨을 결정지을 것이다. 당신이 지닌 긍정적인 생각, 이상, 욕망, 그리고 바람은 이 영원 속에서 완성된 우주의 그림들이다. 긍정적인 비전을 따라 행동하는 것에 두려움이 없어야 한다. 영원한 성공을 이루는 가장 좋은 방법은 자신을 이미 성공한 모습으로 계속 그리는 것이다. 자신을 그 이미지와 동일시하고 그것에 따라 행동하라! 하나님이 당신의 모든 긍정적인 행동을 돕고 있다는 것을 항상 기억하라. 하나님에게 속한 것들 안에는 불확실이란 존재하지 않는다. 한 개인으로서 당신에게 주어진 신성한 특권은 당신 자신에 대한 영원한 그림을 재현하는 것뿐만 아니라, 당신을 위해 정해진 영원한 역할을 수행하는 것이다. 이 경이로운 진리를 이해하고 실천하는 사람들은 하나님의 뜻을 따르는 것이다.

"만일 당신의 운명인 그 진리의 길을 따라 걷는다면 같은 길을 가는 사람들과 친밀함을 느끼게 될 것이다. 당신이 다른 이의 자유를 침해하지 않으면서도 기쁨과 행복에 기여하는 긍정적인 일을 할 때, 미리 구상한 일을 그대로 실행하는 자신을 항상 마음에 그려보라. 그로 인해 당신은 걱정과 불쾌함, 그리고 두려움으로부터 해방될 것이다. 당신의 마음은 이 고귀한 진리를 알게 된 것에 대한 감사와 고마움으로 가득 차게 될 것이다."

여기까지가 그리스도의 마음에서 온 메시지이다. 이 메시지는 나에게 다음 성경 구절을 생각나게 했다. "그러므로 이제 예수 그리스도 안에 있는 자들은 결코 정죄함이 없나니, 그들은 육신을 따르지 않고 영을 따라 걷는 자들이다. 예수

그리스도 안에 있는, 생명을 주는 영의 법칙이 나를 죄와 죽음의 법에서 구하였다." [로마서 8:1-2]

당신은 모든 것을 영원한 현재 속에서 경험한다. 모든 것은 당신의 의식 속에서 일어난다. 당신이 의식하지 않았는데, 당신에게 오는 것은 없다. 그러나 당신은 원하는 것을 내면에서 찾는 대신 항상 바깥에서 찾으려 한다. 하나님의 것을 이해하는 내면의 눈으로 보는 대신, 당신은 항상 불확실성과 좌절의 먼 지평선을 바라보고 있다.

당신은 계속해서 헛된 행위를 찬양하는 육신의 법을 따르려고 한다. 육신의 법을 따르는 것으로 당신에게 성공과 성취는 주어지지 않는다. 그것은 작은 자아의 생각과 계획으로 주어지는 것이 아닌, 더 거대한 존재로부터 주어진다. 당신은 육신의 법을 따르면서, 이러저러한 세상의 결함이 당신의 성공을 가로막고 있다고 불평한다. 만일 영의 법에 따르면 그것이 진실이 아님을 깨닫게 될 것이다. 영의 법에 따른다면 당신은 모든 약점들을 이용할 수 있다. 키 크고 못생긴 소녀는 화면이나 무대에서 성공할 가능성이 없어 보였지만, 코미디언으로 큰 성공을 거두었다. 그녀는 자신의 외모를 활용하여 긍정적인 특성으로 만들었다.

모든 긍정적인 특성은 영의 긍정적인 기준에 따라 아름답다. 육신의 법을 따르는 인간의 기준은 원하는 목표를 이루려는 수많은 사람들의 노력을 좌절시킨다. 그렇다면 왜 육신의 법을 따르려 하는가? 왜 당신의 것이 되는 것을 그 누구도 막을 수 없다는 생각을 가지지 않는가? 이 사람, 저 사람의 선입견에 굴복하면 어떤 성과도 얻지 못한다. 때때로 당신은 이런 일을 했다면, 저런 일을 했다면 성공했을 것이라고 생각한다. 그런 생각은 단지 목표를 이루지 못했기 때문에 하는 변명거리에 불과하다. 그런 것은 성공과 아무런 관련이 없다. 당신의 성공은 그 누구도 가져다줄 수 없으며, 당신이 스스로 얻어야 한다.

여기서 나는 이 장을 쓰기 시작할 때 겪었던 신비한 경험을 이야기하려 한다. 이 이야기를 하는 이유는 그분에게 공을 돌리기 위해 정직하게 고백하려는 것이다. 우리가 진리의 빛 앞에 서서 자기 자신에게 정직하지 않으면, 영적 메시지를 전할 수 없다. 자신이 받을 수 있는 것 이상을 주기를 기대하는 사람은 없다. 하지만 무엇보다도, 자신에게 정직해야 한다. 자, 다음이 그 이야기이다.

이 장을 시작하며 제임스 진 경을 인용한 이유는 이 우주가 얼마나 경이로운지, 그리고 그 배후에 있는 영혼이 얼마나 무한한지를 보여주기 위함이었다. 나는 우리의 교리, 신념, 종교적 믿음이 유치한 장난에 불과할 뿐이며, 무한한 영혼은 우리가 만들어낸 그런 구원의 교리에는 전혀 관심이 없다는 것을 보여주고자 했다. 하지만 하나님과 우주가 인간의 마음과 가깝다는 생각을 심어주는 대신, 내가 한 말은 오히려 사람들을 그 생각에서 점점 더 멀어지게 만들었다. 나는 그 당시에 그것을 깨닫지 못했다. 그러다 갑자기 무언가가 내 영감을 차단했다. 나는 쓰는 것을 계속할 수 없었고, 멈춰야만 했다. 하지만 영감이 멈춘 것에 대해 걱정하고 불안해하기보다는, 완전히 긴장을 풀고 미리 세운 계획을 포기했다. 나는 영감이 돌아오기를, 신성한 생각이 다시 흐르기를 기다렸다. 그때 내 정신의 흐릿한 황혼 속에서 하나의 생각이 떠올랐다. 저항하지 않고, 나는 기계적으로 그 생각을 다듬기 시작했다. 점차 그 생각 전체가 다른 방향으로 펼쳐지기 시작했다. 이 생각의 중요성을 인식하게 되자, 나는 그리스도의 존재를 느꼈고, 그분이 나에게 말씀하셨다.

"왜 사람들의 작은 믿음을 파괴하려 했는가? 그것으로 무엇을 얻을 수 있겠는가? 그들의 신과 종교에 대한 관념이 아무리 유치하더라도, 그것은 그들의 영혼을 물질주의의 어둠에서 구하는 일을 하고 있다. 내가 파괴하러 온 것이 아니라, 성취하러 온 것이듯[마태복음 5:17], 너도 신을 숭배하려는 그들의 믿음을 파괴해서는 안 된다. 그들의 믿음을 세우고, 그들의 시야를 넓혀라. 그래서 신과 그들을 마음에 더 가깝게 만들게끔 하라. 이제 계속하라."

이 경험을 이야기하는 이유는, 우리의 의식 안에서 자각할 수 있는 새로운 우주로 나를 이끌어주신 주님에게 감사드리기 위해서이다. 하나님의 창조적 생각이 우리의 마음을 통해 흐르지 않으면, 우리는 과도하게 불안해져 마음을 차단하게 된다. 나는 우리가 긍정적인 생각이나 부정적인 생각을 할 수 있는 특권이 있다고 이미 말했다. 모든 긍정적인 생각은 긍정적인 불멸의 존재에게 속해 있으므로, 우리는 그것들을 하나님의 생각이라고 부를 수 있다. 하나님에게 속한 모든 것은 하나님이 있는 곳에 존재한다. 하나님은 '모든 곳에 편재하는 영원한 존재'이기 때문에, 우리의 공간 개념에 따른다면, 모든 긍정적인 생각도 편재하고 영원해야 한다. 그것들은 우리 주변과 우리 안에 있어야 한다.

이제 고요히 앉아 당신의 마음을 스쳐가는 생각을 살펴보라. 부정적인 생각이 든다면 상상력을 사용해 하나님의 긍정적인 생각이 당신 주변과 안에 있으며, 당신을 통과하고 있음을 깨달아라. 가능하다면, 그것들을 흡수하는 것을 상상하는 것이 더 좋다. 이것은 당신의 마음을 열어 신성한 생각이 흐르는 통로가 되게 할 것이다. 당신의 마음을 지나가는 부정적인 생각들은 모두 과거의 잠재의식 속 부정적 습관에서 비롯된 것이므로, 우주적이고 편재하는 긍정적인 생각만큼 강력하지 않다. 긍정적인 생각의 힘을 더 의식할수록, 그 생각들이 당신의 마음을 더 지배하게 된다.

어느 날 저녁, 나는 매일 하던 운동을 그날은 하지 않았다는 것을 깨달았고, 그래서 평소처럼 활력이 있지는 않을 것이라는 생각이 들었다. 그러나 곰곰이 생각해보니, 그 믿음은 내가 일상적인 습관에 너무 큰 의미를 부여한 결과임을 깨달았다. 이 사실을 깨닫자, 나는 내 주변에 가득한 긍정적인 생각을 의식하게 되었다. 나는 즉시 하나님의 힘이 나에게 영양분을 공급하고 지탱하고 있음을 느꼈다. 짧은 시간 안에 활력을 되찾았다. 그날 저녁 나는 평소보다 더 활기차게 되었다.

만일 다양한 인류의 믿음으로 인해 어떤 부정적인 생각이 든다면, 결코 긍정적인 변화를 만들어내지 못할 것이다. 당신의 정신적 또는 신체적 활력을 감소시키는 것은 나이나 다른 조건이 아니라, 부정적인 결과에 대한 잠재적 기대감이다. 당신 마음에 각인된 생각이 당신의 몸과 마음을 지배하게 된다. 매일 마음을 지나가는 생각들을 점검해보라. 당신의 부족함과 무능함을 변명하는 생각을 끊임없이 하는 것을 보고 놀라게 될 것이다. 그렇다고 한 인간인 당신이 휴식의 시간을 가지지 말라는 이야기는 전혀 아니다. 하지만 피곤함을 느낄 때 그것이 외부의 원인 때문이라고 말하지는 말라. 그 원인은 당신 자신에게 있으며, 인내력에 대한 당신의 인식에 따라 결정된다. 인류의 믿음 때문에 외부 조건에 의해 제한되는 것처럼 보일 수 있지만, 실제로는 그렇지 않다.

당신은 이 힘을 증대시킬 수 있을 뿐만 아니라, 당신과 당신 주변에 편재하는 우주의 에너지를 자각함으로써 빠르게 회복할 수 있다. 그러므로, 휴식할 때 완벽한 결과를 방해할 수 있는 부정적인 생각을 하지 말아야 한다. 오직 휴식만이 당신을 회복시킨다는 잠재의식 안의 오래된 믿음에 의존하면, 우주의 창조 에너지가 당신에게 휴식을 주고 있다고 믿고 의식적으로 접촉할 때만큼 빠른 결과를 얻지 못할 수 있다. 당신의 믿음이 긍정적인 사실에 기반할 때, 당신은 긍정적인 결과를 얻을 뿐만 아니라 결과를 더 빠르게 얻을 수 있다.

인간으로서 당신은 결과를 얻기 위해 습관적으로 어떤 매개체에 의존한다. 그렇기에 당신이 생각할 수 있는 가장 강력한 매개체를 상상하라. 그러면 당신의 마음은 이 매개체에 의존하는 법을 배울 뿐만 아니라 원하는 결과를 매우 빨리 실현시킬 것이다. 당신의 마음에 흐르게 할 가장 강력한 생각은

'모든 곳에 편재하는 창조 에너지'인 하나님이 당신을 돕고 있을 뿐 아니라, 당신을 돌보고 있다는 것이다.

일반적으로, 가난, 질병, 불행, 불운 등의 외부의 부정적인 것들과 상황들은 당신을 두렵게 만든다. 당신은 이것들이 당신 마음 속의 것이 외부에 그대로 나타난 것임을 스스로 납득하기 어려울 수 있다. 하지만 하나님의 영원한 왕국, 즉 그분의 전지한 존재 안에서는 그것들이 존재하지 않으며 존재할 수도 없음을 깨닫기만 한다면, 그 점을 이해할 수 있을 것이다. '긍정적 존재' 안에서는 부정적인 것이 있을 수 없다. 그것은 그 존재의 본성에 반하기 때문이다. 진실과 거짓이 동시에 하나의 본성이 될 수 없다. 당신이 오직 하나님 안에만 존재하는 이 영적 세계에 대한 비전을 지니고 있다면 거짓된 세상에서 진리의 세상으로 가는 여정을 쉽게 만들 수 있다. 당신의 정신적 어둠의 경계를 넘어, 하나님의 긍정적인 세계와 창조물이 존재한다고 상상해보라. 당신이 스스로 만든 창조물의 부정적인 그림자에 두려움을 느낄 때 그 세계로 피신하라.

당신의 의식이 너무 낮아 하나님 안에 영원히 있다는 것을 깨닫지 못하겠다면, 하나님의 진리의 거대한 빛이 당신 안으로 들어와 정신적 어둠을 물리치고 하나님 왕국의 영원한 행복, 기쁨, 평화, 풍요를 드러내고 있다고 상상해보라. 아니면 전능한 영이 당신을 정신적 어둠의 경계 너머로 들어올려 그분의 왕국으로 인도한다고 상상하고, 자신이 들어올려지는 것을 느껴보라. 이 승천은 그리스도 가르침의 영적 기적이다. 의식이 낮은 사람들은 스스로의 노력으로 들어올려진다고 상상할 때보다, 전능한 영의 은총으로 들어올려진다 상상할 때 더 큰 안도감을 느낀다. 지금처럼 당신 자신을 육신 개념의 생명으로 보는 것을 멈추고, 그 너머의 생명으로 보는 습관을 기른다면 당신은 곧 그 너머에 있는 자신을 발견하게 될 것이다. 긍정적인 당신의 이미지가 당신의 의식에 영원히 각인될 것이며, 당신은 하느님의 왕국에서 당신의 생명을 표현하고 있는 것을, 그리고 더 이상 육신의 세상에 있지 않은 것을 보게 될 것이다. 육신의 세상은 당신의 의식 안에 유한성의 관념으로 존재한다.

낙원의 정원에서 놀고 싶다면 나와 함께 가라. 그곳은 하나님의 천사들이 끊임없이 지키고 있는 가장 아름답고 넓은 놀이터이다. 그곳에서는 그 누구도 유령과 도깨비의 거짓 이야기로 당신을 겁주지 않는다. 원하는 만큼 마음껏 놀고, 노래하고, 춤추고, 웃고, 먹을 수 있다. 그 누구도 당신이 하나님께서 정하신 계획에 따라 일을 하는 것을 막지 않을 것이나. 당신은 그곳에서 그 누구도 부러워하지 않는다. 왜냐하면 부러워할 이유가 없기 때문이다. 당신은 다른 사람의 자유를 침해하지 않고도 원하는 긍정적인 것 모두를 가질 수 있다. 당신의 시야가 매우 뚜렷해지고 명확해져서 하나님이 당신을 위해 준비한 모든 것을 명확히 볼 수 있게 된다. 그것들은 매우 다양하고 풍부하여 당신은 더 이상 어떤 부족함도 느끼지 못한다. 오늘 사용할 수 있는 것은 사용하라. 내일을 걱정하지 말라. 때로는 많은 것을 친구들과 기꺼이 나눠라. 그로 인해 당신은 기쁨, 즐거움, 행복을 느끼게 될 것이다. 당신은 다른 사람에게 무언가를 강요하지 않듯이, 다른 사람에게 무언가를 받아들이라고 강요하지도 않는다. 이것이 많은 영감을 받은 예언자들과 선지자들이 묘사한 낙원의 자유로운 삶이다.

이 낙원이 얼마나 멀리 떨어져 있는지 아직도 묻고 있나? 그것은 당신의 정신적 어둠을 건너기만 하면 된다. 당신이 하나님의 영원한 진리를 믿고 하나님의 긍정적인 창조 속에서 살 때, 당신은 낙원에 있는 것이다. 그때 당신은 모든 것을 영적인 시각으로 보게 된다. 심지어 이 지구조차 영적인 것으로 보게 된다. 이 영적 왕국에 들어가는 문은 '영원의 그리스도 Christ Eternal'이다. 오직 그리스도의 의식을 통해서만 모든 존재와 사물을 그렇게 고귀한 상태로 볼 수 있다. 예수 그리스도가 알리기 위해 온 하나님의 왕국은 니르바나나 텅 빈 천상의 행복 상태가 아니라, 실재하는 존재와 사물들로 가득 찬 하나님의 세상이다. "너희는 먼저 하나님의 왕국과 그분의 의로움을 구하라. 그리하면 이 모든 것이 너희에게 더해질 것이다." [마태복음 6:33] 그리스도는 이 생명이 죄와 어둠과 비참함에서 시작되었다고 생각하지도 않았으며, 이 생명이 니르바나의 빛나는 바다에서 끝난다고 생각하지도 않았다. 그분은 이 생명이 우주적이고 불멸하는 근원인 하나님으로부터 온 것이며, 하나님의 왕국에 들어갈 때 영원한 불멸의 관념 속에서 살기 시작한다고 선언하셨다.

지금 당장 이 왕국에 들어갈 수 있다. 이곳에, 당신 주변에, 그리고 당신 안에 있다! 오직 당신의 올바른 의식을 통해서만 그것을 볼 수 있으며, 그 의식이 바로 그리스도이다. 그리스도만이 생명의 영원함과 그것이 하나님의 영원한 창조 안에서 펼쳐지는 것을 인식할 수 있다. 그리스도가 우리에게 알려준 이 왕국에는 죽음도 절망도 없다. 이 땅에서 육신이란 생명의 관념에서 헤어지게 된 사람들도 하나님의 왕국에서는 영원히 존재하며, 우리는 어둠의 계곡 너머의 무한한 생명 속에서 그들을 찾게 될 것이다.

우리가 그리스도의 문을 통해 이 왕국에 들어설 때 새로운 특권이 주어진다. 이 무한한 창조의 영역에서 원하는 곳 어디든 갈 수 있게 된다. 어떤 제한도 없다. 당신이 의식적으로 어떤 장소를 상상하고 마음의 시야를 통해 볼 수 있다면, 그곳에 갈 수 있다. 이동할 수단조차 필요 없다. 그리스도의 의식이 이동 수단을 제공한다. 당신이 어떤 곳에 있다고 의식하는 순간, 그곳에 있게 된다. 혹은 어떤 장소가 당신 주변에 있다고 의식하는 순간, 당신은 그곳에 있게 된다. 왕국 안에서 여행하는 어디든, 아름다운 천사들과 남녀들에게 둘러싸여 있는 것을 보게 될 것이다. 그들은 이야기하고, 웃고, 노래하고, 춤추며, 당신이 마침내 눈을 떠서 물질주의의 단단한 껍질을 깼다는 것에 기뻐한다.

그리스도는 내가 당신에게 이렇게 말하라고 하였다. "지금 당장 나와 함께 낙원으로 가고 싶은가?" 정말 가고 싶다면, 나중이라고 말하지 말라. 지금 대로 나와 함께 가야 한다. 뒤돌아보며 소유물에 대해 걱정하지 말라. 당신은 잃을 것이 별로 없다. 잃을 것은 오직 몇 가지 부정적 취미와 몇 가지 병적인 생각들뿐이다. 당신의 죽은 육신에게 무슨 일이 일어날지, 누가 그것을 매장할지 근심하지 말라. 부활의 주님께서 돌보실 것이다. 당신이 친절, 사랑, 인류애의 목소리에 귀를 기울였다면, 이미 왕국에 들어갈 자격이 있는 것이다. 무엇을 걱정하냐? 그림자를 놓고 실제를 받아들여라! 이 생명은 하나님 안에서 실제이며, 그 꿈과 이상, 열망도 실제이다. 내 친구여! 내가 틀렸다고 반박해보라. 당신의 반박 자체가 내 주장이 옳음을 증명할 것이다.

  어젯밤의 부정적인 생각과 이상이 당신의 내면에서 실제적인 것이었다면, 왕국 안에서의 것들은 얼마나 더 실제적인가! 그러니 이젠 그림자를 놓고 실제를 받아들여라! 그것은 당신의 신성한 유산이다. 내가 당신을 이렇게 강하게 지속적으로 설득하려는 것을 당신은 이해해줄 것이다. 내가 당신보다 위대해서가 아니라, 그리스도께서 나를 통해 당신을 왕국으로 부르도록 명령하였기 때문이다. 이 세상에서 신의 말씀을 전한다는 사람들에게 겁먹지 말라. 그들은 당신을 해칠 수 없다. 그들이 당신을 수치스럽게 하고 조롱하더라도, 당신의 낙원을 빼앗을 수는 없다. 악마들의 광기 어린 춤과 그들의 울음소리는 당신의 천상의 거처에 닿을 수 없다. 그런데 왜 이 그림자와 죽음의 계곡에 머무르려 하는가? 들어라! 당신의 구원자, 그리스도가 당신을 부르고 있다!

모험과 로맨스와 스릴, 그리고 위대한 것의 성취를 원하는가?

그렇다면 운명론자가 되라.

일어날 일이 일어날 것이라는 생각에서,

단 한 순간도 시선을 놓치지 말라.

그러면 그 일은 가장 최선의 방법으로 일어날 것이다.

긍정적이고 진실하고 좋은 결과의 일어남은 피할 수 없다.

그 운명에서 절대 벗어날 수 없다.

걱정과 두려움으로 인해.

이 긍정적인 확신을 잠시간 내려둘 수는 있겠지만,

운명을 거부할 수는 없을 것이다.

이 말을 믿는다면 무엇 때문에 걱정을 하는가?

이말을 믿는다면 모든 일들이, 언제나 행복한 결말을 맞을 것이라는, 확신에 찬,

근심으로부터 해방된 마음을 계발하는 것은 어떤가?

『모줌다, 왕국의 비밀』

Chapter 4

MODERN REVELATIONS OF CHRIST
현대의 그리스도 계시

우리는 대부분 부정적인 생각과 상상에 깊이 빠져,
결국 그것을 갈망하게 될 정도로 중독되어 있다.

그리스도의 이 계시가 우리를 이 곤경에서 벗어나게 하게끔 의지하기보다는, 우리는 오히려 정신적 어둠 속에 머물며 우리의 불행을 즐기려 한다.

우리가 그분을 믿기만 한다면, 그리스도는 우리의 필요에 맞춰, 새로운 계시를 계속해서 주실 수 있다.

그러나 우리가 죽은 그리스도를 숭배하는 것을 멈출 생각을 하지 않고, 영원히 살아계신 그리스도를 받아들이지 않는 한, 그분의 위로를 느끼거나 살아있는 메시지를 들을 수 있다고 기대할 수 없다.

CHAPTER 4 MODERN REVELATIONS OF CHRIST
4장 현대의 그리스도 계시

Lesson One

나는 영감을 받지 않고는 인생에서 아무것도 할 수 없었다. 한때는 영감이 쉽게 오지 않았고 자주 오지도 않았다. 하늘만이 내가 겪은 수많은 부족함, 즉 건강이나 교육, 표현력과 자신감에서의 결핍 등을 알 것이다. 나는 예민한 성격이었기에, 정신적 평화를 유지하는 것이 항상 전쟁과 같았다. 작은 일에도 쉽게 균형을 잃었고, 정신적 균형을 회복하는 것은 결코 쉬운 일이 아니었다. 가장 엄격하고 대담한 철학조차도 나의 성격을 강인하거나 냉철하게 만들 수 없었다.

나는 항상 몽상가였다. 하지만 나의 꿈들은 대부분 비현실적이었다. 현실은 종종 나를 두렵게 만들었고, 그럼에도 불구하고 가끔 용기를 내어 매우 용감한 척하기도 했다. 하지만 진정으로 용감한 사람은 자신의 용기에 대해 말하지 않는다는 사실을 깨닫고는 매우 의기소침해졌다. 내 문제는 나 자신을 잊고 자연스럽게 행동할 수 있게 해줄 적절한 영감을 얻는 것이었지만, 그 문제는 여전히 해결되지 않은 상태로 남아 있었다.

어느 날, 나는 깊은 생각에 잠겨 있었다. 내가 인생의 거대한 흐름 속에서 떠도는 한 조각의 표류목에 불과하며, 건강하고 정상적인 사람, 이타적이고 자연스러운 사람이 될 가능성이 없다는 생각을 하고 있었다. 이런 자기 비하에 빠져 있을 때, 음성이 들려왔다. "너 안에는 영감을 받을 수 있는 힘이 있다. 영감은 너에게 너 자신을 잊고 행동할 일시적인 용기를 주는 삶의 활력제이다. 그 영감은 기다릴 필요 없이 얻을 수 있다. 네가 그것이 더 높은 곳에서 오고 있다고 상상하고 믿는다면, 그리고 마음을 차분히 유지하며 수용적인 태도로 내면의 시각을 유지한다면, 그 영감을 가질 수 있다. 긴장을 풀고 운명을 한탄하는 것을 멈춰라. 그러면 기적이 일어날 것이다."

기적은 즉시 일어났다. 나는 학문적으로 저명한 신사분과 약속이 있었다. 그런 고명한 인사를 만나는 것은 나에게 큰 부담이었다. 나는 낯선 사람을 만나는 것 자체가 늘 두려웠고, 특히 그 사람이 유명하면서도 자기주장이 강할 것 같으면 더욱 그랬다. 얼마 전 이 약속을 잡을 때, 내 기분은 전혀 유쾌하지 않았다. 하지만 이번에는 그 음성이 내게 해준 말을 떠올리며, 손님이 도착하기 몇 분 전, 마음을 수용적인 상태로 유지하고 영감이 다가오고 있다는 생각에 집중했다. 조금 후 방문자가 도착했을 때, 나는 무언가가 나를 지탱해 주는 듯한 느낌을 받았다. 그를 만났을 때, 나는 평정심을 유지하며 강하고 자신감 있게 행동했고, 몇 분 안에 상황을 주도할 수 있었다. 나에게 던져진 모든 질문에 나는 자신감 있는 사람의 우아함과 침착함으로 응답했다. 마치 경험 많은 철학자이자 깨달음을 얻은 영적 존재처럼 말했고, 놀라운 것은 내가 실제로 그런 사람이라고 믿고 있었다는 점이었다. 방문자는 매우 깊은 인상을 받았고, 떠나기 전에 이번 방문이 큰 기쁨이었다며 내가 마치 그리스도처럼 권위 있게 말했다고 언급했다.

그 말은 나를 깜짝 놀라게 했고, 이후에 내 마음을 다소 가라앉게 했다. 칭찬을 바라는 마음은 자연스럽지만, 나 같은 인간을 그리스도와 비교하는 것은 너무 지나치다고 생각했다. 나는 결코 인생의 더 큰 가치를 무시하는 자만하는 사람이 될 수 없었다. 비록 전통적인 의미에서의 기독교인은 아니었지만, 나는 그리스도를 깊이 존경하고 있었다. 그때까지는 그분을 이 세상에 온 가장 위대한 영적 빛으로 완전히 받아들이지는 않았지만, 내 안에는 정직하고 성실하게 되고자 하는 무언가가 항상 자리하고 있었다. 나는 결코 자기 과시를 위해 진실을 왜곡하는 것을 용납할 수 없었다. 마음 깊은 곳에서 나는 내 방황하는 영혼에게 위로와 평화를 줄 진리를 갈구하고 있었다.

  손님이 떠난 후, 어떤 일이 일어났다. 나에게 영감을 받는 방법을 가르쳐준 그 동일한 음성이 다시 들려왔다. "네가 방문자와 대화하는 내내 내가 너의 마음을 이끌고 있었다. 너는 단지 내 생각을 말하고 있었을 뿐이다."

  "주님, 당신은 누구십니까?" 내가 물었다.

  "나는 그리스도다." 그 음성이 대답했다. "내가 너를 돕고 있다는 것을 여러 번 말하지 않았느냐? 왜 나를 받아들이지 않느냐? 네가 나를 받아들이고 믿는다면, 나는 너를 인도하고 보호하며, 하나님의 왕국의 신비를 네게 밝혀줄 것이다."

  "주님, 제가 영감과 영적 지식을 당신으로부터 받고 있다고 말해도 세상은 믿지 않을 것입니다. 저는 부족하고, 능력이 없으며, 나약합니다." 나는 겸허하게 호소했다.

  "내 안에서는 누구도 약한 채로 남아 있을 수 없다. 나에게 오는 자는 내가 힘을 준다. 약한 자는 강해지고, 강한 자는 더욱 강해진다. 네가 나를 믿는 만큼 세상은 너를 믿을 것이고, 네가 나를 믿는 만큼 너는 나의 빛을 받을 것이다. 네가 나를 불완전하게 믿으면 내 진리에 대해서도 불완전한 이해만을 얻게 된다. 하지만 네가 나를 더 깊이 믿을수록, 너는 나의 빛을 더 많이 받게 될 것이다." 그 음성은 이 말을 끝으로 멈췄다.

이 사건이 있은 후 어느 날, 나는 진리의 메시지를 전하려고 애썼지만, 그 메시지는 명확하게 떠오르지 않았다. 그때 주님의 음성이 들렸다. "이타적이고 평온하라. 믿음과 평화를 유지해라. 나를 있는 그대로 알면, 내가 너를 도와주겠다." 말할 필요도 없이 그 도움은 곧바로 찾아왔다. 놀랍게도 내 마음이 열리며 메시지를 받아들여서 전달할 수 있게 되었다. 어렵게 표현하려고 애썼던 생각이 마치 수정처럼 맑고 투명하게 떠올랐다. 그날 나는 화려한 말솜씨나 감정적인 표현이 그리스도에게는 아무런 의미가 없다는 것을 깨달았다. 마음과 영혼에서 우러나온 진리의 명확한 설명만이 그분에게 중요한 것이다. 그분의 핵심적이고 실용적인 메시지는 언제나 실천 가능해야 한다. 그러므로 우리가 그리스도로부터 전하는 메시지에는 반드시 실질적으로 도움이 되는 것이 포함되어야 한다.

2천 년 전, 주님은 이렇게 말씀하셨다. "내가 아버지 안에 있고, 아버지가 내 안에 계심을 믿어라. 그렇지 않으면 내가 행한 일들을 보고 나를 믿어라."[요한복음 14장 10절] 또 주님은 말씀하셨다. "나무는 그 열매로 알 수 있다. 가시나무에서 무화과를 거두지 않고, 찔레나무에서 포도를 따지 않는다." [누가복음 6장 43-44절] 그리스도를 따르면서 동시에 그분의 진리가 효과가 없다고 주장할 수는 없다. 그리스도의 메시지를 과거에만 적용된다고 생각한다면, 당신이 전하는 영혼의 구원에 대한 설교는 무의미해지고, 당신의 말은 그저 공허한 감정적 분출에 불과할 것이다. 어떤 사람들은 차가운 윤리적 논의에 만족한다. 하지만 그들은 그리스도의 살아 있는 메시지가 사상과 행동의 메시지, 즉 영혼의 메시지라는 것을 보지 못하며, 그것이 영혼을 그리스도의 의식 속으로 힘차게 이끌어 생명을 불어넣는다는 점을 간과한다. 그 메시지의 따뜻함과 빛나는 광채는 인간을 신성한 존재로 변화시킨다.

우리는 대부분 유한한 세계, 즉 유한한 생명의 개념 속에 살고 있다. 우리가 세상의 어둠 속에 잠길 때, 단순한 상상만으로는 그리스도의 생생한 존재를 느끼기 어렵다. 우리의 마음을 자극하기 위해서는 상상 속에서 어떤 역동적인 활동이 필요하다. 그래서 그리스도께 오라고 부르고 그분이 오고 있다고 상상함으로써 우리는 더 좋은 반응을 얻는다. 그분은 우리에게 멀리 계시지 않지만, 그분이 오고 있다는 생각만으로도 우리 마음이 더 빨리 그분께 맞춰진다. 우리의 마음을 활기차게 만드는 것은 빠른 반응을 불러일으킨다. 이것이 우리가 기도하는 이유다. 기도는 우리의 영혼의 역동적인 활동이다. 그것은 단지 주파수를 맞추는 과정일 뿐이다. 내가 처음 그리스도를 알게 되었을 때, 내 믿음은 그리 강하지 않았다. 내 마음에 활기를 불어넣기 위해 나는 그분을 부르고 그분이 오고 있다고 상상하곤 했으며, 더 나아가 그분이 내 부름에 응답하고 있다고 상상했다. 몇 분 만에 내 마음은 활기를 띠었고, 나는 그분과 접촉할 수 있었다. 이 방법을 사용할 때마다 나는 항상 그분의 살아있는 존재를 느꼈다. 이제 그분의 생생한 존재를 느끼기 위해서는 그분을 하나님 안에서 상상하기만 하면 된다. 내 마음이 활기를 잃었을 때는 상상 속에서 대화를 나누면, 곧 완벽한 접촉이 이루어졌다.

어느 날 나는 이런 생각을 하고 있었다. 인간의 삶은 어떤 정신적 인상에 의해 지배되기 때문에, 마음에 긍정적인 인상을 가장 빠르게 심는 방법을 아는 것이 중요하지 않을까? 이 문제를 고민하던 중, 그리스도의 음성이 내 의식 속에서 들려왔다. "사람의 마음이 활기를 띨 때, 또는 활력을 얻었을 때, 인상은 쉽게 받아들여진다."

"주님, 마음에 활력을 불어넣기 위해 어떤 방법을 사용해야 하나요?" 내가 물었다.

"너는 불멸의 영으로서 네 마음과 대화를 나누고, 원하는 긍정적인 특성을 마음이 받아들이고 있다고 상상하라. 아니면, 자신과 대화를 나누며 긍정적인 인상을 받아들이고 있다고 상상하라"라는 대답이 들려왔다.

나는 즉시 그 원칙을 적용하기 시작했고, 짧은 시간 안에 놀라운 결과를 얻어 내 마음에 긍정적인 특성을 심고 그것이 드러나도록 했다. 마음이 의기소침해져 스스로를 추스르기 어려울 때, 당신이 스스로에게 인생의 낙관적이고 긍정적인 철학에 대해 설교를 하면 얼마나 빠르게 회복되는지 놀라게 될 것이다. 당신의 목소리와 당신 설교의 내용은 단지 마음에 활력을 줄 뿐만 아니라, 당신이 마음에 각인시키고자 하는 메시지에 대한 확신도 더해줄 것이다. 같은 이유로, 어둠 속에서 두려움을 느낄 때 우리는 용기를 얻기 위해 휘파람을 불거나 스스로에게 말을 건넨다. 당신의 목소리는 그것을 긍정적인 목적으로 어떻게 사용할지 알 때 마법의 힘을 발휘하게 된다. 그것은 어떤 것보다도 더 빠르게 마음을 긍정적인 사고와 믿음, 그리고 역동적인 행동으로 자극할 수 있다.

어느 날, 나는 아들의 부적절한 행동으로 인해 큰 고통을 겪고 있는 여성을 방문했다. 그녀는 걱정을 멈추지 못하는 것 같았다. 그래서 내가 말했다. "하나님께서 당신이 걱정을 멈추도록 도와주고 계신다고 상상해 보세요."

"그런데 아무것도 상상할 수가 없어요. 제 마음이 계속 산만해져요." 그녀가 대답했다.

"그렇다면 소리를 내어 자신에게 말해보세요. 하나님께서 당신을 돕고 계신다고 마음에 각인시키세요. 이렇게 하면 마음을 집중시킬 수 있을 뿐만 아니라, 마음에 활력도 불어넣을 수 있습니다. 마음이 충분히 활기를 얻으면, 그때 하나님께서 도와주고 계신다는 인상이 마음에 깊이 새겨진다고 상상해보세요."

그녀는 방으로 올라갔다. 10분에서 15분 후, 그녀는 미소를 지으며 다시 내려왔다. "주님이 저를 도와주셨고, 이제 모든 것이 괜찮아요." 그녀가 행복하게 말했다.

우리는 대부분 부정적인 생각과 상상에 깊이 빠져, 결국 그것을 갈망하게 될 정도로 중독되어 있다. 우리는 그리스도의 이 단순한 계시가 우리를 이 곤경에서 벗어나게 하게끔 의지하기보다는, 우리는 오히려 정신적 어둠 속에 머물며 우리의 불행을 즐기려 한다. 우리가 그분을 믿기만 한다면, 그리스도는 우리의 필요에 맞춰, 새로운 계시를 계속해서 주실 수 있다. 그러나 우리가 죽은 그리스도를 숭배하는 것을 멈출 생각을 하지 않고, 영원히 살아계신 그리스도를 받아들이지 않는 한, 그분의 위로를 느끼거나 살아있는 메시지를 들을 수 있을 것이라고 기대할 수 없다. 그분은 2천 년 전 사람들에게 하셨듯이 우리에게도 말씀하실 수 있다. 그분은 우리를 사랑하시며, 당시 사람들을 도와주신 것처럼 우리를 도와주기를 원하신다. 그분은 지상에서 사역하실 때 제자들과 많은 무리를 보셨듯이, 우리를 분명하게 보고 계신다. 자비로운 그리스도는 우리를 심판하러 오시는 것이 아니라, 우리의 꺼져버린 희망과 물질주의로 인해 죽어버린 생명을 다시 살리기 위해 오신다. 그분은 우리의 삶과 행복을 진심으로 바라고 계신다.

우리가 마음과 영혼으로 죄를 지을 때, 정화의 고통 속에서 몸부림칠 때, 죽음과 황폐함 속에서 울고 슬퍼할 때, 자비로운 그리스도는 우리 곁에 서서 "내게로 오라"고 부르신다. 우리가 실수하고 어둠 속에서 비틀거리며, 깨진 인형을 보고 우는 아이처럼 눈물을 흘릴 때, 그분은 우리를 향해 손짓하시며 "내게로 오라"고 하신다. 그분은 간절한 음성으로 우리 모두에게 말씀하신다. "너희는 하나님의 아들딸이다. 너희는 나에게 속해 있다. 너희는 이 세상, 죽음과 파괴의 세상에 속한 자가 아니다. 너희는 불멸의 세계에 속한 자들이다. 영원한 생명이 너희의 영원한 유산이다. 내게로 오라. 나는 너희를 본래의 순수함으로 바라본다. 하나님의 영원한 영광 속에서 깨끗이 씻겨진 너희를 본다. 나의 정화하는 시선을 느끼고 나의 거룩한 존재를 의식한다면, 너희의 몸과 마음은 깨끗해질 것이다. 너희의 영혼은 안식과 평화를 찾게 될 것이다."

어느 날, 나는 불경하고 파괴적인 생각을 하고 있었다. 그러던 중 갑자기 그리스도의 존재를 느끼게 되었고, 그분의 음성이 들렸다. "네 영혼을 어지럽히는 것은 어둠 속에서의 행동이 아니라, 네 마음 속에 자리한 죄악되고 불경한 생각이다." 내가 물었다. "주님, 불경하고 죄악된 생각이란 무엇입니까?" "너의 조화를 깨고 평화를 방해하는 생각, 마음에 어둠을 드리우고 하나님의 무한한 사랑과 자비에 대한 너의 믿음을 무너뜨리는 생각, 시기와 질투, 이기적인 욕심, 질병과 죽음을 부추기는 생각이 바로 불경한 생각이다. 내 존재를 느낀다면 그런 불경한 생각을 할 수 없다. 심지어 너희 중 가장 의롭다고 자부하는 자조차도 나의 시선을 마주할 때 죄책감과 부끄러움을 느낀다. 속지 마라. 죄를 짓고 잘못을 저지르는 것은 인형과 인형 집을 가지고 노는 아이들이 아니라, 하나님의 거룩한 창조물을 그들의 편협한 생각과 행동으로 더럽히려는 자기 정당화에 빠진 자들, 위선자들이다."

살아계신 그리스도를 숭배해야 할 기독교인들이 죽은 그리스도를 숭배하고 있다. 살아계신 그리스도를 숭배하면서도 오늘날 우리가 빠져 있는 증오, 편견, 탐욕, 불경한 생각을 그

대로 유지할 수는 없다. 우리는 끊임없이 우리의 생각과 행동을 정당화하려 하지만, 그럼에도 불구하고 다른 사람들이 우리의 기독교를 받아들이길 바란다. 그리스도가 없는 기독교는 누구에게도 받아들여질 수 없다. 세상 사람들도 대부분 그렇게 생각한다. 그런데도 우리는 슬픔과 불행, 질병, 죽음 속에서 우리의 가장 친한 친구인 그리스도가 우리 문을 떠나게 하는, 가장 불친절하고 잔인한 일을 하고 있다. 그리스도를 외면함으로써 우리는 그분의 마음을 찌르고 있다. 우리의 삶을 희망차고, 이상적이며, 고귀하고 행복하게 만들어주시는 분의 마음을 상처 입히면서, 우리가 무엇을 얻을 수 있겠는가? 우리는 아무것도 얻지 못한다. 대신, 우리는 동물적 본능의 악마들을 불러들여 우리의 가정을 더럽히고, 하나님의 사랑, 친절, 동료애라는 소중한 유산을 파괴하게 만든다. 우리는 인간성에 대한 애도의 눈물 한 방울을 흘리는 것조차 부끄러워한다. 어둠의 자손인 악마들은 오늘의 열망과 내일의 희망 위에 세워진 우리의 기쁨과 행복의 샘을 말려버린다.

그래서 우리는 그리스도가 없는 문명이 오래 지속될 수 없다고 주장한다. 문명은 곧 흔들리기 시작할 것이며, 확고한 지지대가 없다면 무너질 것이다. 그리스도와 인류는 불가분의 관계다. 인류애가 없으면 문명은 조롱거리가 되고, 흉악한 범죄의 온상이 되며, 탐욕스러운 자들의 소굴이 된다. 우리는 그리스도가 없는 기독교를 잃어도 상관없지만, 그리스도 자체를 잃어서는 안 된다. 그분은 우리가 서로 사랑할 수 있는 유일한 길이다.

그리스도의 진리를 받아들이는 것은 당신의 믿음에 달려 있다. 당신이 그리스도와 '생명을 구원하고 부활시키는 그분의 메시지'를 믿고 있다고 계속해서 상상하면, 결국 그것을 믿게 될 것이다. 그분의 의식의 거룩함이 당신의 존재 전체를 감싸게 될 것이며, 당신은 그리스도의 비전을 받아 하나님의 영원한 왕국의 영광을 보게 될 것이다. 당신이 유한하고 제한된 생명의 개념에서 멀어질수록, 우주의 본질에 더 가까워진다. 이타적으로 산다는 것은 죽음이 아니라 영원한 생명이다. 몸을 위해 햇빛과 신선한 공기가 필요하다면, 당신의 영혼을 위해 하나님의 창조의 본질이 얼마나 더 필요하겠는가? 그 본질은 사랑이며, 사랑이란 당신이 사랑하는 이와 하나됨을 느끼는 숭고한 감정이다. 그러므로 당신의 영혼에 활력과 양분을 얻기 위해서는 하나님의 사랑, 즉 우주 생명과 하나됨의 느낌이 필요하다.

하나님이 당신과 함께 계시고, 당신이 하나님과 함께 있다는 것을 상상하고 느껴보라. 소리 내어 하나님께 말씀드리고,

그 응답이 다가오고 있다고 상상하라. 이것이 그리스도의 현대적인 숭고한 계시 중 하나이다. 만약 세상의 삶의 방식을 계속해서 고수하여 당신의 정신을 흐리게 만들어 좁은 시야를 벗어나지 못하게 되었다면, 맑은 여름밤에 푸른 하늘을 올려다보라. 수많은 반짝이는 별들을 바라보라. 하나님의 창조적 광대함 속에서 당신의 작은 생명에 대한 걱정, 두려움, 불안은 아무것도 아닌 것이 된다. 이 광대한 객관적 현상은 주관적인 현실로 작용하여 당신의 마음에 영향을 미친다. 이 놀라운 창조물의 아름다움과 장엄함을 마음속 깊이 받아들이지 않으면, 영원한 생명의 낭만적인 감동을 느낄 수 없다. 당신 안과 당신을 둘러싼 창조 생명의 전능함을 곰곰이 생각할 때, 오랜 세월에 걸쳐 형성된 동물적 생명의 개념이 서서히 사라지기 시작한다. 형제를 희생하며 이름, 명성, 재산을 얻으려 했던 욕망이 허공 속으로 사라진다. 그리고 잠시 동안 당신은 그런 터무니없는 생각과 한정된 생명의 개념을 품었다는 것에 대해 부끄러움을 느낀다. 겸손하면서도 숭고한 감사와 벅찬 감동이 당신을 감싸고, 당신은 스스로 만든 속박에서 벗어나 하나님을 향해 나아가고자 하는 강렬한 충동을 느낀다. 그리고 영원한 생명을 알리는 새로운 시작을 위해 오신 그리스도의 영광스러운 메시지를 점점 더 소중히 여기게 된다.

하나님의 영원한 창조의 찬란함과 생명의 끝없는 모험 속에서, 누가 나쁜 꿈을 꾸며 잠들고 싶겠는가? 당신이 누구든, 아직도 거짓된 잠에 빠져 있다면, 깨어날 때는 마음과 몸이 점점 약해져 있을 것이다. 그러므로 그리스도의 음성에 귀 기울여야 한다. 그분은 당신에게 무기력한 잠에서 깨어나 당신의 영원한 유산을 되찾으라고 부르고 계신다. 오늘 깨어나지 않는다면, 당신은 필연적으로 패배, 어둠, 그리고 죽음이라는 결과에 직면하게 될 것이다. 하나님의 자녀들 사이에서 하늘나라의 아버지를 영화롭게 하지 않을 이유가 있는가? 사랑, 친절, 동료애라는 천상의 선물을 실천하여 불멸의 존재로서의 존엄을 얻지 않을 이유가 있는가? 이 세상이 당신에게 줄 수 있는 것은 그 무엇도 거부되지 않을 것이다. 당신은 지금 상상할 수 있는 것보다 천 배나 더 많은 것을 얻게 될 것이다. 당신이 바랄 수 있는 모든 긍정적인 것이 당신의 손 안에 있다. 주님이자 구세주이신 그리스도께서 당신에게 영원한 유산을 되찾으라고 부르고 계신다!

레슨 : 실천 과제

시작하기에 조용히 다음 규칙들을 따르도록 하라.

첫째: 현재 당신이 어떤 생각을 품고 있으며, 어떤 결과를

예상하고 있는지, 그리고 그것이 긍정적인지, 부정적인지를 파악하라.

둘째: 자신이 어떤 생각을 품고자 하는지, 긍정적인지 부정적인지 스스로에게 물어보라.

셋째: 모든 환경은 당신이 정신적으로 받아들인 것과 인상을 통해 마음속에 존재한다는 것을 알고 깨달으라.

넷째: 레슨을 실천해볼 때, 당신의 마음이 원하는 긍정적인 특성이나 생각을 실제로 받아들이고, 그것이 마음에 인상을 남기고 있다는 사실을 상상하고 인식하라.

다섯째: 긍정적인 결과를 얻는 것이 쉽다고 상상하고 믿으라. 쉬울 것이라고 믿는 것이 실제로 그것을 쉽게 만든다.

레슨을 실천하기 전에 이 몇 가지 규칙을 항상 지키면서 명확히 이해하라. 그러면 결과를 빠르게 얻게 될 것이다. 레슨을 실천할 때는 결과를 예상하는 것이 아니라, 결과를 창조하거나 실현하고 있다고, 아니면 마음이 언제나 진정한 긍정적 결과를 받아들이고 있다고 생각하라. 이 규칙들에서 전달되는 주된 개념을 대충 이해하지 말고, 모두 명확히 이해하라. 다시 말해, 레슨을 해볼 때는 왜, 무엇을 하고 있는지 정확히 알고 있어야 한다.

예를 들어, 당신이 약해졌다고 느끼고 있을 때 내가 당신에게 나가서 신선한 공기를 마시라고 말했다고 하자. 이제, 당신이 내 제안을 기계적으로 받아들여 밖으로 나간다면, 이런 것만으로 결과를 얻을 수 있을까? 그 결과는 나에 대한 당신의 신뢰와 당신의 잠재의식이 얼마나 수용적인 상태에 있는지에 따라 달라질 것이다. 그러나 그것이 확실하지는 않다. 결과가 당신의 정신적 수용과 인상에 달려 있다는 것, 그리고 당신의 상상과 믿음이 그 수용과 인상에서 중요한 역할을 한다는 것을 명확히 이해했을 때, 당신은 의식적으로 그 결과를 얻게 될 것이다. 그때는 운에 맡기는 것이 아니라, 확실한 결과를 얻는 것이다.

마음의 법칙

당신이 상상하고 믿는 것을 실제로 얻게 된다. 또한, 마음이 활력을 얻었을 때, 그 인상은 더 쉽게 받아들여지고 빠르게 형성된다. 개념이나 생각을 소리 내어 말할 때, 마음에 활력을 불어넣게 된다. 즉, 그 의미를 명확히 이해하며 반복해서 말할 때 그렇다. 같은 문장을 똑같이 반복할 필요는 없지만, 그 개념과 의미를 마음에 간직하고 있어야 한다. 개념을 소리 내어 말하는 목적을 절대 잊지 말아야 한다. 자신이 그 개념을 받아들이고, 그것을 마음의 일부로 만들고 있다고 더 명확하게 상상할수록 원하는 결과를 더 빨리 실현할 수 있다. 결핍이나 극복하고자 하는 것에 집중하지 말고, 원하는 특성이 마음속에서 꾸준히 형성되고 있다고 상상해야 한다. 대부분의 사람들은 완벽한 결과를 한 번에 실현하기보다는 점진적으로 이뤄가는 것을 더 쉽게 받아들인다. 그러나 연습을 통해 학생들은 완벽한 결과를 즉시 받아들이는 습관을 익히게 된다. 반복적으로 결과를 얻는 성공을 통해 그들의 의식 속에 확신이 자리 잡는다. 그러면 단지 그 완전한 결과를 받아들이는 것만으로도 놀라운 효과를 얻게 된다.

첫 단계로, 결과가 점차 마음속에서 받아들여지고 확립된다고 상상하는 것이 좋다. 이렇게 하면 결과가 즉시 나타나지 않는 것에 대한 걱정을 줄일 수 있다. 결과의 실현은 그것이 마음에 얼마나 철저하게 받아들여졌느냐에 달려 있다. 외부에서 보이는 결과나 생각보다, 마음이 그 결과를 완전히 받아들이는 것이 더 중요하다는 것을 배우게 되면, 그것을 훨씬 더 빠르게 실현할 수 있다. 외부 결과에 대한 불안함이 당신의 목표를 방해한다는 점을 항상 기억해야 한다. 모든 환경은 정신적이며, 의식적이든 무의식적이든 인식 없이는 어떤 상황도 느낄 수 없기 때문에, 원하는 결과에 대한 완전한 정신적 수용이 무엇보다 중요하다. 이 사실을 명확히 인식한 후

레슨을 실천해보라. 그러면 결과를 정신적으로 수용하는 것 외에는 걱정할 것이 없다. 객관적 수단이나 방법 자체는 그리 중요하지 않다. 유일하게 중요한 이유는 당신이 그것에 가치를 부여하기 때문이다. 음식, 음료, 약물의 실제 효과는 그것을 의식적이든 무의식적으로 얼마나 가치 있게 여기는지에 따라 달라진다. 나는 마음의 법칙을 이해함으로써, 마음 태도를 바꿔 특정 음식이 내게 미치는 영향을 조절할 수 있었다. 우주의 모든 것은 변형된 에너지로, 우리 잠재의식의 수용성에 따라 일정한 영향을 미친다. 이 부분에 대해서는 다음 수업에서 더 자세히 다룰 것이다.

이제 구체적인 실천 주제를 정해보자. 예를 들어, 우리는 집중력을 키우고자 한다. 형이상학적으로 말하자면, 우리의 영혼은 완전하기에 집중력에 어떤 결핍도 있을 수 없다고 한다. 그러나 그 생각을 단순히 받아들이는 것만으로는 우리의 목적을 달성할 수 없으며, 실질적 도움이 되지 않는다. 문제는 우리의 영혼을 의식적인 생각과 분리할 수 없다는 데 있다. 우리는 무의식적으로 자신이 믿고 있는 바에 따라 자신이 그런 존재라고 받아들인다. 우리의 '생각하고 믿는 생명' 없이는 완전한 영혼을 상상할 수 없기 때문에, 이러한 '생각하고 믿는 생명'의 중요성을 어떻게 무시할 수 있겠는가? 만약 우리가 '생각하고 믿는 생명'이 중요하지 않다고 여긴다면, 영혼의 존재와 특성에 대한 그것의 판단도 중요하지 않게 될 것이다. 또한, 우리의 생각하는 생명에서 그 생각의 주체는 누구인지 묻는 질문이 생길 것이다. 우리는 알고 있다. 그것은 바로 우리 전체 존재이며, 그 생각은 우리의 일부여야 한다. 단순히 형이상학적 개념을 늘어놓거나 무의미한 긍정적 사실을 반복하는 것만으로는 우리가 바라는 신속하고 종합적인 결과를 얻을 수 없다. 해마다 우리는 진리에 대해 같은 방식으로 말하지만, 거울을 보면 여전히 이전의 낡고 쇠약해진 필멸의 자아가 비칠 뿐이다. 진리의 실천만이 우리를 자유롭게 할 수 있다. 왜냐하면 그것이 우리에게 실용적인 지식에 기반한 긍정적인 확신과 결과를 가져다줄 수 있기 때문이다.

우리가 집중력이 부족하다는 것을 의식할 때, 그 부족함이 우리에게 현실이 되며, 그것이 우리 의식 속에 존재한다는 것을 부정할 수 없다. 여기서 우리는 단순하고 명백한 질문에 직면하게 된다: 이 부족함을 어떻게 극복할 것인가? 이는 배고픈 사람이 단지 음식에 대한 화학적 분석이나 논의로는 만족할 수 없는 것과 같다. 그는 실제로 무언가를 먹어야 한다. 당연히 그는 어떻게 음식을 구할 것인가 하는 문제에 맞닥뜨린다. 이 강의에서 우리는 단순히 진리에 대한 논의로는 만족하지 않는다. 우리는 즉각적인 결과를 가져올 진리의 실천적 활용법을 찾고자 한다. 당신이 어떤 형태로든 부족함을 의식할 때, 이미 그 부족함의 인상이 당신의 마음이나 의식 속에 자리잡았을 것이다. 그것이 어떻게, 어디서 생겨났는지는 중요하지 않다. 그 질문에 대한 답은 끝없는 논의를 초래할 것이며, 실질적인 도움이 되지 않을 것이다. 실천적 목적을 위해 필요한 것은 특정한 정신적 인상이 없다면 심지어 부족함조차 드러나지 않는다는 사실을 아는 것이다. 이제, 우리를 창조한 '모든 곳에 존재하는 영원한 권능_{everywhere-present eternal power}'이 우리에게 집중력을 주고 있으며, 우리가 그것을 받고 있다고 상상하고 믿어 보자. 우리의 마음에 활력을 불어넣기 위해, 이 권능에게 이렇게 말해 보자. "권능이시여, 당신은 모든 것을 충만하게 가지고 계시며, 부족함이 없으십니다. 당신은 나에게 집중력을 주고 계시며, 그것이 지금 나에게 오고 있습니다." 동시에 우리는 그것이 단지 오는 것만이 아니라 우리의 마음에 들어오고, 지금 이 순간 우리의 마음이 그것을 받아들이고 있다는 구체적인 정신적 이미지를 떠올려야 한다. 우리가 하는 모든 진술의 의미를 이해하며 그 진술을 시각화해야 한다. 이 방법을 새로운 기술의 첫 번째 단계라고 할 수 있다. 두 번째 단계도 마찬가지로 중요한데, 이 단계는 우리의 정신적 활력과 수용성을 가장 짧은 시간 내에 높여 준다. 그것은 최고의 권능이 우리에게 대답하며 "그래, 내가 너에게 집중력을 주고 있다. 그것이 너에게 오고 있으며, 너의 정신적 생명의 일부가 되고 있다"고 상상하는 것이다.

이 두 번째 단계는 그리스도의 현대적 계시 중 하나다. 이 가정된 하나님의 응답, 또는 최고 권능의 응답은 우리의 마음을 모든 능력의 주인에게 맞추어 줄 뿐만 아니라, 더 강한 확신으로 마음에 활력을 불어넣는다. 또한, 모든 긍정적인 것은 영원한 긍정적 존재에게 영원히 존재한다. 따라서 하나님의 긍정적 응답은 단순한 상상을 넘어선다. 이미 말했듯이, 당신의 생각의 의미와 목적을 유지하는 한, 진리를 고정된 틀 속에서 표현할 필요는 없다. 중요한 것은 상상하고 있는 모든 활동과 반응을 명확히 그려보는 것이다. 하나님과의 대화를 이어가며, 실제로 원하는 결과를 하나님의 선물로 받고 있다는 확신이 마음에 자리 잡을 때까지 계속해서 대화를 나눠야 한다. 어떤 말을 할 때마다 그 의미를 이해하고, 그것이 작동하는 것을 시각화하도록 해야 한다.

이제 동일한 결과를 달성하기 위한 두 번째 방법으로 넘어가 보자. 이 두 번째 방법은 첫 번째 방법보다 약간 더 구체적이지만, 많은 사람들이 선호할 수 있다. 이는 집중력이 '모든 곳에 스며들어 있는 영 a spirit that permeates everywhere', 즉 하나님의 영원한 속성이며, 인격화된 빛의 형태로 당신의 마음에 들어와 영구적으로 자리 잡는다고 상상하는 것이다. 그런 다음 이 상상 속의 빛과 대화할 수 있는데, 마치 그 빛이 의식과 지성을 가진 것처럼 대화하는 것이다. 다음은 예시이다. "집중력이여, 하나님의 거룩한 속성이여, 내 마음에 들어와 영원히 머물러라." 그 후 집중력이 이렇게 응답한다고 상상해 보라. "그래, 내가 너의 마음에 들어가서, 영원히 머물 것이다." 동시에 지성과 의식을 가진 빛의 형태로 집중력이 당신의 마음에 들어오는 것을 시각화해야 한다. 항상 대화를 소리 내어 하는 것을 기억하라.

하나님의 모든 속성은 곧 하나님 자신이다. 다시 말해, 하나님은 그분의 속성 그 자체이다. 속성을 실체로부터 분리할 수는 없다. 실체의 본성에는 그 속성이 내재해 있다. 태양이 빛을 내지 않으면 태양이 존재할 수 없는 것처럼, 빛도 태양 없이는 존재할 수 없다. 태양의 본질은 빛을 발하는 것이다. 즉, 태양은 그 빛나는 특성 없이는 태양일 수 없다.

이 객관적인 의식의 차원에서 우리는 다소 구체적인 것들을 다룬다. 주관적인 영적 감각을 발전시키기 전에 우리는 구체적인 방법을 채택할 수밖에 없다. 하나님의 속성을 인격화할 때, 우리는 유한한 마음으로 그것을 쉽게 이해할 수 있다. 유한한 생명의 것들을 다룰 때, 이렇게 하나님의 속성을 인격화한다면 우리에게 즉각적인 반응과 결과를 가져다준다. 내가 기억력이나 다른 특성들과 대화할 때, 그것들을 신성한 속성으로 인격화하면 매우 친밀한 관계를 형성하게 된다. 이때 신성한 근원은 차갑고 비인격적인 존재가 아니라, 친절하고 도와주려는 마음을 가진 고귀한 인격체로 다가온다. 내가 어떤 생각을 신성한 근원에 맡기고, 필요할 때 그 생각을 떠올릴 수 있도록 요청할 때마다, 그 근원은 한 번도 내 기대를 저버린 적이 없다.

예수 그리스도는 신성한 속성들을 인격적인 의미로 이해하고 그렇게 다루셨다. 그분은 제자들에게 성령을 주셨고, 그 성령은 빛의 형태로 그들 안에 들어가 그들의 사역 내내 마치 인격체처럼 그들을 인도했다. 성령은 그들에게 말씀하고, 훈계하며, 그들을 통해 많은 기적을 행했다. 성령이 그들 안에 있다는 믿음은 그들의 생각과 생명을 깨끗하고 거룩하게 만들어주었다.

우리는 여기서 관념적이고 추상적인 철학이나 이해하기 어려운 형이상학적 주장을 논하는 것이 아니다. 우리가 제안하는 것은 실질적이고 도움이 되며 동시에 인류 전체를 고양시킬 수 있는 것이다. 사람들이 하나님을 생명력 있고 실질적인 의미로 아는 것이, 하나님 없이 어둠 속을 헤매며 사는 것보다 훨씬 낫다. 누구라도 예수 그리스도께서 제시하신 것보다 더 나은 실천적 방법을 제시할 수 있다면 나서 보길 바란다. '절대 진리'에 대해 이러쿵저러쿵 지적으로 논쟁하는 것은 어떤 성과도 내지 못한다. 우리의 삶에서 절대적인 것은 없다. 우리의 모든 경험은 상대적이다. 심지어 '영원하고 자존하는 존재Eternal Self-Existing Being'에 대한 우리의 깨달음조차도 상대적이다. 우리는 모두 실질적이고 생명력 있는 방식으로 결과를 원하며, 우리의 마음과 과학에 완벽하게 부합하는 결과를 원한다. 우리가 어둠의 속박에서 벗어나 진리를 완전히 이해해서 활용하는 법을 빨리 익히는 것이 우리 모두에게 더 유익하다. 실질적으로 진리를 실천함으로써 얻는 낭만적 감동은 그 무엇도 능가할 수 없다. 낭만 없는 삶은 죽은 삶이다. 젊음 없는 낭만도 불가능하다. 그리스도의 영광스럽고 끊임없이 새로운 계시는 우리를 마음과 영혼에서 언제나 젊게 유지시켜 준다. 우리가 하나님의 진리를 삶의 매 순간 실천할 때, 그 낭만적인 감동은 결코 사라지지 않는다.

이 레슨을 마무리하며, 좀 더 명확하게 이해를 해서 또 다른 연습을 해보자. 항상 염두에 두어야 할 한 가지가 있다. 우리는 자신이 받아들이고자 하는 만큼 긍정적인 암시를 받아들일 수 있다. 우리의 '생각하고 믿는 생명thinking-and-believing life'에서는 결코 자신의 생각과 믿음을 넘어설 수 없다. 그 누구도 당신이 얼마나 긍정적인 생각이나 암시를 받아들이고 있는지 말해줄 수 없다. 그것은 전적으로 당신에게 달려 있다. 만약 나에게 당신이 얼마나 받아들일 수 있는지 묻는다면, 나는 '당신의 수용 능력에는 한계가 없다'고 대답할 것이다. 모든 것은 수용의 법칙을 얼마나 이해하느냐에 달려 있다. 당신이 그 암시를 받아들이고 있다고 믿는다면, 당신은 실제로 그 암시를 받아들이고 있는 것이다. 이제 레슨을 해보기 전에 그 개념을 마음에 깊이 새겨 보자. 스스로에게 내가 이 개념을 받아들이고 싶은지 아닌지 물어보라. 진심으로 긍정적인 답을 할 수 있다면, 이제 레슨을 진행할 수 있다. 긍정적인 개념을 받아들이는 이유는 부차적인 문제다. 그 이유는 단지 당신의 마음을 설득하여 그 암시를 받아들이는 것이 옳다는 확신을 주기 위한 것이다.

이제, 당신이 유창하게 말하고 특정한 생각을 표현하고자 한다고 가정해보자. 먼저, 그 바람이 진실하고 간절한지 확인해야 한다. 그런 다음, 전능한 힘이 당신에게 그 재능을 부여하고 있으며, 당신이 그것을 받아들이고 마음에 깊이 새기고 있다고 상상하고 믿어야 한다. 다음과 같은 형식을 활용할 수 있다. "주님, 당신은 저에게 말의 재능을 부여하고 계십니다." 우주의 권능에게 소리 내어 말하면서 그 권능이 당신의 기도를 듣고 응답할 수 있다고 상상하고 믿어라. 그런 다음 주님이 이렇게 말씀하신다고 상상해 보라. "그래, 내가 너에게 이 재능을 부여하고 있으며, 너는 지금 그것을 받고 있다." 이어서 감사의 마음을 담아 이렇게 응답해 보라. "네, 주님, 저는 당신의 재능을 받고 있으며, 그것이 제 마음의 일부가 되고 있습니다. 주님, 감사합니다."

당신의 마음이 활력을 잃고 확신이 부족하다면, 명확한 정신적 이미지를 떠올리며 우주의 권능과 계속해서 대화를 이어가야 한다. 즉, 주님이 당신에게 어떤 특성을 주시고, 당신이 그것을 받아들이는 장면을 상상해야 한다. 만약 마음을 더 쉽게 집중시킬 수 있는 구체적인 대상을 원한다면, '말의 신'이 빛의 형태로 당신의 마음에 들어와 그 안에 머물고 있다고 상상해 보라. 이 경우, 다음과 같이 성령을 부를 수 있다.

"말의 신이여, 내 마음에 들어와 내 안에 머물러 주십시오." 그런 다음, 주님이 이렇게 대답하신다고 상상해 보라: "그래, 내가 네 마음에 들어가 네 안에 머물 것이다." 그 후, 그분이 항상 당신의 마음 안에 계시며, 당신이 긍정적인 메시지를 전하면서 당신을 이끌고 계신다는 사실을 기억하라. 이 확신이 점점 깊어질수록, 당신은 성령의 축복받은 언어로 말하고 있음을 깨닫게 될 것이다. 여기서 당신은 우주의 영을 '말의 신'으로 인격화하고 있다는 것을 잊지 말아야 한다. 상상이 마음의 일부가 되면, 그것은 더 이상 단순한 공상이 아니다. 그것은 당신에게 현실로 다가온다. 상상은 당신의 '생각하고 믿는 생명'을 지배한다. 무엇보다도, 하나님이 당신의 모든 노력에서 당신을 돕고 있다는 사실을 항상 기억하라. 당신은 긍정적인 일에서 성공하도록 운명지어졌다. 그것이 하나님의 뜻이며 영원의 목소리이다.

Chapter 5

DYNAMIC MEDITATION OF CHRIST
그리스도의 역동적 명상

진정한 영적 깨달음에는 한 가지 특성이 있다.
그것은 하나로 묶는다는 것이다.

당신은 다양한 종교와 교파에 명확한 선을 그어 나누면서 진정으로 하나님을 알 수 있다고 말할 수 없다.
스스로 배타적인 길을 택한 종교는 넓은 영적인 시야를 잃었기에 영혼의 죽음을 맞이하고 있다.

그리스도는 다양한 종교들 사이에 장벽을 세우러 오신 것이 아니라 보편적 형제애의 실현을 방해하는 모든 교리와 신념의 한계를 허물기 위해 오셨다.

그분은
파괴하기 위해 오신 것이 아니라
완성하기 위해 오셨다.

CHAPTER 5　DYNAMIC MEDITATION OF CHRIST
그리스도의 역동적 명상

Lesson Two

우리에게 중요한 것은 결과이지 방법은 그다지 중요하지 않다. 그리스도가 2천 년 전에 태어난 실제 인물이었는지 아니면 인간이 만들어낸 상상이었는지는 중요하지 않다. 중요한 것은 그분이 우리에게 준 원리를 실생활에서 활용하는 것이다. 내가 진정으로 관심 있는 것은 그분의 존재를 오늘날 느낄 수 있는지, 그리고 그분의 진리로 우리의 실제 문제를 해결할 수 있는지 여부이다. 만일 우리의 상상 속 그리스도가 매우 구체적이고 실용적으로 우리를 도울 수 있다면 누가 그분이 실제가 아니라고 말할 수 있겠는가?

우리의 문제는 그리스도의 진리를 실생활에서 적용하려 할 때 학문적인 자세를 취하거나 회의적인 태도를 취하는 것이다. 논의를 위해 그리스도가 존재하지 않고 단지 신화였다고 가정해보자. 그러면 '누가 이 거대한 신화를 만들었으며 영적 왕국의 이 경이로운 법칙들을 전해주었을까?'라는 의문이 생긴다. 그리고 산상 수훈을 설교한 사람이 누구인지 의문이 생긴다. 과연 그런 불멸의 유산을 남긴 사람이 기름 부음을 받은 자신 그리스도보다 못할 수 있을까?

  그분이 이 세상에 어떻게 왔고 어떤 문을 통해 들어왔는지는 중요하지 않다. 우리가 직면한 반박할 수 없는 사실은 그분이 전해준 영감과 생명의 구원의 메시지이다. 이 메시지는 실용적이고 증명 가능하다. 우리가 그분이 가까이에 있다고 상상하고 믿는다면 그분의 존재를 생생하게 느낄 수 있다는 것을 아는 것만으로 충분하다. 그분의 생생한 존재가 우리에게 영감을 주고 우리 존재 전체를 활기차게 한다는 것을 알게 될 때 그분 존재에 대한 의심은 사라진다.

  살아있는 그리스도 한 분이 수백만 명의 죽은 그리스도들보다 우리 모두에게 더 중요하다. 그분의 십자가 처형 이야기보다는 그분이 영광스럽게 부활한 이야기가 더 중요하다. 2천 년 전 당시 사람들의 필요에 따라 그분이 말한 것은 우리에게 의미가 없지만 오늘날 우리의 필요에 맞춰 말해주는 것은 매우 중요하다. 따라서 우리는 살아있는 그리스도의 확실한 인도에 우리 자신을 맡겨야 한다. 죽은 그리스도를 숭배하는 사람은 영적인 의미에서 오래 살아갈 수 없다. 기독교의 실패는 그리스도나 그분의 가르침 때문이 아니라 그분을 숭배하는 사람들 안에 살아있는 그리스도가 없기 때문이다. 생명이 없으면 육신이 살 수 없듯이 그리스도가 없으면 기독교는 지속될 수 없다.

　오늘날 우리는 유감스럽고 슬프게도 기독교와 그리스도가 멀리 떨어져 있음을 발견한다. 기독교에서 살아있는 그리스도를 믿고 그분의 생생한 존재를 느끼며 숭배하는 사람을 찾는 것은 드물다. 성경 본문의 미묘한 점들에 대한 토론은 자주 들을 수 있지만 순교 정신의 살아있는 본보기는 찾아보기 어렵다. 성경의 단순한 문자만으로는 우리의 영혼에 생명을 줄 수 없다. 그리스도의 영이 떠나면 자부심, 편견, 독단적인 믿음, 위선에 기반한 몇 가지 거짓된 생각만 남게 된다. 아름다운 건물들, 웅장한 예배당, 눈부신 화려함이 그리스도 영의 상실을 보상할 수 없다.

　소위 숭배자들 중에서 그리스도가 말할 것을 이 문명화된 사회에서 담대히 말하고도 자신의 지위와 명성을 유지할 사람이 얼마나 될까? 어느 일요일 아침, 웅장한 교회 건물을 지나가고 있을 무렵 장엄한 오르간 소리에 맞춰 성가대의 노래가 들렸다. 멈춰서서 듣고 있을 때 내 시선은 교회 계단 밖의 작은 흑인 남자에게 향했다. 그는 경건하게 머리를 숙이고 있었다. 그러나 내가 깊이 인상받은 것은 그가 피부색 때문에 교회에 들어갈 수 없다는 사실이었다. 그 상황의 아이러니로 인해 나는 어리둥절했다. 형제애, 관용, 평등을 설교한 그리스도가 피부색 때문에 예배 장소에 들어가지 못하게 한다는 것을 상상할 수 있는가?

불가촉천민들이 들어갈 수 없는 특정한 힌두교 사원에서는 그런 일이 가능할 것이라고 생각할 수 있다. 브라만들은 사원의 관리자들로서 형제애를 설교한다고 말하지도 않으며 단지 조건부 구원을 제공할 뿐이다. 그들은 자신의 믿음에 정직하고 진솔하여서 불가촉천민들을 차별한다. 하지만 예배 장소에서 인종 차별을 하는 것에 대해 기독교는 어떤 변명을 할 수 있는가? 하나의 신과 한 명의 예언자를 믿는 이슬람교도조차 인종이나 피부색에 상관없이 예배 장소를 모두에게 개방하고 있다.

우리 중 누구도 완벽하지 않다. 하지만 적어도 예배 장소에서만큼은 그리스도가 제시한 고귀한 이상과 보편적 형제애를 보여줘야만 한다. 그것조차 하지 못한다면 기독교 예배라고 불리는 것이 무슨 소용이 있는가? 그래서 나는 그리스도가 없는 기독교는 죽을 운명이라고 주장한다. 생명 없는 교리로 죽은 것들을 되살리려는 것은 헛된 일이다. 우리는 종종 2천 년 전의 그리스도의 교훈을 두고 논쟁하면서 그분이 표현했던 진리의 본질은 잊는다. "나에게 '주여, 주여' 하는 자마다 다 하늘나라에 들어가는 것이 아니다. 하늘에 계신 내 아버지의 뜻을 행하는 자라야 하늘나라에 들어간다. 그 날에 많은 사람들이 나에게 말하기를 '주여, 주여, 우리가 주의 이름으로 예언하며, 주의 이름으로 귀신을 쫓아내며, 주의 이름으로 많은 기적을 행하지 않았나이까?' 할 것이다. 그리고 그때 나는 그들에게 분명히 말할 것이다. '나는 너희를 도무지 알지 못하니, 불법을 행하는 자들아 내게서 떠나가라.' 그러므로 누구든지 나의 이 말을 듣고 행하는 자는 그 집을 반석 위에 지은 지혜로운 사람과 같으니라."[마태복음 7:21-24] 살아계신 사랑과 부활의 그리스도 앞에서는 거짓을 말할 수 없다. 심지어 당신이 속한 교파의 가면 뒤에서도 거짓된 삶을 살 수 없을 것이다.

당신 자신이 정직하게 될까 두려워 살아있는 그리스도를 숭배하지 못하고 있다면, 당신은 결코 당신의 영혼을 구원할 수 없을 것이다. 당신은 결코 양심의 목소리를 이겨낼 수 없을 것이다. 오직 담대하게 행동함으로써만 우리는 그리스도의 진정한 메시지를 전파할 수 있다. 우리는 기독교 신자들의 마음과 영혼에 살아있는 그리스도를 숭배하는 마음을 심어줄 수 있다. 세상의 이해타산에 개의치 않고 기독교를 그리스도의 정신을 나타내도록 만들지 못한다면 우리는 죽은 것을 돌보는 것이다.

형제애의 정신을 우리의 신앙으로 만들지 않고 서로 사랑하라는 주님의 위대한 교훈을 모든 사람들에게 실천하지 않는 한, 우리의 종교는 실패할 것이다. 나는 비난하는 마음으로 쓰는 것이 아니라 세계 전역에서 그리스도가 인정받기를 바라는 진심 어린 마음으로 쓰고 있다. 이제 그리스도가 종교에 어떤 중요한 기여를 했는지 보자. 그분은 우리의 종교적 사고를 혁명적으로 변화시킨 몇 가지 놀라운 발견을 했다. 2천 년 전 종교적 개념이 지금과는 전혀 달랐을 때 이 발견들은 세상을 뒤흔들고 당시의 독단적인 종교 단체들을 뿌리부터 흔들었다. 현대 종교도 이 발견에 다소 영향을 받았지만 우리가 이런 보편적 이상들의 근원으로 돌아가지 못하게 막고 있는 광기어린 물질적 추구 속에서 마땅히 받아야 할 공로를 인정받지도 못하고 있다.

첫째: 예수 그리스도는 내재하는 신을 발견했다. 하나님의 창조물 안에 거주하는 하나님을 발견했다. 다시 말해 그분은 창조물이 생명력 있고 실제적이라는 것을, 그래서 창조주의 영광을 선포하고 창조물은 창조주와 하나이며 창조주 없이는 무의미해진다는 것을 발견했다.

그리스도는 그분의 생각과 행동을 통해 그분이 발견한 진리를 입증했다. 자신의 존재와 하나로 얽혀 있는 내재하는 하나님에 대한 이 개념은 새로운 것이다. 적어도 2천 년 전에는 그랬다. 여기서 그리스도는 우리가 하나님 안에 있고, 하나님이 우리 안에 있으며, 우리가 그분의 전지전능한 존재와 영원히 함께 있다고 선포했다.

 둘째: 이 발견은 첫 번째 발견과 관련이 있다. 그분은 하나님이 사랑이라는 것을 발견했다. 예수 그리스도가 의미한 사랑은 일시적이거나 감성적이거나 감정적인 것 이상이다. 그것은 사랑의 대상과의 일체감을 느끼는 것이다. 이 새로운 사랑의 정의는 세상을 놀라게 했다. 그래서 2천 년 전 서기관들과 바리새인들은 그리스도가 스스로를 하나님과 동등하게 여기려 한다고 생각했다. 그들의 독단적이고 한계에 쌓여 있는 마음은 그런 불멸의 사랑이 가진 아름다움과 장엄함을 볼 수도 없었고 이해할 수도 없었다. 그래서 세상에 알리기 위해 온 이 사랑의 유대는 너무나 강력해서 시간, 공간, 행운, 역경도 끊어놓을 수 없었다. 그것은 영원한 하나됨이다. 하나님과 함께 있는 것들은 멸망할 수 없다. 이러한 깨달음은 물질주의에 사로잡혀 있고 분리되었다는 생각에 사로잡혀 있는 사람의 이해 범위를 넘어서 있다. 불멸을 상징하며 인간의 존재를 영원한 영혼과 하나로 만드는 사랑은 어둠에서 어둠으로, 불확실성에서 불확실성으로 걷는 데 익숙한 사람들에게는 받아들여질 수 없다.

오늘의 패배와 내일의 절망을 이겨내는 사랑은, 삶의 섬세하고 이상적인 것들을 무시해 무감각해진 사람들에게는 호소력이 없다. 우리의 개성을 유지하면서도 '영원한 하나님Eternal God'과의 일체감은 오늘날의 수많은 사람들에게도 새로운 개념이다. 그들이 보기에는 이 일체감이 상상할 수 없는 것으로 그 누구도 그런 것을 현실로 만들 수 없다고 믿는다. 그리스도는 자신을 그러한 사랑의 산물이라 선언하면서 모든 긍정적인 생각과 이상도 사랑의 산물로 보았다. 그로 인해 몇몇 철학자들이 가진 창조에 대한 허구적인 개념들 속에서도 그리스도는 승리했다.

셋째: 그분은 인간이 영적인 존재인 영혼이며 그 영혼이 자의식을 가진 단위로 이 세상에 온다는 것을 발견했다. 따라서 인간의 영혼, 즉 생각하고, 상상하고, 믿고, 결정하고, 즐기고, 고통받는 영혼은 인간에게 매우 중요하다. 어둠과 죽음이 잉태되는 것도 영혼이며 구원받아야 하는 것도 영혼이다. 우리는 우리의 영적인 근원을 부정하여 생겨난 부정적인 인상을 우리의 영혼 속에 각인한다.

넷째: 그분은 영의 법이 육신의 법과 명확히 다르다는 것을 발견했다. 우리가 육신의 생명 개념 속에서 발견하거나 만나게 되는 법칙은 사실 우리가 창조한 것일 뿐이다. 그것은 오

직 우리의 마음과 관련되어 있으며 오직 우리의 마음에서만 존재한다. 그것은 하나님의 긍정적 영적 창조물인 본래의 창조물 안에는 존재하지 않는다. 우리가 영의 법칙을 발견하고 그 힘을 깨달아 그 영향 아래에 있게 되면, 무엇을 먹고, 마시고, 입어야 할지에 대한 육체의 법칙은 더 이상 중요하지 않게 여겨진다.

   동양과 서양의 대부분 영성 관념은 육신의 법에 기반하고 있다. 그래서 우리는 특정한 음식이나 음료, 의복에 너무 많은 의미를 두고 있다. 그리스도는 말했다. "그러므로 무엇을 먹을까? 무엇을 마실까? 무엇을 입을까? 하고 걱정하지 말라. 이 모든 것은 이방인들이 구하는 것이라. 너희 하늘에 계신 아버지께서는 이 모든 것이 너희에게 필요하다는 것을 아신다. 너희는 먼저 하나님의 나라와 그분의 의를 구하라. 그리하면 이 모든 것이 너희에게 더해질 것이다."[마태복음 6장 31-33] 하나님의 영원한 영적 왕국을 인식하고 우리의 의식 속에서 그 안에 살게 되면 우리의 시야는 확장되어 무엇을 먹고, 마시고, 입어야 할지에 대한 영감과 방향을 얻게 된다. 만약 인간이 그저 육신이 전부인 존재라면 육신의 법을 지킴으로써 하나님의 왕국을 상속받았을 것이다. 하지만 우리의 것이라고 생각한 육신은 소멸하고 만다. 따라서 소멸되는 육신의 법은 소멸되지 않는 하나님의 왕국을 얻는 데 도움이 되지 않는다. "살리는 것은 영이지 육신이 아니다."[요한복음 6:63] 생명이 육신이라는 개념을 고수하고 계속해서 육신의 법에 자신을 복종시키면 우리는 육신에게 주어지는 인상을 더 받아들이게 되고 육신에 점점 더 깊이 빠져들게 된다. 그러면 우리는 패배와 죽음의 계속된 순환만을 경험한다. 이러한 계속되는 순환이 일부 동양 철학자들에게 해방이 올 때까지 끝나지 않는 무한한 생의 순환이라는 개념을 생각하게 해서 해방을 얻을 때까지 생명의 자연스러운 표현을 억제하게 한 것은 놀라운 일이 아니다. 하지만 우리가 영의 법에 따른다면 구원은 바로 지금 여기에 있다. 그 구원의 길은 우리가 오직 그리스도 의식을 통해 하나님을 받아들이는 것에 달려 있다. 하나님의 축복을 통한 이 구원은 우리에게 자유와 해방을 주지만 방종을 허락하지는 않는다. 불멸하는 생명의 관점에서는 탐욕과 시기와 질투가 사라지며 서로의 사랑과 이해를 통해 자신을 더 거대하게 표현한다. '불멸하는 전지전능한 존재' 안에서는 그 무엇도 잃지 않는다. 따라서 우리는 그곳에서 어떤 것을 얻기 위해 서두르거나 걱정하거나 불안해하지 않는다. 이것이 진정한 자유이다.

다섯째: 그리스도는 하나님의 존재를 생생하게 깨닫는 역

동적인 명상을 발견했다. 이것 또한 독특하고 특별하다. 평범한 사람은 세상의 부정적인 생각에 빠져 있을 때 하나님의 생생한 존재를 느끼기 힘들다. 우주의 근원에 대해 명상하려고 하면 마음이 무기력해지거나 통제하기 어려워진다. 이 어려움을 극복하기 위해 일부 스승들은 억압적인 방법이나 마음을 자극하는 신체 운동을 권장한다. 하지만 예수 그리스도는 마음이 하나님을 향하게 하는 가장 좋은 방법이 우주의 근원과 소리 내어 대화하거나 기도하는 것임을 발견했다.

보통 우리는 공간이란 개념속에서 살며 비어 있는 공간이 우리 주변을 둘러싸고 있다고 생각한다. 이 비어 있는 공간을 궁극적 본질이 끊임없이 채우고 있는 것으로 상상할 수 있겠는가? 모든 것은 궁극적인 무언가로 환원될 수 있으며 이 궁극적인 것은 우주 창조의 영이다. 공간은 비어 있는 것처럼 보이지만 실제로는 방사성 에너지로 가득 차 있다. 이 에너지가 사라지는 지점 그 너머에 본질이 존재한다. 그것은 편재하고 모든 곳에 퍼져 있는 근원이다. 우리가 이 공간을 보면서 우주의 창조 근원의 끊임없는 존재로서 인식하며 그것에게 말을 걸 때 놀라운 발견을 하게 된다. 공간 전체가 박동하는 하나님의 의식적인 존재로 변한다. 이 대화는 마음에 활기를 불어넣고 편재하는 하나님의 생생한 존재를 느끼고 깨닫게 해줄 것이다. 마음이 둔할 때는 실감나는 상상을 할 수 없다. 무엇이든 실감나는 상상이 실감나는 자각을 불러일으킨다.

하루 종일 이 세상의 일을 한 후에는 하나님의 존재를 생생하게 깨닫기 어렵다. 그러나 공간이 '궁극적 창조 본질Final Creative Essence'의 끊임없는 존재이며 그 본질이 의식을 갖춘 지적인 것으로 상상할 수 있다. 그런 후에 소리 내어 대화하고 마음을 집중하면 마음이 활기를 띠고 상상이 생생해질 것이다. 이 의식적인 존재를 깨닫게 되면 그것에 대한 명상은 자동으로 이루어진다. 마음을 차분하게 만들려고 애쓰면서 고요히 앉아 있을 필요도 없고 무기력한 잠에 빠질 필요도 없다. 하나님의 박동하는 존재 안에서 움직이며 그분의 사랑과 보호를 느낄 수 있다.

직접 해보기 전에 항상 하나님이 당신에게 그분의 존재를 생생하게 인식하도록 도와주고 있음을 기억하라. 하루를 역동적인 명상으로 시작하고 이 의식을 지닌 존재를 당신 주위와 당신 안에서 느끼는 것은 좋은 일이다. 이것이 예수 그리스도가 채택한 방법이다. 그분이 자신을 섬기고 있는 무리에서 벗어나고 싶을 때 산이나 조용한 곳으로 물러나서 하늘나라의 아버지에게 영적 교류를 위해 소리 내어 기도하곤 했다. 그 누구도 예수 그리스도가 조용히 앉아 명상하는 것을 본 적이 없다. 문제는 예수 그리스도가 한 곳에 가만히 앉아 명상할 수 있었는지 아닌지가 아니다. 그렇게 하지 않았다는 것이다. 아마도 그분은 제자들과 세상 앞에서 역동적인 명상의 가치를 보여주는 본보기를 보였을 것이다.

예수 그리스도의 핵심적 가르침은 믿고, 인식하고, 기도하는 것이다. 기도는 당신의 믿음을 생성할 것이며, 믿음의 힘에 대한 지식은 당신의 기도를 자극할 것이다. 하나님이 돕고 있음을 인식하면 그 도움을 받게 된다는 것은 진리이다. 기도는 당신의 믿음을 생성할 뿐만 아니라, 하나님의 존재와 그분의 도움의 손길을 의식하게 해준다. 여기에 편재하는 하나님을 깨닫는 데 도움이 될 간단한 연습이 있다. 공간을 살아 있는 하나님의 존재가 꽉 차 있는 것으로 상상하라. 그런 다음 이렇게 말하라. "주님 저의 목소리가 들리시나요? 저는 당신의 존재를 깨닫기 위해 기도하고 있습니다." 그런 다음 주님이 이렇게 대답하는 것을 상상하라. "그렇다. 나는 너의 목소리를 듣고 있다. 나는 너의 주위에 있으며 네 안에 있다." 그런 다음 말하라. "주여! 당신의 살아있는 존재를 인식하게 해주십시오." 주님이 대답하는 것을 상상하라. "나는 지금 이 순간 너에게 내 존재를 느끼게 하고 있다. 이 공간은 나의 전지전능한 의식이 깃든 곳이다." 마음이 활기를 얻고 확신이 생길 때까지 모든 곳에 편재한 하나님에게 계속 말하라. 주님이 응답한다는 상상은 긍정적인 사실이며 따라서 주님에게 진실이다. 주님으로부터 온다고 상상한 이 대답은 마음을 자극하고 부정적인 믿음과 좁은 시야로 인해 생긴 단절을 없앨 것이다. 그러면 당신은 상상과 별개로 하나님의 음성이 들릴 것이다. 하나님의 의식적 존재를 깨달았다면 명상은 자동으로 이루어진다.

아침에 이것을 해본다면 하나님께 이렇게 말하라. "주님! 하루 종일 당신의 보호를 느끼게 해주십시오." 그리고 주님이 이렇게 대답한다고 상상하라. "내가 너를 보호하며 항상 그 보호를 느끼게 할 것이다." 이것을 더욱 완벽하게 자각할수록 명상도 완벽해진다. 마음이 하나님과 직접 연결되면 삶이 얼마나 순조롭게 흘러가는지 놀라게 될 것이다. 가끔 문제라는 형태로 불쾌한 일이 생길 수 있다. 하지만 주님께 맡기면 그분이 해결해 주실 것이다. 그분은 당신에게 특정한 방식으로 행동하도록 이끌거나, 당신이 알지 못하는 사이에 상황을 조정해주실 것이다. 당신은 단지 마음을 편안히 하고 문제가 해결되고 있다는 긍정적인 확신으로 문제에서 벗어나기만 하면 된다.

전능자의 그늘 아래 거하면서 당신은 또 다른 놀라운 사실을 알게 될 것이다. 사고가 절대 일어나지 않을 것이다. 당신은 사고를 피하도록 인도받게 된다. 이 인도는 때로는 느낌으로, 때로는 직접적인 생각으로 주어질 수 있다. 당신이 세상과 접촉하며 세상의 부정적인 생각에 일부 영향을 받더라도 위험이 임박했을 때 기적적으로 구원받을 것이다. 하나님의 보호의 힘을 더 의식할수록 더 많은 보호를 받을 것이다. 당신의 의식적이고 잠재의식적인 믿음이 당신의 삶을 조절할 것이다. 나는 내가 어떤 부정적인 일을 겪을 때면 그 당시 내가 하나님과의 접촉이 어느 정도 끊어졌다는 것을 알게 된다. 내가 그 사실을 의식하게 되면 나는 언제나 정직하게 내 잘못임을 인정한다. 나는 성자도 아니고 하나님의 특별한 존재도 아니다. 내가 때때로 하나님과의 접촉을 잊게 되는 것은 당연하다. 하지만 한 가지 확실한 것은 내 자신에게 정직하지 않으면 고통받는다는 것이다. 이 고통은 깨어남을 가져오기 때문에 구원의 은총을 가지고 있다. 내가 하나님이나 그리스도에게 정직하게 고백함으로써 나 자신을 회복하는 순간 나는 잃어버린 낙원을 되찾는다.

이제 역동적인 명상으로 돌아가서 이야기해보자. 예수 그리스도의 천재성은 과거의 질서를 뒤집었다. 그분은 명상에 새로운 의미를 부여한 유일한 세계적 교사였다. 그분은 명상의 목적이 하나님과 교감하는 것임을 발견했다. 하나님의 존재를 생생하게 깨닫지 않으면 그런 교감은 불가능하다. 이 새로운 방식은 전 종교계의 선입견을 뒤집었다. 기독교 이전의 종교계는 하나님을 깨닫는 것이 어렵다는 망상에 시달렸고 그래서 이 깨달음을 이루기 위해 많은 복잡한 시스템을 고안했다.

예수는 우리가 어렵다고 상상하고 믿는 것이 실제로 어렵게 된다는 것을 발견했다. 하나님을 깨닫는 것이 멀리 있다고 생각한다면 우리는 우리 스스로 만든 개념에 갇히게 된다. 우리 안에 내재하고 우리의 존재와 연결되어 있는 하나님은 우리의 의식에서 멀리 있을 수 없다. 그분의 존재가 가깝다는 것을 인식하고 의식하는 순간, 우리는 그분을 깨달을 수 있다. 그분의 생생한 존재를 느끼기 위해 필요한 것은 우리의 마음을 활성화시키는 것이며, 이는 기도로 가능하다. 매일 아침과 저녁, 편재하고 내재하는 하나님 omnipresent and indwelling God 이 당신을 보호하고 돕고 있다는 역동적인 명상으로 마음을 다스려라. 그러면 너는 보호와 도움을 받을 것이다.

하나님의 아들: 당신의 권능과 지배력

예수 그리스도는 말했다. "땅에서 누구도 아버지라 부르지 말라. 너희 아버지는 하늘에 계신 한 분뿐이다."[마태복음 23:9]

하나님은 영이며 '언제나 활동하는 우주의 근원Ever-Active Principle of the universe'이다. 그렇다면 우리도 영이다. 우리 안의 항상 활동하는 개별화된 근원이 하나님과 같은 특성을 가지고 있기 때문이다. 그러므로 우리는 이 개별화된 영이 우주의 영으로부터 직접 왔다고 주장한다.

예수님은 인간의 생물학적 기원을 부정하며 인간이 단순한 육체를 넘어서는 영적 존재라는 숭고한 개념을 확립하였다. 영적 존재로서 인간이 행동할 때 그의 행동은 영의 본질을 담아 영적인 것이 된다. "살리는 것은 영이니 육신은 무익하다."[요한복음 6:63] 이 영은 인간 육신의 원동력이며 육신의 태어남과 죽음에 어떤 영향도 받지 않는다. 그것은 본질적으로 근원적인 것이다. 영이 무엇인지 우리는 정의할 수 없을지 모르지만 그 원동력과 역동적인 활동을 잘 알고 있다. 이 원동력은 우리 몸과 마음을 활기차게 하는 생명이다.

예수는 영이 그 본래 속성상 정적인 상태에 머무를 수 없다는 것을 발견했다. 태양이 그 빛나는 특성 없이 존재할 수 없는 것처럼 활동적인 원리가 없는 영도 존재할 수 없다. 예수에게는 우주의 창조 에센스조차 항상 활동적이었다. 따라서 그분은 아버지의 창조적 활동을 따라했다. 그분은 이렇게 말했다. "아버지께서 죽은 자를 일으키시고 살리신 것과 같이 아들도 자신의 뜻대로 살리더라."[요한복음 5:21] 이렇게 하나님과의 일체감을 깨달음으로써 예수 그리스도의 행동은 하나님의 행동과 분리할 수 없게 되었다.

신성한 질료로 이루어진 우리의 영은 독립적인 요소이다. 그것은 육신에서 태어나지 않았기 때문에 본질과 속성에서 '우주의 불멸하는 영'과 동일하다. 결코 화학 실험실에서 만들어질 수 있는 것이 아니다. 그것의 의식적 기능, 즉 의식은 어떤 화학적 과정으로도 복제될 수 없다. 그 이유는 명백하다. 열등한 품질이 우수한 품질을 생산할 수 없고, 무생물이 유생물을 생산할 수 없기 때문이다. 원자력 안에는 그것들의 활동과 반응을 조절하는 일종의 지능이 부여되어 있다는 것을 부정할 수 없다. 하지만 그것들의 활동 범위는 매우 제한적이다. 무한한 가능성의 우주를 마주하고 영원한 신성한 운명을 완수하려는 인간이 그런 제한된 영역을 통해 들어오지는 않았을 것이다.

이러한 화학적 힘들도 하나님의 창조적 에너지가 객관적

인 영역에서 작용하는 것이라고 말할 수 있다. 그렇다. 하지만 인간은 주관적인 존재로서 생각하고, 상상하고, 사유하고, 분석하고 깨달을 수 있다. 객관적인 접촉이라 불리는 것도 그 사람에게는 주관적이다. 그에게 그 대상이 실재하는 것이 되기 위해서는 그것을 의식해야만 한다. 이러한 근원적 본성을 가진 인간은 어떤 유기체의 산물도 어떤 원자력의 산물도 될 수 없다. 인간이 가진 창조적이고 독창적인 특별함은 우주의 창조 근원과 닮은 채로 작동한다. 두 가지가 본질적으로 동일하게 작동한다면 원칙적으로도 동일해야 한다. 따라서 진정한 인간, 즉 개별화된 영은 우주의 영에서 나온 것이다. "육신에서 태어난 것은 육신이고 영에서 태어난 것은 영이다."[요한복음 3:6] 우리는 이 구절에서 새로운 의미를 발견한다. 영은 육신과 공통점이 없다. 육신은 영에 의해 생명을 얻지 않으면 죽고 기능을 멈춘다. 그러나 몸에 생명을 불어넣는 영은 본래적으로 존재하고 있다. 우리는 전선에서 전구를 분리할 수 있지만 그렇게 해도 전류에 영향을 주거나 전기의 근본 특성을 바꿀 수 없다.

예수 그리스도는 인간의 영이 하나님으로부터 왔으며 모든 하나님과 같은 특성과 속성을 가지고 있음을 깨달았다. 예수 그리스도는 이 인간의 영에 대해 논쟁하지 않았고, 그것이 무엇인지 또는 어떻게 오는지 분석하지 않았다. 그분은 인간 영의 근본적인 신성한 특성 때문에 그 진리를 있는 그대로 받아들였고 그것을 신성한 근원과 연결지었다. 하나님이 이 영을 어떻게 창조했는지는 중요하지 않다. 중요한 것은 이 영이 존재하는지 여부이다. 이 영은 존재한다. 우리는 그것의 다양한 창조적 기능을 통해 이를 안다. 그래서 예수 그리스도는 눈에 보이는 사람을 가장 단순한 형태로 축소하여 받아들였다. 인간은 본래 영이므로 영적 존재이다. 인간은 영으로서 기능하는 영혼 또는 자의식을 가지고 있고, 이 객관적이거나 가시적인 세계와 접촉하는 몸을 가지고 있다. 이 단순한 형태로 눈에 보이는 인간을 연구하면 우리는 인간의 가시적이고 비가시적인 생명과 관련된 것들 대부분을 설명할 수 있게 된다.

우리가 말하고자 하는 것을 설명하기 위해 다음 다이어그램을 보자.

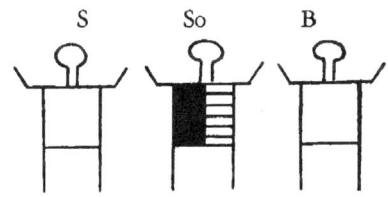

여기 비슷하게 생긴 세 개의 그림이 있다. 첫 번째는 영을, 두 번째는 넓은 의미의 영혼이나 마음을, 세 번째는 육체를

나타낸다. 그 고유한 기능을 통해 우리는 인간의 영이, 즉 영적인 인간이 일반적으로 마음이라 불리는 영혼이나 자의식 단위로 여기 왔다고 추정할 수 있다. 다시 말해 식별력, 상상력, 결단력, 사고력 등을 가진 마음이 우리의 영혼이자 자의식 단위이며 이 영혼은 일반적으로 잠재의식으로 알려진 인상을 받아들이는 부분을 가진다. 그리고 육체가 있다.

몸의 특성을 관찰하고 연구하면 그 안에 정신적 활동이 포함되어 있음을 알 수 있다. 심지어 단세포에서도 그 기능들이 일종의 잠재 마음에 의해 조절된다는 것을 발견할 수 있다. 인간의 전체 신체 구조는 잠재 마음들의 집합체에 의해 영향을 받는다. 그 다음 마음의 의식적인 기능들과 그것이 몸에 미치는 영향을 연구하면서 이 잠재적인 마음들의 집합체가 실제로 영혼의 잠재의식적인 측면이며, 따라서 몸이 영혼과 밀접하게 결합되어 있음을 발견하게 된다. 그러나 인간의 영혼, 즉 인식하는 도구는 생물학적 산물이 아니다. 이것은 영혼의 기능적 특성에서 알 수 있다. 우리의 영혼은 영과 매우 가까워야 하며 이는 창조적 작업에서 영의 특성을 활동하게 만들기 때문이다.

예를 들어 새로운 발명은 생물학적 과정이나 유전과는 관련이 없다. 따라서 셰익스피어의 부모와 조상들이 상상하지 못한 것을 셰익스피어는 상상할 수 있었다. 더욱이 그의 아이디어 일부는 그의 환경과 전혀 관련이 없었다. 많은 위대한 작곡가, 발명가, 시인들은 그들의 선조들이 전혀 가지지 않았던 천재성을 나타냈다. 인간 마음의 창조적 특성은 영에 기인한 것이다. 영은 본래적으로 영원하므로 소멸할 수 없듯이, 영과 불가분하게 연결되어 있는 마음도 소멸할 수 없다. 하지만 마음은 더 높은 영적 충동에 둔감해질 수 있으며, 그로 인해 영의 특성을 해석하거나 영의 속성을 행동으로 옮기지 못할 수 있다.

인간이 즐겁기도 하고 고통받기도 하며 긍정적이거나 부정적이 되는 것은 영혼 때문이다. 예수 그리스도가 구원하려 한 것은 바로 이 영혼, 즉 영의 자의식적 도구이다. 영혼의 해방은 영이 자신의 유산을 자각하는 것을 의미한다. 물론 영혼은 영과 독립적으로 기능할 수 없다. 따라서 넓은 의미에서 영과 영혼이 결합된 것이 자의식을 가진 인간이다. 이 자의식을 지닌 인간은 자신의 신성한 유산을 의식적으로 자각해서 하나님의 영원한 왕국을 누려야 한다.

이제 자의식적인 인간인 우리에게 보통 어떤 일이 일어나는지 보자. 우리가 영, 즉 하나님의 아들이라고 믿는 대신, 우리는 우리 자신을 영적인 내면의 것들이 객관적으로 접촉하는 수단인 육체라고 생각한다. 이러한 생명에 대한 잘못된 태도는 우리의 자의식적 생명인 영혼을 육신의 법에 종속시킨다. 육신의 법은 작용과 반작용, 즉 인과의 법칙이다. 진리가 아닌 것은 항상 우리에게 좋지 않은 결과를 만들어낸다. 왜냐하면 우리의 본성은 거짓된 것을 용납할 수 없기 때문이다. 참된 우리가 아닌 것은 사라져야 한다. 우리의 진정한 존재는 거짓된 것이 머무는 것을 허락하지 않는다. 우리가 진리가 아닌 것을 놓아주려고 하지 않기 때문에 우리의 참자아는 슬픔과 고통을 통해서라도 우리를 구원하려고 한다. 그리스도는 말한다. "왜 이 불필요한 슬픔과 고통을 겪는가? 왜 너의 참된 존재와 그것의 우주의 영과의 관계를 인식하지 않으며 너의 유산을 주장하고 너의 영원한 자유를 누리지 않는가? 나는 인식하는 영이며 영원한 그리스도이다. 따라서 나를 통해서만 너는 네 아버지의 왕국에 들어갈 수 있다."

우리의 몸에 일정한 특성과 조건이 나타나는 이유는 소위 매트릭스 혹은 틀이라고 불리는 잠재의식적 인상을 지니고 있기 때문이다. 따라서 육신의 죽음에 관한 잠재의식적 인상이 우리 안에 존재하는 한, 육신은 죽음이라는 전환을 겪을 것이다. 법칙을 이해하고 그것을 활용하는 것을 더 깊게 이해함으로써 우리는 언젠가 육신의 죽음도 극복하게 될 것이다.

우리는 이 거친 몸을 더 높은 진동 상태로 변화시키는 방법을 발견할 것이다. 더 높은 진동 상태는 원자력의 결합으로 우리 몸에 존재하게 된다. 지금도 우리의 몸에 대한 잠재의식적 인상을 바꿈으로써 우리는 많은 유전적 특성을 억제하고 젊은 형태를 유지하거나 우리의 욕망에 맞게 그 형태를 재형성할 수 있다. 어떤 이들은 이것을 의식적으로 하기도 하고, 어떤 이들은 무의식적으로 하기도 한다. 미국은 이 분야에서 선두를 달리고 있다.

미용 문화의 발달이 이 변화에 부분적으로 기여했다는 것은 인정해야 한다. 그러나 몸을 통제할 수 있는 능력이 증가하고 있다는, 사람들의 무의식적인 믿음이 큰 영향을 미치고 있다. 우리는 정신 과학과 모든 창조물의 진동적인 특성을 더 알게 되면서 훨씬 더 많은 일들을 하게 될 것이다. 그리스도가 발견한 것처럼 우리 안에는 정신과 육신의 속성을 통제할 수 있는 중심이 있다. 이 중심은 우리의 영, 즉 하나님의 아들이다. 우리는 조금 후에 이것에 대해 다룰 것이다. 눈에 보이는 인간을 설명하는 도표에서 영과 마음이 몸 전체에 스며들어 있다는 것을 보여주기 위해 세 그림을 똑같이 그렸다. 우리의 영과 마음이 몸과 같다는 말을 하려는 것은 아니다. 그러나 나는 마음과 관련된 물리적 형태의 매트릭스가 몸의 죽음 후에도 마음과 함께 남아 있다고 믿는다. 따라서 소위 전환이라 불리는 죽음 후에도 몸의 형태로 사람을 식별할 수 있다. 그러나 우리는 우리의 실용적인 철학에 추측적인 요소를 도입하고 싶지 않다. 그것은 우리를 본래의 목적과 의도에서 멀어지게 할 수 있다. 우리는 인간을 사고와 감정적 기능에 기반해서 다루고자 한다. 이러한 기능들의 활동과 반응은 단순한 무의미한 추측보다 더 의미를 갖는다. 우리가 도달한 결론 중 일부는 우리의 '생각하고 믿는 생명 thinking-and-believing life' 안에서 발견되는 특정한 효과에 기반한다.

우리의 마음이 이전 경험과 모순되는 생각을 받아들이지 않으려는 것을 우리는 경험과 관찰을 통해 알 수 있다. 따라서 의식적으로 긍정적인 생각을 받아들여도 잠재의식에서 저항이 생길 수 있다. 우리는 우리의 마음을 사람처럼 친근하게 대함으로써 이 저항을 극복할 수 있다. 소년을 친구처럼 대하면 많은 일을 할 수 있듯이, 마음을 친구처럼 대하면 많은 긍정적인 생각을 받아들이게 할 수 있다. 마음을 친근하게 대하는 것은 실제로 우리 자신과의 친밀한 감정을 갖는 것이다. 우리는 두 가지 뚜렷한 관점을 가정한다. 하나는 영의 관점이고, 다른 하나는 자의식을 지닌 존재의 관점이다. 우리는 영의 관점에서 우리의 마음이나 우리 자신에게 말할 수 있다.

마음에게 말할 때, 우리는 다음과 같은 형식을 취할 수 있다. "내 마음아! 우리 하나님이 나타내신 존재로서 함께 모여, 영적 왕국의 멋진 영적 생각들을 받아들이자." 그리고 우리는 마음으로부터 그 제안을 수락하는 응답이 오는 것을 상상할 수 있다.

우리는 우리가 우주 영의 신성한 속성 모두를 지닌 영임을 잊지 않으면서 이 대화를 해야 한다. 이런 방식으로 마음이 특정한 생각이나 특정한 것을 받아들이도록 할 수 있다. 우리는 우리 자신에게 말할 수도 있는데 이때는 이름을 불러야 한다. "좋아 조! 우리 함께 모여서 아버지의 무한한 영적 선물을 받아들이자." 그 다음 우리는 우리의 자의식적인 자아가 그 제안을 받아들이면서 대답하는 것을 상상해야 한다. 우리가 의식이 다운되었을 때 우리는 자신의 자의식을 갖춘 자아에게 말하고 응답받는 것을 통해 우리의 영을 고양시킬 수 있다. 마음에 긍정적인 생각이나 암시를 받아들여 활발한 활동을 원하는 사람들이라면 이 방법을 사용하면 된다. 어떤 방법을 택하느냐는 큰 의미가 없다. 방법 그것 자체는 특별한 가치가 없다. 마음이 즉각적으로 어떤 인상을 받을 수 있도록 방법에 가치를 부여하여 마음을 활성화하는 것이다.

긍정적인 확신이 이미 생겼다면 더 이상 구두로 말할 필요는 없다. 우리가 받아들이려고 한 암시를 정신적으로 얼마나 수용하느냐에 결과는 달려 있다. 더 고차원적인 힘이 우리를 돕고 있다는 생각을 한다면 우리는 긍정적인 암시를 더 쉽게 받아들일 수 있다. 왜냐하면 우리의 마음은 어떤 매개체를 통해 도움을 받는 것에 익숙해져 있기 때문이다. 하지만 형이상학적 진리와 마음의 법칙에 익숙한 사람이라면 다음과 같은 생각으로 더 빠른 결과를 얻을 수 있다. "내 마음으로 받아들이기로 결정한 것은 내가 받아들일 수 있으며 그렇게 받아들인 것은 나에게 현실이 된다. 다시 말해 내가 믿고 받아들이고자 한 것을 나는 받아들일 수 있다. 나는 지금 이 긍정적인 암시와 특성을 받아들이기로 결심했기에 나는 그것을 받아들이고 있으며 그 특성은 이제 내 마음의 일부가 되고 있다."

이렇게 한 다음, 당신의 마음이 원하는 특성을 받아들이고 있는 것을 보라. 어떤 것을 직접 해보기 전에 마음을 마주하고 마음의 본성과 활동을 인식하라. 그 후 당신이 받아들이고자 하는 것을 결정하라. 당신이 받아들이기로 결정한 특성은 어떤 것이라도 받아들이고 흡수할 수 있는 것이 마음의 본성이다. 하지만 결과를 얻기 위해서는 그 사실을 먼저 인식해야 한다. 예수 그리스도는 이렇게 말씀하셨다. "그러므로 내가 너희에게 말하노니 기도할 때 무엇이든지 원하는 것을 받았다고 믿으라. 그러면 그것을 가지게 될 것이다."[마가복음 11:24] 당신이 믿고자 하는 것들을 먼저 믿기로 결심해야 한다. 믿음이 지닌 가치를 모르고서는 그 누구도 어떤 것을 의식적으로 믿을 수 없다. 당신이 누구인지와 어떤 것을 받게 되는지는 당신 믿음에 의해 결정된다. 그렇다면 당신이 믿기로 결심한 것을 믿지 않을 이유가 무엇이겠는가?

영원히 자유로운 영인 당신이 긍정적인 행동을 하거나 긍정적인 생각을 하기로 마음먹었을 때 하나님이 그 일을 도와준다고 상상한다면 놀라운 결과를 얻게 될 것이다. 진리를 알고 있다면 당신 마음에 맞는 어떤 방법이든 사용할 수 있다. 예수 그리스도는 사람들 대부분이 작은 자아의 생명 개념 속에서 살고 있는 것을 보았다. 사람들이 사물이나 환경에 대해 지닌 개인적 생명 개념은 그들이 활동하는 구체적인 기반을 제공한다. 하지만 이 개념이 형이상학적 진리를 완전히 결여하고 있는 것은 아니다. 예수 그리스도는 인간을 움직이게 하거나 인간의 행동을 자극하는 것은 무엇이든 영이라고 불렀다. 예를 들어 습관은 매우 역동적이다. 심리학의 간접적이고 암시를 이용한 방법으로는 나쁜 습관을 극복하기가 어렵다. 하지만 하나님의 아들로서 당신에게 주어진 힘을 사용한다면 나쁜 정신을 몰아내는 것이 굉장히 쉽다. 악한 정신이나 부정적인 성질이 사라졌다고 인식하는 순간 바로 사라지기 때문이다.

무엇보다 이 의식을 확립하는 것이 모든 치유의 기초이다. 치유됐다는 의식을 만들어낸다면 그 사람은 치유된다. 그 사람의 의식적 혹은 잠재의식적 인식 외에는 질병이 존재하지 않는다. 긍정적인 어떤 특성을 가졌다고 의식적으로 인식한다면 반복적인 인상을 통해 곧 잠재의식으로도 인식하게 된다. 부정적 특성의 악한 정신이 당신의 마음에서 떠났고 긍정적인 특성의 좋은 정신이 당신의 마음을 차지했다는 것을 인식하는 순간 당신은 자유로워진다. 모든 환경은 마음속에 존재한다는 것을 항상 기억해야 한다. 따라서 치유는 당신의 마음과 관련이 있다. 당신은 영이기에 모든 부정적인 조건에서 항상 자유롭다.

나는 이 방법을 사용하여 정신적 우울증을 성공적으로 극복했다. 하나님의 전지한 존재와 내가 하나님의 아들임을 깨달은 나는 우울증의 악령에게 떠나라고 명령하고 그것이 떠나는 것을 상상했다. 순식간에 나는 그 덫에서 완전히 자유로워졌다. 이 방법은 내 문제를 해결하는 데 매우 구체적인 도움을 주었다. 나는 철학적으로 생각하지도 않았고 내 우울증의 원인과 결과를 분석하지도 않았다. 작동하고 있는 이 진리를 이해하고 적용해서, 나 스스로 만든 어둠에서 벗어날 수 있었다.

당신은 부정적인 암시를 받아들이면서 부정적인 결과를 받으려고 하고 있는가? 그렇다면 영으로서 또는 하나님의 아들로서 당신의 영적 중심에서 당신의 마음을 똑바로 마주하라. 그런 다음 하나님의 편재하는 의식적인 존재를 깨닫고 침입자에게 떠나라고 명령하면서 그것이 떠나는 것을 보아라. 동시에 하나님 권능의 성스러운 빛이 당신 마음에 들어와 당신을 지탱해주는 것을 보아라. 곧 부정적인 환경에서 벗어나게 될 것이다. 어느 날 열심히 일하던 중 나는 두통이 오는 것을 느꼈다. 나는 진리를 자각하면서 이 악령에게 떠나라고 명령했더니 그것은 즉시 나를 떠났다.

예수 그리스도는 이 땅에서 사역하는 동안 사람들을 온갖 종류의 악령으로부터 해방시켰다. 신약 성경을 읽어보라. 그러면 이 방법이 만들어낸 수많은 기적적인 치유 사례를 보게 될 것이다. 여기에 한 가지 예를 인용해보겠다. "보라! 열 여덟 해 동안 병마에 시달린 한 여자가 있었는데 허리가 굽어 전혀 펴지 못했다. 예수께서 그녀를 보시고 그녀를 부르시며 말씀하시기를 '여자여, 네가 병에서 해방되었다' 하셨다. 그리고 예수께서 그녀에게 손을 얹으셨고 즉시 그녀는 펴져서 하나님을 찬양하였다." 예수 그리스도가 이 방법을 사용할 때 하나님의 아들로서 자신의 영적 본질에서 활동했던 것이다. 그분은 치유를 할 때 항상 '우주의 영Universal Spirit'의 아들임을 인식하셨고 이 우주의 영의 존재 앞에서 악마들을 쫓아냈다.

역동적인 명상으로 전능한 하나님의 의식적인 존재를 느낀다면 당신도 예수님이 하신 것처럼 할 수 있다. 당신은 영적 존재로서 모든 영적인 창조적 특성을 지니고 있으므로 우주 영을 모방하여 행동할 수 있다. 예수 그리스도는 "아버지께서 죽은 자들을 일으키시고 살리시듯이 아들도 자기가 원하는 자를 살리시더라"[요한복음 5:21]라고 말할 때 본인이 하늘에 계신 아버지의 아들이라는 거룩한 자각을 하였다. 이 진리를 지적으로 아는 것은 도움이 되지 않는다. 그것을 받아들이기로 결심하고 당신의 자의식을 가진 생명의 일부로 만드는 것만이 중요하다. 다른 말로 하면 '성령'으로 사는 법을 배워야 한다.

그러므로 하늘에 계신 아버지의 존재 앞에서 우리는 모두 신성한 특권을 행사해서 부정적인 생각과 환경의 어두운 영을 몰아내거나 인격화된 긍정적 영의 도움을 구할 수 있다. 이렇게 하면 곧 자유로워질 수 있다. 옛 오순절 현상은 신성한 특성들이 인격화된 결과였다. 그러나 이 방법은 우리의 영적 생명의 개념 안에서 그리고 모든 것에 편재하는 하나님을 생생하게 깨달으면서 실천되어야 한다는 것임을 잊지 말아야 한다. 우리가 조심하지 않으면 육신의 법이 우리를 속여 영성의 이름으로 많은 부정적인 일을 하게 만들 수 있다.

모든 긍정적인 속성이 하나님에게 속한 것처럼 모든 부정적인 속성은 인간의 마음에 의해 형성된다. 창조의 광대한 영역에서 추상적인 속성이 단독으로 존재하는 경우는 결코 없다. 그것은 항상 어떤 대상이나 매개체와 연관되어 있다. 다른 말로 하면 우리는 항상 그것을 어떤 형태로 구현된 상태에서 발견한다. 따라서 우리는 부정적이든 긍정적이든 모든 속성이 어떤 매개체를 통해 구현된다고 믿는다. 자의식을 가진 인간 모두가 긍정적이든 부정적이든 그가 가진 믿음이 구현되어 나타난 것처럼 천사도 더 높은 깨달음이 구현된 것이다.

'전능하고 영원한 하나님All-Pervading Eternal God'을 자각할 수 있을지 모르겠지만 유한한 마음 안에서 활동하는 우리에게는 그분을 인격화된 형태로 생각하며 그분으로부터 도움을 받고 있다고 받아들이는 편이 더 쉽다. 그것은 원리가 작동되는 것을 구체적으로 상상할 수 있게, 확실하고 구체적인 모습을 제공한다. 우리가 하나님이 우리를 위해 한다고, 상상하고 믿고 생각한다면 실제로 그분이 그렇게 하는 것이다.

하나님과 그분의 속성을 인격화된 형태로 상상하는 것과 관련하여 어릴 때의 종교 교육의 필요성이 대두된다. 나는 여러 형태의 교리, 신념, 종교적 믿음을 탐구한 후 어린이들에게 초기 종교 교육이 반드시 필요하다는 것을 인정하게 되었다. 어린이가 카톨릭 제단 앞에 무릎을 꿇든, 개신교 성가대에서 노래를 부르든, 이슬람 사원에서 찬양을 하든, 힌두교나 불교 사원에서 예배를 드리든, 유대교 회당에서 전능자에게 감사를 드리든, 아이는 자신의 영혼을 위한 훌륭한 훈련을 받고 있는 것이다. 아이는 평생을 함께할 중요한 것을 얻게 된다.

나중에 세상의 유혹 속에서 길을 잃고 영적인 어둠에 휩싸이게 되더라도, 절박한 순간에 어린 시절 기억이 행복한 꿈처럼 돌아와 그를 돕고 지탱해줄 것이다. 그가 아무리 비열한 사람이 되더라도 삶의 더 고귀한 것들에 대해 감사하는 마음을 완전히 잃을 정도로 타락하지는 않을 것이며 그의 더 높은 본성을 돌아보게 될 불씨가 여전히 남게 될 것이다. 비록 겉으로는 불신과 무모함을 보일지라도 그의 영혼은 영적인 것 앞에서 경건하게 절하게 될 것이다. 잠깐이라도 고상한 감정의 마음이 스쳐갈 것이다. 그는 자신의 신앙에 따라 하나님과 자신을 묶고 있는 거룩한 끈이 더럽혀지는 것을 보고 싶어하지는 않을 것이다.

인도 사람들은 어린 시절 최소한의 영적 훈련을 받았기에 어둡고 외진 곳에서도 성자를 괴롭히는 일은 하지 않는다. 인도의 모든 아이가 어린 시절에 어떤 형태로든 종교 교육을 받는다는 것은 잘 알려진 사실이다. 그래서 간디와 같은 작은 반나체의 남성이 오늘날과 같은 큰 힘을 행사할 수 있는 이유이며, 수백만의 야만적인 열정을 억제할 수 있는 이유이다. 인도는 극도의 가난과 수치스러움과 억압이 있지만 굉장히 종교적인 나라이다. 그렇기에 그 운명적인 나라에서는 살인, 음주, 타락이 적다. 인도인들이 저지르는 잘못은 무지에서 비롯된다. 고의적인 범죄는 거의 없다. 인도 사람들의 고요하고 환한 얼굴을 바라보면, 그들이 오래전에 잔인한 동물의 단계를 지나 크리슈나와 고타마 부처의 인도주의적 교리를 자랑스럽게 여기는 영혼임을 알 수 있다.

어린 시절 종교 교육을 받은 서구인들은 인도 사람들의 영적 균형, 고요함, 존엄성에 놀란다. 그 나라를 여행하다 보면 가난, 미신 그리고 낮은 교육 수준에도 불구하고 이 나라가 망하지는 않을 것이라는 인상을 받게 된다. 그들의 영혼은 탐욕과 이기적인 사욕으로 더럽혀지지 않았기 때문이다. 그들의 영적인 힘은 진보된 나라들을 파멸로 이끈 극단적인 물질주의로부터 구할 것이다. 그들은 자기 희생의 정신을 보존한 유일한 사람들이다. 나를 믿지 못하겠다면 그 나라에서 살았던 공정하고 이성적인 영국인이나 미국인에게 물어보라. 그들이 오랜 나태의 잠에서 깨어나 수세기 동안 쌓인 습관과 관습의 쓰레기를 치우기만 한다면 그들은 동료를 약탈하는 폭력배를 교화하는 성스러운 사제처럼 선한 영향력을 행사할 것이다. 그리스도의 이름으로 십자가를 들거나 알라의 이름으로 초승달을 드는 것은 전 세계의 군대와 해군보다 더 큰 힘을 발휘한다. 그것은 우리가 위를 바라보게 하고 본능적으로 푸른 하늘나라의 일부분을 엿보게 한다. 잠시 동안 우리의 정신적 지평이 넓어지고 정신적인 거미줄이 걷히기 시작한다.

어린 시절의 종교 교육의 가치를 다시 이야기해보면 종교 교육은 자녀에게 물려줄 훌륭한 유산이다. 단지 주일학교에서 받은 교육만을 말하는 것은 아니다. 가정과 교회에서 이루어지는 예배, 친절, 사랑, 이타적인 봉사, 자기 희생 그리고 진리를 위한 용기 있는 투쟁에 대한 훈련을 의미한다. 본보기를 보여줌으로써 그리고 교훈을 줌으로써 이것을 훈련시킬 수 있다. 이상적인 국가를 만들고 문명화된 공동체를 이루는 데에 이런 훈련은 필수적이다.

종교와 생명의 거룩함을 무시하는 행위들은 다른 어떤 나라에서 온 것이 아니다. 그것은 우리 가운데에서 자라고 있다. 이 땅에 드리운 어두운 그림자는 외부의 위협이 아니라 내부의 위협이다. 우리는 영적 힘이 없는 문명을 키우려고 애쓰고 있는 중이다. 우리의 정치인들이 당파적 감정, 인종적 편견, 탐욕, 선정주의로 번창하고 우리 국민들이 자기 희생, 정의, 공정에 무관심할 때 그리고 우리 아이들이 친절, 환대, 이타적 봉사의 고귀한 감정을 잃어버릴 때 우리의 문명 사회를 유지시켜주었던 도덕적 결속력이 오래 유지될 수 있으리라 생각하는가? 도덕적 붕괴가 일어나면 문명은 쇠퇴한다.

지금 우리가 하는 말은 고귀한 봉사와 이상에 대한 헌신으로 자신을 불멸하게 만든 몇몇 사람에 대해 이야기하는 것이 아닌 국가 전체에 대해 이야기하는 것이다. 모든 문명은 그 문명 고유의 기준에 따라 평가되어야 한다. 자기 희생과 이타적 봉사가 이 문명을 일으킨 것이며, 그것을 존재하게 한 영적 힘이 없다면 문명은 지속될 수 없다. 그 영적 힘은 모든 형태의 이기적이고 선정적인 행위를 초월하는 깊은 고요함을 가지고 있다. 과거의 찬란한 이상을 되살릴 수 있는 유일한 길은 우리 자신과 자녀들을 위한 영적 교육이다. 우리는 교파와 교리적 차이를 잊고 아이들의 마음과 영혼에 실용적이고 영적인 이상을 심어주기 위해 함께 모여야 한다.

동시에 우리는 영성이라는 이름으로 비겁함과 감상적인 나약함을 가르치지 않도록 주의해야 한다. 이상을 위한 자기 희생은 가장 위대한 영웅적 모습이다. 그것은 용기, 결단력 그리고 역동적인 행동을 필요로 한다. 자기 희생의 모범적 본보기는 예수 그리스도가 우리에게 보여준 가장 고귀한 것이다. 하나님의 아들로서 예수 그리스도의 대담한 정신은 속임수, 위선, 방종, 이기심으로 물든 오래된 종교 기관의 기초를 흔들어놨다. 우리가 지금 이름, 명성, 영광, 부를 위해 하고 있는 희생의 절반만큼이라도 신성을 위해 할 수 있다면 우리는 오랜 시간의 변화 속에서 살아남을 것이다. 만약 이 희생을 할 수 없다면 우리는 과거 한때의 위대한 강대국들과 같은 운명을 맞이할 것이다.

진정한 영적 깨달음에는 한 가지 특성이 있다. 그것은 하나로 묶는다는 것이다. 당신은 다양한 종교와 교파에 명확한 선을 그어 나누면서 진정으로 하나님을 알 수 있다고 말할 수 없다. 스스로 배타적인 길을 택한 종교는 넓은 영적인 시야를 잃었기에 영혼의 죽음을 맞이하고 있다. 몇 년 전 시카고에서 강연을 할 때 어린 소녀가 부모와 함께 내 모임에 왔다. 소녀가 속한 교파는 다른 종교 행사에 참석하는 것을 금지하고 있었다. 주일학교 선생님은 그 소녀가 내 모임에 왔다는 것을 들었을 때 아이를 수업에서 제외시켰다. 물론 그 선생님은 이사회의 결정에 따라 행동한 것이었다. 내 생각에 그러한 결정을 내릴 수 있는 이사회는 그리스도와 거리가 멀다. 그리스도는 말했다. "어린아이들이 내게 오는 것을 금하지 말라. 천국은 이러한 자들의 것이다."[마가복음 10:14]

이 진보적인 시대에 다른 장소에서 예배를 드린다는 이유로 어린아이를 돌려보낼 수 있는 종교 단체가 과연 있을까? 나는 그리스도의 정신이 결여된 소위 위대한 설교를 하기보다는 차라리 설교 단상에서 우는 아기와 즐겁게 노는 쪽을 택할 것이다. 내 설교는 미룰 수 있지만 산상수훈은 미뤄서는 안 된다. 그것은 우리 영혼의 강장제이기 때문에 죽어가는 우리의 영혼을 살리기 위해 즉시 전달되어야만 한다. 나는 순수한 아이를 볼 때 아이 안에서 산상수훈이 인격화된 모습을 본다. 이타적이고 온순한 아이가 어머니나 친구의 보살핌에 맡겨진 모습이다. 예수 그리스도가 온 세상을 향해 다음과 같이 외친 것은 놀라운 일이 아니다. "진실로 내가 너희에게 말하노니 너희가 회개하고 어린아이와 같이 되지 않으면 천국에 들어갈 수 없다."[마태복음 18:3]

교회의 규칙과 질서는 미룰 수 있지만 그리스도의 메시지는 미룰 수 없다. 속임수와 위선으로부터 당신의 영혼을 구원하고 싶다면 지금 당장 받아들여야 한다. 어린아이와 같은 단순함 믿음 그리고 자기 항복의 정신을 가질 수 있다면 영성과 구원에 대해 두려워할 필요가 없다. 그리스도가 당신의 생명에 들어오면 좁은 교리적 한계 내에 머물 수 없다. 그리스도의 정신이 만물에 편재하기 때문에 당신을 그 좁은 곳에 머물게 하지 않을 것이다.

그리스도는 다양한 종교들 사이에 장벽을 세우러 오신 것이 아니라 보편적 형제애의 실현을 방해하는 모든 교리와 신념의 한계를 허물기 위해 오셨다. 그분은 파괴하기 위해 오신 것이 아니라 완성하기 위해 오셨다. 나는 지금까지 불교도, 이슬람교도, 힌두교도, 유대교도, 카톨릭 신자, 개신교 신자로 남아 있으면서도 그리스도를 받아들임으로써 기독교인이 될 수 있다는 것을 몰랐다. 그리스도는 영적 생명이 할 수 있는 가장 위대한 경험이다. 그리스도는 일체성의 영이며 이 땅 모두를 덮는 하나님의 영이다. 그분의 인격화된 모습은 그분의 진정한 모습을 완벽하게 표현하지는 않는다. 그리스도는 자신을 하나님의 아들이라고 담대하게 부를 수 있는 사람들 모두인 것 같다. 그분은 우리의 가장 높은 열망이자 영감이다.

그분은 인간 영혼의 완벽한 꽃이며 우리의 주님이자 구세주인 하나님의 아들이다.

레슨 : 실천 과제

다음은 따라할 수 있는 연습 형태이다.

영적 존재로서 자신에게 말하라. "나는 영적 존재이다. 육체의 어떤 것도 나에게 영향을 줄 수 없다." 이 말을 하는 동안 질병과 고통이 없으며 언제나 자유로운 영인 당신이 당신의 몸과 마음 뒤에 서서 그것들을 활성화시키고 있다고 상상하라. 그런 다음 당신 자신의 마음이나 편재하는 하나님이 "그렇다. 너는 영적 존재이다. 너는 육체의 모든 조건 너머에 있다"고 응답하는 것을 상상하라.

그런 다음 말하라. "나는 하나님의 본질로 이루어져 있으며 어떠한 부정적인 생각이나 행동도 존재할 수 없는, '편재하는 하나님'의 세계에 살고 있다." 다음과 같은 식의 응답을 상상하라. "너는 하나님의 본질로 살고 있다." "나의 모든 긍정적인 신체적, 정신적 행동은 영적이다. 나는 나의 행동을 통해 하나님을 영화롭게 한다." 다음의 응답을 상상하라. "너의 모든 긍정적인 신체적, 정신적 행동은 영적이다. 너는 너의 행동을 통해 하나님을 영화롭게 한다."

Chapter 6

SPIRIT CELESTIAL AND POSITIVE HEALING
영적 세계와 긍정적 치유

몸은 마음이 확장된 거친 형태이며,
동시에 마음의 일부이다.

마음으로 원하는 어떤 상태로든 몸을 만들 수 있으며,
그 상태는 결국 당신에게 현실이 될 것이다.

어디에나 편재하는 영 안에서 당신의 마음과 연결된 다른 사람의 마음을 변화시킬 수 있으며, 그렇게 함으로써 그 사람의 몸 또한 변화시킬 수 있다.

한 사람의 몸에 나타나는 모든 결함은 그 사람의 마음속에 뿌리를 두고 있다. 그 사람의 마음과 직접적으로 접촉해 몸에 대한 생각을 바꿔주면, 그 사람의 정신적 수용력에 따라 신체적인 변화를 이끌어낼 수 있다.

CHAPTER 6 SPIRIT CELESTIAL AND POSITIVE HEALING
영적 세계와 긍정적 치유

Lesson Three

눈을 감으면 어둠이 보일 것이다. 이 어둠이 얼마나 짙은지는 당신의 상상력에 달려 있다. 어둠을 상상했던 것과 같은 상상력으로 이 어둠의 커튼을 열고 빛나는 왕국의 모습을 볼 수도 있다. 그곳에서 무엇을 볼지는 당신이 무엇을 원하는지에 따라 달라진다. 이 삶이라는 환영 속에서 상상력은 가장 중요한 역할을 한다. 오늘 상상한 것이 내일의 현실이 된다. 삶의 모습이 어둡다면, 그것은 당신이 그렇게 선택했기 때문이다. 상상력은 당신이 원하는 결과를 가져온다. 이 선택은 당신의 타고난 권리이다.

그러나 진리를 알지 못하기 때문에 잘못된 것을 받아들여 당신은 우연의 희생양이 된다. 그러면 그런 부정적인 상황들을 삶에서 우연히 만나게 되었다고 생각한다. 하지만 실제로는 당신이 무의식적으로 부정적인 삶을 선택해 절망적인 역할을 연기하고 있는 것이다. 때때로 당신의 인생에 찾아오는 행운이 우연히 혹은 당신이 그 앞에 했던 어떤 일로 인해 일어났다고 믿는다. 전혀 그렇지 않다. 창조의 힘을 가진 당신의 상상력을 이용해 모든 것을 바꿀 수 있다.

당신의 신체나 정신이 훈련되어야만 빛을 보고 빛나는 왕국을 보게 되는 것은 아니다. 창조적 상상력을 활용해 쉽게 볼 수 있다. 하지만 영적인 빛을 보기 위해 어떤 특정 훈련이 필요하다고 믿는다면 그렇게 훈련에 부여한 가치로 인해 그 믿음처럼 해야만 빛을 볼 수 있게 된다. 실제로는 상상력만으로도 같은 결과를 얻을 수 있다. 이미 말했듯이, 당신의 긍정적인 상상력은 '창조의 근원'인 '영원한 긍정적 존재 Eternal Positive Being'로부터 온 것이다. 따라서 상상 속에서 긍정적인 것을 본다면, 그것은 '창조자의 영원한 존재 Eternal Presence of the Creator' 안에 영원히 존재한다는 의미이다.

따라서 오늘 상상 속에서 본 것이 내일의 현실이 되고, 오늘 상상 속에서 찾은 것을 내일 객관적인 형태로 받게 된다. 어떤 것을 객관적인 형태로 받으면 그저 그것을 당신의 객관적인 인식에 연결되는 것뿐이다. 주관적으로 또는 상상 속에서 받은 것이 그 모습 그대로가 된다. 하지만 주관적으로 받아들이는 것이 진정한 받아들임이다. 왜냐하면 모든 경험은 정신적이기 때문이다. 다시 말해 당신의 정신적 인식 없이는 어떤 것도 당신에게 존재하지 않는다. 어떤 것을 내면에서 받아들이면 그것은 현실이 되어 객관세계에서 모습을 나타낸다.

　당신이 만든 어둠의 커튼은 저절로 걷히지 않는다. 상상력이라는 마법의 손길을 통해서만 걷힐 수 있다. 그때 당신의 상상 속 어둠을 밝히는 빛나는 왕국이 나타난다. 그렇게 한다면 당신은 상상력을 긍정적으로 사용한 것이다. 상상력의 목적은 긍정적인 것들과 긍정적인 존재들을 드러내는 것이다. 이를 위해 상상력을 긍정적으로 사용해야만 한다. 당신은 선택이란 것을 부정적으로 행사할 수 있는데 그렇게 한다면 부정적인 결과를 받게 될 것이다. 하지만 그 부정적 장막 너머에도 긍정적인 진리가 항상 존재한다.

　그렇다면 당신의 상상력을 긍정적인 방향으로 사용해 불멸하는 장엄함과 아름다움 속의 무한한 왕국을 보는 것은 어떠한가? 그 장막을 찢었을 때 당신이 보게 되는 이들은 당신이 만날 수 있는 실제 사람들이다. 그들과의 만남을 통해 당신의 영적 지식을 풍부하게 할 수 있다. 당신의 초대에 응해서 빛의 길을 통해 오는 이들은 기쁨과 행복과 즐거움의 메시지를 전하며 하나님 왕국의 신비를 드러낸다. 나는 이 어두운 장막 너머에서 그리스도와 다른 천상의 존재들을 보았다. 오늘 내가 기록하는 메시지는 그들의 영감에서 온 것이다.

　나는 그들이 알려준 것을 나 자신과 다른 사람들에게 많은 실험을 해봤고 놀라운 결과를 얻었다. 이는 의심하는 자들뿐만 아니라 장막을 찢으려고 애쓰는 사람들에게 하나님의 진리를 드러내기 위함이다. 내가 말하는 것들은 '절대적 진리 Absolute Truth'로 가는 길의 중간에 잠시 거쳐가는 몇몇 정거장에 불과하다. 하지만 당신은 이 상대적인 세계 안에서는 절대적 진리를 상대적으로 경험할 수밖에 없다. 아마도 그것은 하나님의 계획과 질서일 것이다. 끝이 없는 하나님의 왕국을 발견할 때 오는 기쁨은 당신을 영원한 모험의 세계로 인도한다.

당신은 무한하고 영원한 하나님의 왕국을 한 번에 모두 누릴 수 있는 능력을 가지고 있지 않다. 당신의 유한한 마음에는 한계가 있다. 바로 그 한계가 축복이다. 그것으로 인해 당신은 영원한 모험을 계속할 동기를 얻게 된다. 앞으로 나아갈수록 새로운 것들을 발견한다. 생명의 끝을 바라고 만물의 끝을 바라는 것은 인간의 본성과는 모순된다. 스스로 만들어 놓은 패배와 어둠의 희생자가 된 사람은 이 삶의 드라마를 완전히 끝내고 우주적인 무존재가 되기를 원할지도 모른다. 그러면 허무주의 철학을 발전시키게 된다.

하지만 그 철학에서조차도 마음의 실제성을 부정할 수는 없다. 만약 그의 정신적 생명이 잘못되었다면 그의 허무주의 철학도 잘못되었을 것이다. 그래서 그가 자신의 마음으로 생각해낸 것을 현실로 만들기 위해서는 마음의 존재를 인정해야 한다. 우리가 마음으로 긍정적인 철학을 구상할 수 있기 때문에 우리의 마음은 긍정적인 요소임에 틀림없다. 긍정적인 철학이 부정적인 철학보다 훨씬 낫다. 어떤 악기가 좋은 음색을 낼 수 있다면 그 악기의 장점은 소리의 품질로 판단될 것이다. 비록 그 품질을 끌어내는 것은 연주자에게 달려 있음을 인정해야 하지만 말이다.

따라서 우리가 가장 큰 만족을 얻기 위해서는 우리의 정신적 도구를 최상의 상태로 연주해야 한다. 몇 년 전 나는 워싱턴 주 스포캔에 '구석진 작은 교회little church around the corner'를 가지고 있었다. 어느 날 아침 나이가 많고 왜소한 노인이 조심스럽게 교회로 들어왔다. 나는 그를 정중하고 밝게 맞이하면서 무엇을 도와드릴지 물었다. 그는 이렇게 말했다. "당신이 그리스도의 이름으로 치유를 한다는 말을 듣고 왔습니다. 저를 도와주었으면 합니다." "네. 무엇을 도와드릴까요?" 나는 물었다.

"확실히는 모르겠지만 저는 영원한 벌을 받을 운명이라는 생각에 시달리고 있습니다. 저는 죄인입니다. 평생 죄를 지었습니다. 저를 위해 해줄 수 있는 게 있을까요?" 그는 간청했다. 스스로의 운명을 이미 정하고는 도움을 요청하다니 참으로 이상했다. 내가 어떻게 한 영혼을 구할 수 있을까? 첫째,

나는 영원한 저주는 믿지 않았다. 둘째, 나 자신도 완벽하지 않기에 다른 영혼을 완벽하고 순수하게 만들 수 없었다.

"아니다. 너는 이 사람을 자유롭게 할 수 있다." 내 영혼 속의 목소리가 말을 했다. "너는 내 이름과 의식으로 그를 자유롭게 만들 수 있다. 그에게 하나님의 능력이 악의 능력보다 무한히 크다는 것을 믿는지 물어보라. 그가 하나님의 능력을 최상의 것으로 받아들인다면 너는 그를 즉시 자유롭게 할 수 있다."

그래서 나는 그에게 그 음성으로 들려온 것을 전했다. 그 시절 나는 그 음성을 초의식의 목소리라고 불렀고 그리스도와 연관지었다. 그 남자는 하나님의 능력이 어둠의 능력보다 크다는 것을 믿는다고 대답했다. 나는 그에게 무릎을 꿇고 내 말을 받아들이라고 요청했다. 그는 내 말을 따랐다.

나는 그에게 경이로운 일이 일어날 것이라고 말하면서 내가 하나님의 권능을 불러오면 성령의 빛이 그의 존재 안으로 들어가 악을 몰아낼 것이라고 했다. 그 남자는 그 생각을 완전하게 받아들여 순순히 따랐다. 그러고 나서 나는 큰 소리로 말했다. "이제 하나님의 힘이 당신의 존재 안으로 들어가고 있습니다. 받아들이세요!" 그는 실제로 무언가가 자신 안으로 들어오는 것처럼 몸을 부르르 떨었다. 그러고 나서 그는 하나님의 정화의 힘이 느껴진다고 하면서 자신이 깨끗해지면서 순수해지고 있다고 중얼거렸다. 그러고 나서 나는 주님의 이름으로 그가 온전하고 완벽하다고 선언하며 일어나라고 말했다.

그는 환한 얼굴로 일어나 자유로워졌다고 선언했다. 당신은 그가 정말 자유로워졌는지 의문이 들 것이다. 그렇다. 그는 스스로 자유롭다고 느꼈기에 자유로워졌다. 내가 고통받고 있을 때 당신이 나를 도와줘서 내가 자유로워졌다고 느낀다면 누가 나에게 여전히 고통받고 있다고 말할 수 있겠는가? 누군가는 이것이 단지 자기 최면일 뿐이라고 반박할 수도 있다. 좋다. 논의를 위해 그 주장이 옳다고 가정해보자. 당신이 실패자이며 성공할 재능이 없다고 불평하며 나를 찾아왔다고 가정해보자.

내가 당신에게 어떤 영향을 주어 당신이 세상을 정복할 수 있다고 느끼게 하고 당신은 실제로 그 확신에 따라 행동하여 큰 성공을 거둔다고 해보자. 그렇다면 보라. 어떤 종류의 치유도 없이 성공을 이룬 사람과 당신의 차이는 무엇인가? 유일한 차이점은 당신은 확신을 얻기 위해 도움이 필요했지만 다른 사람은 그 확신을 이미 가지고 있다는 것뿐이다. 당신이 나타낸 힘과 능력은 당신 것이다. 어떤 치유가 당신에게 그것을 주는 것은 아니다. 모든 사람은 본래적으로 영혼이기에, 모든 신성한 요소를 내면에 지니고 있다.

하지만 이 사실을 의식하지 못할 수도 있기에 자신의 신성한 유산을 깨닫기 위해 확신을 주는 무언가가 필요할 수 있다. 한 사람이 의식하게 된 것은 그 사람에게 현실이 된다. 그 외의 모든 것은 의미 없는 추측일 뿐이다. 우리는 독단적이거나 편협해서는 안 된다. 생명을 있는 그대로 이해하려면 영적인 시야를 확장해야 한다. 생각을 확장하는 것을 거부할 때 우리의 정신적 확장은 멈추게 되고 좁은 시야에 갇히게 된다. 어떤 현대 종파에 속한 사람이 나에게 말했다. "다른 신으로부터 치유를 받느니 차라리 죽음을 택하겠어요."

나는 대답했다. "선량한 분이여, 당신이 죽으면 신앙이 무슨 소용입니까?" 그는 솔직하게 신경 쓰지 않는다고 대답했다. 그런 사람은 독단적이고 편협하다. 그는 정신적으로 성장해서 더 넓고 보편적인 의미에서 신의 진리를 이해하려 하지 않는다. 나는 긍정적인 결과를 얻기 위한 모든 수단과 방법은 하나님의 수단과 방법이라고 주장한다. 긍정적인 결과를 얻기 위해서는 즉각적이고 긍정적인 확신을 심어줄 방법을 선택해야 한다. 그와 동시에 우리는 더 고귀하고 선한 하나님의 법을 이해하려는 노력을 해야 한다.

예수 그리스도는 치유를 위해 찾아온 맹인의 눈에 평범한 진흙을 발라 시력을 회복시켰다. 여기서 진흙이 신성한 사랑이나 신성의 원리와 같은 신비롭고 형이상학적인 의미를 지닌다고 말하지 않기를 바란다. 그렇지 않다. 예수 그리스도는 모든 것이 '우주의 창조 근원'에 의해 만들어졌다는 것을 알았다. '우주의 창조 근원'은 영이기 때문에 모든 것 또한 영적이다. 예수는 맹인의 의식에 다가가기 위해 진흙을 사용했다. 맹인은 물질적인 것에 얽매여 있었을 것이다. 예수 그리스도는 오직 객관적인 매개체를 통해서 그런 사람의 마음과 접촉할 수 있었다.

우리가 느끼고 반응한다면 모든 신체적 접촉은 정신적인 접촉이기도 하다. 신체적인 접촉은 우리가 인지해야만 비로소 현실이 된다. 따라서 우리는 모든 경험이 궁극적으로 정신적인 것이라고 주장한다. 우리는 누군가를 신체적으로 접촉하고 그 접촉을 인지하게 할 수 있지만 진동하는 에너지 차원에서 우리의 마음과 연결되도록 하지는 못할 수도 있다. 우리의 마음과 연결되어 그 특성을 느끼기 위해서는 상대방이 우리의 마음과 조화를 이루어야 한다. 예수 그리스도에게 치유받으러 온 맹인은 물질적인 것에 얽매여 있었지만 예수 그리스도의 뜻에 대한 절대적인 믿음과 정신적으로 온전히 순종

할 수 있는 구원의 은총을 지니고 있었다.

이를 통해 그는 자신의 마음을 그리스도의 마음과 일치시켰을 뿐만 아니라 그 의식의 특성까지 받아들일 수 있었다. 예수 그리스도의 의식과 접촉하여 마음이 치유되는 순간 맹인의 신체적 질병도 치유되었다. 우리의 몸 전체가 본질적으로 정신적인 것임을 깨닫기는 어렵다. 우리 몸의 구조적 존재는 우리 마음에 달려 있다. 이 책의 앞부분에서 언급했듯이 유기체는 정신 작용 없이는 기능할 수 없으며 따라서 유기체는 정신 작용과 연관되어 있다. 당신은 반론을 제기하며 이렇게 말할지도 모른다. "우리의 정신 체계 전체가 물질적인 것이며 정신 작용은 물질적인 것에 포함되어 있다고 생각하는 것은 어떨까?"

물리적 표현 없이는 마음의 흔적을 찾을 수 없기 때문에 정신적 진화는 신체적 진화와 밀접하게 연결되어 있으며, 신체적 진화가 정신적 진화의 원인이라고 추론할 수도 있다. 다시 말해, 마음이 몸의 산물이라는 것이다. 그렇다고 해도 마음과 몸이 서로 의존적인 관계라는 사실은 부인할 수 없다. 더 나아가, 몸은 마음 없이 기능할 수 없으며 잠재의식의 인식이나 느낌 없이는 어떤 상태도 나타날 수 없다. 따라서 마음 없이는 신체의 구조적 변화나 생물학적 진화가 불가능하다고 주장할 수 있다.

물론 마음이 몸으로부터 인상을 받고 그 영향을 받는다는 점은 인정한다. 그러나 자의식을 가진 인간은 그러한 인상을 더 높고 긍정적인 의미로 해석하여 부정적인 영향을 상쇄할 수 있다. 한 번은 캘리포니아 사막을 운전하고 있었다. 사막의 열기는 매우 강렬해서 우리 일행 모두가 불편해하고 있었다. 나는 일행에게 말했다. "이 열기는 우리에게 건강에 좋은 방사성 에너지를 가져다줍니다. 상상력을 통해 그것을 흡수하고 그 혜택을 누려 봅시다." 모두가 내 조언을 따랐고, 곧 편안함을 느꼈으며 저녁 무렵에는 몸이 더 좋아지고 강해졌다고 말했다.

이는 하등 동물의 경우 신체적 개념이 마음을 지배하지만, 고등 인간의 경우 마음이 몸을 지배한다는 것을 보여준다. 형이상학적으로 말하자면, 낮은 수준의 정신은 육체적 마음의 영향을 받지만, 높은 수준의 정신은 영적인 마음의 영향을 받는다. 우리가 자신을 육체라고 생각하면, 그 생각에 지배당하게 된다. 그러나 우리 자신을 영혼이라고 생각하면, 역시 그 생각에 지배당하게 된다. 우리 몸이라 불리는 것은 구조적으로 말하자면 잠재의식적 마음 개념이 확장된 것이다. 앞서 언급했듯이, 우리의 몸 전체는 그 구조와 특성 모두 전적으로 정신적이다. 이를 자각하게 되면, 우리는 우리 몸에 상당한 영향을 미칠 수 있다.

마음은 고체 물질이 아니므로 몸의 정신적 질료를 변화시킴으로써 몸의 물질적인 부분도 변화시킬 수 있다.

레슨:실천과제

정신 활동이 몸에 영향을 미친다는 사실을 알고, 그에 맞게 생각하고 행동하라. 마음으로 받아들이는 모든 생각은 몸도 받아들인다는 점을 명심하라. 몸과 마음이 하나라는 것을 상상하고, 원하는 몸 상태를 만들어라. 동시에 우주에 편재하는 영이 당신을 돕고 있음을 깨달아라. 마음과 몸은 하나이므로 마음을 변화시키는 것이 곧 몸을 변화시키는 것이라고 생생하게 상상하면 놀라운 결과를 얻을 수 있다. 이제 남은 것은 당신의 내면 깊숙한 곳에서 영혼으로서 마음과 대화하며, 마음에게 그 변화의 틀을 받아들이라고 말하는 것이다. 마음으로 받아들이는 것의 가치를 깨닫게 되면 무엇이든 마음으로 받아들일 수 있다.

마음에서 제거하고 싶은 것이 있다면 어떤 외부적 여건이 갖춰지기를 기다릴 필요가 없다. 마음에 긍정적인 암시를 주입하고 그것을 받아들이도록 요청하라. 그리고 마음이 긍정적인 답변을 주는 장면을 생생하게 상상하라. 그 이상의 행동은 오히려 원하는 결과를 지연시킬 뿐이다. 당신이 '영원히 자유로운 영혼_ever-free spirit_'이며 몸은 단지 도구에 불과하다는 생각은 육체적 생명 개념에서 벗어나 정신적 자유를 얻게 해준다. 이는 또한 두려움과 걱정의 환영을 불러일으키는 모든 신체적 조건으로부터 독립된 인식을 갖게 한다. 당신이 영원히 자유로운 영혼이라는 생각을 마음속 깊이 새기고, 전능한 존재가 육체의 모든 부정적인 상태를 치유하고 있다고 상상한다면, 당신은 자신의 몸을 완전히 제어할 수 있다.

보다 높은 진리를 배우는 학생들에게 깊은 인상을 주기 위해 이전에 언급한 내용을 다시 한번 강조하고자 한다. 우리의 마음이 외부의 물리적인 몸에 영향을 받는 이유는 우리가 여전히 스스로를 저급한 육신이라고 믿기 때문이다. 물질적인 사고에 갇혀 육신의 법칙, 즉 잘못된 관념에 얽매여 있는 한, 우리의 마음은 외부의 물리적인 몸의 영향을 받을 것이며, 우리가 육체라고 부르는 것이 실은 정신적인 것임을 깨닫지 못할 것이다. 하지만 몸과 마음이 하나라는 믿음이 강해질수록, 당신은 자신의 몸을 원하는 대로 빠르게 변화시키고 통제할 수 있게 된다. 당신의 몸을 마음속에서 바라보라.

몸은 마음이 확장된 거친 형태이며, 동시에 마음의 일부이다. 마음으로 원하는 어떤 상태로든 몸을 만들 수 있으며, 그 상태는 결국 당신에게 현실이 될 것이다. 어디에나 편재하는 영 안에서 당신의 마음과 연결된 다른 사람의 마음을 변화시킬 수 있으며, 그렇게 함으로써 그 사람의 몸 또한 변화시킬 수 있다. 한 사람의 몸에 나타나는 모든 결함은 그 사람의 마음속에 뿌리를 두고 있다. 그 사람의 마음과 직접적으로 접촉해 몸에 대한 생각을 바꿔주면, 그 사람의 정신적 수용력에 따라 신체적인 변화를 이끌어낼 수 있다. 때로는 완벽한 이미지를 수용적인 마음에 직접 전달함으로써 비슷한 결과를 얻을 수도 있다.

이 경우, 주님의 창조 생명 안에서 그 사람의 마음에 직접 말을 걸고, 당신의 말에 대한 긍정적인 답변이 상대방의 마음에서 나온다고 상상해야 한다. 이 부분에 대해서는 나중에 더 자세히 다루겠다. 두 사람이 진리를 이해하고 긍정적인 생각에 동의하면, 그 결과는 즉각적이고 놀라울 정도로 나타난다. 마음속으로 어떤 일이 이미 완성되었다고 확신하는 순간, 그 일은 실제로 완성된 것이다. 그 생각에 마음을 집중하고, 결과가 겉으로 드러나는 것에 대해 조급해하지 않으면, 결과는 자연스럽게 나타날 것이다. 예수 그리스도는 고통받는 사람들의 마음속에 강렬하고 긍정적인 감정을 불러일으켜, 그들의 마음이 몸의 근본적인 본질과 구조를 변화시킬 수 있도록 했다.

이것이 바로 그러한 즉각적인 치유가 일어날 수 있는 유일한 방법이다. 일반적으로 환자가 마음의 준비가 되어 있지 않고 빠르게 받아들이지 않는다면, 즉각적인 치유는 불가능하다. 우리의 몸 전체가 마음과 연결되어 있기 때문에, 마음의 변화는 곧바로 몸에 영향을 미친다. 하지만 마음의 일부인 몸의 기본적인 속성이 변하지 않으면, 몸의 외부적인 변화는 일어나지 않는다. 정신적 진동을 최고조로 높이기 위해서는 언제 어디에나 존재하는 하나님의 존재를 의식해야 한다. 진동이 높아질수록 당신의 마음은 더욱 강력해진다. 마음이 물질적인 개념에 갇혀 있을 때는 가장 낮은 진동수를 가지지만, 영적인 개념 안에서 작용할 때는 그 깨달음의 깊이에 따라 가장 높은 진동수를 가진다.

육체적인 마음과 영적인 마음이 따로 있는 것이 아니라, 마음은 활동하는 영역에 따라 다르게 표현될 뿐이다. 영적인 마음과 육체적인 마음은 본질적으로 하나이다. 육체적인 마음은 쇠퇴와 죽음을 나타내지만, 영적인 마음은 우리의 불멸성, 즉 영원한 생명을 깨닫게 해준다. 우리가 마음속으로 그리는 것과 믿는 것은 결국 현실이 된다. 형이상학적인 분야에 대한 깊은 이해가 없다면 '어떤 상황을 마음으로 받아들이는 것이 곧 몸으로 받아들이는 것과 같다'는 사실을 이해하기 어려울 수 있다. 같은 이유와 법칙으로 인해, 어떤 부정적인 상황을 마음속으로 거부하기로 했다면, 몸 역시 그 상황을 거부한다.

몸과 마음을 하나로 통합하면 누구든 모든 신체 상태를 쉽고 빠르게 조절할 수 있다. 필요한 것은 마음의 작용에 대한 통찰력과 이해뿐이다. 이 독특한 방법에 대해 더 많이 생각할수록 그것은 더욱 명확해진다. 이 방법은 초심자에게 다소 어려울 수 있으므로, 자신의 생각을 주의 깊게 살펴보고 그것이 부정적인 생각인지 긍정적인 생각인지 확인하는 것이 중요하다. 그 생각이 곧 당신 몸의 일부가 되어간다는 사실을 잊지 말아야 한다. 생각이나 정신적인 진동은 당신의 몸 전체를 진동시킨다.

징을 치면 모든 입자가 진동하듯, 생각을 하면 몸의 모든 세포가 진동한다. 이 놀라운 진리를 깊이 생각할수록 그 생각이 몸에 미치는 영향을 더욱 생생하게 느낄 수 있다. 당신은 느낌의 삶을 살아가고 있다. 느끼지 못하는 것은 당신에게 아무런 영향을 주지 못한다. 몸에서 생각의 진동을 즉시 느끼지 못하는 이유는 습관적인 물리적 사고방식이 마음과 몸의 연결을 단절시켰기 때문이다. 그러나 결국, 생각의 진동은 질병이나 건강의 형태로 나타나게 된다. 만약 몸에서 생각의 진동을 느끼는 습관을 들인다면 어떤 결과가 나타날까? 단순한 생각만으로도 몸에 직접적이고 엄청난 영향을 줄 수 있게 될 것이다.

감정이 격해져서 생각의 진동이 몸에 직접적인 영향을 미칠 때, 당신은 이미 이 과정을 경험하고 있는 것이다. 모든 생각이 그 질에 따라 몸을 진동시키고 영향을 미친다고 상상해 보라. 그러면 곧 몸에서 그 영향을 느끼게 될 것이다. 어떤 생각이 마음을 스쳐 지나가고 있는지, 어떤 생각을 기대하고 있는지 항상 주의 깊게 살펴보라. 자신을 분석해 보면, 과거의 경험과 기억을 통해 수많은 부정적인 생각을 키우고 있다는 사실을 깨닫게 될 것이다. 예를 들어, 배가 조금 아플 때 그것을 심각한 병의 징후라고 생각하는가, 아니면 곧 괜찮아질 것이라고 생각하는가? 혹은 몸에 맞지 않는 음식을 먹었는지 의심하는가?

그렇다면 어떤 생각이 드는가? 그것이 몸에 해롭다고 생각하는가, 아니면 아무런 영향을 미치지 않을 것이라고 생각하는가? 당신이 어떤 문제를 겪게 되었을 때, 그 상황이 옴짝달싹 못 하는 궁지라고 생각하는가, 아니면 과거에 겪었던 수많은 문제들처럼 어떻게든 해결될 것이라고 생각하는가? 이러한 생각은 당신의 신체적, 정신적 상태를 결정하는 데 매우 중요한 역할을 한다. 만약 당신이 젊고, 아팠던 경험이 많지 않다면 몸에 나타나는 사소한 증상을 대수롭지 않게 여길 수 있다. 그러나 증상이 심해지면 불안감이 커지며, 그로 인해 심각한 병으로 악화되지 않을까 걱정하게 된다. 이런 생각들이 쌓여 마음과 몸에 실제로 영향을 미치는 것이다.

어릴 때부터 사소한 증상이 심각한 병으로 악화된 이야기를 들어왔을 것이다. 또한 치명적인 질병의 초기 증상을 절대 간과해서는 안 된다는 경고도 많이 들었을 것이다. 이러한 이야기들은 연쇄적인 생각을 불러일으키고, 그 영향은 당신의 마음과 몸 깊숙한 곳까지 퍼진다. 하지만 마음먹기에 따라 이러한 생각의 흐름을 반대로 바꾸는 것도 충분히 가능하다. 당신에게는 그럴 권리가 있다. 그 긍정적인 생각은 부정적인 생각의 반대 효과를 가져올 것이다. 앞서 말했듯이, 생각은 몸을 진동시키고, 정신적인 인상을 각인시켜 몸과 마음에 영향을 미친다. 마음을 잘 살펴보면, 사소한 일에서 시작된 부정적인 생각의 흐름을 쉽게 멈출 수 있다.

예를 들어, 코의 상태가 잠시 안 좋아서 한 번 재채기를 하면 무의식적으로 감기에 걸렸다고 생각할 수 있다. 그런데 짧은 간격으로 두세 번 재채기를 하면, 이제는 감기에 걸릴 것이라고 의식적으로도 확신하게 된다. 이러한 생각의 진동이 반복될수록 점점 강해져 몸에 실제로 영향을 미치고, 결국 감기는 현실이 된다. 하지만 당신 존재의 긍정적인 근원, 즉 영원히 자유로운 영혼으로부터 생각의 흐름을 이끌어낸다면, 몸에 나타나는 감기의 진행을 막을 수 있는 새로운 생각의 진동을 만들어낼 수 있다. 하나님이 당신의 모든 것을 돕고 있다는 사실을 항상 기억해야 한다.

사소한 증상이 나타나더라도 질병에 대한 생각에 굴복하거나 그것을 피할 수 없다고 여기지 마라. 그렇게 한다면 아무 문제 없이 그 상태에서 벗어날 수 있다. 때로는 과거의 경험 때문에 사소한 증상에도 질병에 대한 두려움을 느낄 수 있다. 하지만 과거의 경험 역시 당신이 부추긴 부정적인 생각에서 비롯되었다는 사실을 잊지 마라. 어느 날 길에서 친구를 만나 안부를 물었더니, 그는 지독한 감기에 걸렸고 3~4주는 지나야 나을 것 같다고 말했다. 왜 그렇게 오래 걸릴 것 같냐고 묻자, 그는 감기에서 회복하는 데 항상 그 정도 시간이 걸린다고 답했다.

이는 그가 과거의 기억과 경험에 얽매여 있다는 것을 보여준다. 이 사람은 감기 기운만 느껴져도 부정적인 생각에 사로잡혀 몸에 영향을 주었고, 결국 예상했던 대로 감기에 걸렸다. 한 번은 뉴욕에서 강의하던 중, 수업 전날 감기에 걸려 가슴이 답답했다. 최상의 컨디션으로 학생들 앞에 서야 한다는 생각에 곧바로 스스로 치료를 시작했으나, 상태는 호전되기는커녕 악화되었지만 어떻게든 수업을 마쳤다. 집에 가는 길에 눈보라를 만나 본능적으로 외투 깃을 세워 가슴을 보호했다. 눈은 내리고 있었지만 교실에 갈 때보다 기온이 낮지 않았던 것을 생각하면 이상한 행동이었다.

이는 분명 눈이 감기를 악화시킬지도 모른다는 무의식적인 두려움 때문이었다. 그러나 집에 돌아와 마음을 차분히 살펴보니, 잠재의식 속에 감기에 대한 두려움이 깊이 자리 잡고 있었다. 과거에 감기가 몇 주씩 지속되었던 경험 때문이었다. 게다가 감기에 걸리면 목소리가 잘 나오지 않았던 경험 때문에, 수업을 진행하지 못 할까봐 두려웠다. 이것이 무의식 속에 숨어 있던 또 다른 두려움이었다. 다른 사람들에게 건강 유지와 질병 치료를 가르치는 사람으로서 이런 모습은 가혹한 비난을 받을 것으로 보였기 때문이다. 극심한 절망감에 빠져 나는 '만물에 편재한 초의식의 영 All-Pervading Superconscious Spirit'에게 마음을 열고 지침을 구했다.

곧바로 음성이 들려왔다. "감기를 치료하려고 애쓰는구나. 치료에 대한 모든 생각을 내려놓고 하나님의 아들이자 영원히 자유로운 영혼인 너 자신을 깨달아라. 그 생각에 마음을 집중하고 우주의 영이 너의 몸과 마음을 치유하게 하라." 이 확신에 찬 목소리는 내 마음을 모든 불안에서 해방시켰다. 나는 영원히 자유로운 영혼이라는 깨달음에서 정신적 평화를 찾았다. 그날 밤 깊은 잠에 빠졌다. 다음 날 아침 눈을 떴을 때에도 여전히 그 의식 속에 머물러 있었고, 감기를 낫게 해야겠다는 생각은 사라졌다. 신기하게도 감기의 흔적은 온데간데없이 사라졌다.

이 경험을 통해, 질병에 대한 잠재의식적인 두려움이나 불안이 조금이라도 남아 있다면 결코 자유로워질 수 없다는 교훈을 얻었다. 벗어나려고 애쓸수록 오히려 더 옭아매는 굴레가 된다. 예수 그리스도는 고통받는 사람들의 이러한 약점을 알고, 병과 고통의 영이 떠나가고 있다는 암시를 통한 간단한 치유법을 제시했다. 이를 통해 그들은 마음의 평화를 되찾고 바라던 이상적인 상태를 실현할 수 있었다. 예수 그리스도는 대부분의 사람들이 스스로가 영원히 자유로운 영혼임을 깨달아 영원한 자유를 누리는 것이 어렵다는 것을 알고 있었다. 그분은 환자의 마음속에 긍정적인 생각을 심어주는 것이 곧 환자의 몸을 치유하는 것임을 알고 있었다.

물론 그분은 자신이 우주의 하나님의 아들이라는 사실과

모든 존재와 사물의 참된 본질에 대한 깊은 깨달음을 가지고 있었다. 그래서 사람들이 스스로 만든 어둠에서 벗어나 의식을 부활시킬 수 있도록 돕는 데 가장 명확한 비전을 가지고 행동했다. 그분이 사용한 방법들은 의식 속에 긍정적인 진동을 불러일으키기 위한 것이었으며, 이는 가장 고차원적인 영적 감정의 형태라고 불리는 진동이었다. 하나님의 전지전능한 존재를 깨닫고 하나님의 영을 부르면 우리의 정신적 진동은 최고조에 이른다. 우리의 정신과 접촉하는 사람들은 이 진동을 느낄 수 있으며, 우리는 그들 안에서 마음과 몸을 새롭게 하는 가장 고차원적인 영적 감정을 불러일으킬 수 있다.

어느 날 아침, 몸이 좋지 않았다. 시간이 지날수록 상태는 점점 더 악화되었다. 그때 갑자기 음성이 들려왔다. "아픈 상태로 남고 싶은가, 아니면 자유로워지고 싶은가?" 나는 즉시 대답했다. "주여, 저는 자유로워지고 싶지만, 나약해서 이 상태에서 벗어날 힘이 없습니다." "아니다, 너에게는 힘이 있다." 음성은 대답했다. "하지만 잠재의식적인 습관 때문에 병에 힘을 실어주고 더 악화되는 것을 예상하고 있을 뿐이다. 너는 병이 저절로 낫지 않으면 어쩔 수 없다는 생각을 당연하게 받아들이고 있구나. 어떤 질병도 너와 독립적으로 존재할 수 없다. 네가 그것이 머물기를 원하지 않는다면 그것은 머물 수 없다."

"주여, 자유로워지려면 어떻게 해야 합니까?" 나는 물었다.

"너의 마음 배후에 하나님의 아들인 영원히 자유로운 영혼으로 서서 그것에게 떠나라고 명령하라. 그것이 떠나는 것을 상상해라, 그러면 떠날 것이다." 나는 여전히 주장했다. "주여, 믿고 싶지만 저는 약합니다." 그러자 음성은 말했다. "그렇다면 긴장을 풀고, 주변에 가득한 우주 에너지가 네 몸과 마음에 들어와 어둠의 질병을 몰아내는 모습을 상상해라. 질병이 점점 멀어져 완전히 사라지는 모습을 상상해라. 마음에 활력을 불어넣기 위해 우주 에너지에게 도움을 청하는 말을 직접 해보아라." 나는 그 말에 따라 상상을 하며 잠들었고, 깨어났을 때 병이 나은 것은 물론이고 몸과 마음에 새로운 활력이 넘쳤다.

나는 이 이야기를 한 학생에게 들려주었고, 그 학생은 나중에 내 방법을 활용해 더욱 명확하고 구체적인 방법으로 발전시켰다. 어느 날 먹은 음식 때문에 몸이 좋지 않았던 그 학생은 현관에 앉아 어둠의 영에게 앞마당에 있는 큰 나무로 들어가라고 명령했다. 그리고 어둠의 영이 나무 속으로 들어가는 모습을 생생하게 상상했다. 그 즉시 그녀는 안도감을 느꼈다. 이것은 단순히 마음을 속이는 방법이라고 생각할 수도 있다.

맞는 말일 수도 있다. 우리의 마음의 활동과 반응을 연구해보면, 잠재의식이 의식적인 마음이 활동하는 것과는 반대로 행동하는 경우가 종종 있다는 것을 알 수 있다.

따라서 마음은 서로 반대되는 두 가지 역할을 하는 것처럼 보인다. 잠재의식적인 반대 작용을 극복하기 위해서는 의식적인 방법을 사용해야 한다. 마음의 잠재의식적인 측면은 기능적으로 어린아이와 같다. 이성적인 판단 없이 충동적으로 행동하며, 설득력 있는 속임수에 쉽게 넘어간다. 아이가 갖고 싶은 물건 때문에 울 때, 그 물건을 던져 버리는 시늉을 하면 아이가 정말 그것이 없어졌다고 믿는 것을 본 적이 있는가? 아이는 어쩌면 당신의 던지는 시늉을 재밌어해서 그랬을지도 모른다. 중요한 것은 아이의 변덕을 만족시키는 것이지, 그 이유는 중요하지 않다.

의식적인 마음이 잠재의식적인 본성에 맞는 방법을 선택하면 잠재의식은 즉시 그 방법을 받아들인다. 의식과 잠재의식 시스템에 대한 딱딱한 이론 연구는 실용적인 가치가 거의 없다. 우리가 목표로 하는 것은 긍정적인 존재로서 당연히 누려야 할 긍정적인 결과를 얻는 것이다. 긍정적으로 생각하고 싶지만 부정적인 마음 때문에 어려움을 겪고 있다면 스스로에게 이렇게 말해 보라. "나는 하나님의 자녀이며, 하나님의 모든 좋은 것들을 물려받을 권리가 있다. 하나님은 나를 품에 안고 보살펴 주신다." 이러한 말을 분명하게 의식하며 진심으로 반복하면 곧 긍정적이고 역동적인 생각을 하게 될 것이다.

피곤해서 책에 나오는 어떤 훈련도 할 엄두가 나지 않는다면 "하나님이 나에게 영양분을 공급하고 계시고 나는 하나님의 창조 에너지를 흡수하여 활력을 얻고 있다"고 스스로에게 말해 보라. 어려운 상황에 처했을 때는 심각하게 고민하기보다는 바쁘게 살면서 적극적으로 행동하라. 역동적인 행동은 당신을 깨우고 하나님의 왕국을 향해 나아가게 하며, 그곳에서 당신은 신성한 유산을 요구할 수 있게 될 것이다. 하나님은 당신이 마땅히 받아야 할 신성한 유산을 요구하기를 바라신다. 내가 하는 말은 명백한 사실이며 나는 내 삶을 통해 이를 증명했다.

나는 당신들 모두가 하나님의 진리를 실천하여 이 방법을 증명하기를 바란다. 하나님의 진리를 스스로에게 되뇌면 빠르게 확신을 얻을 수 있다. 물론 이는 당신이 이미 진리를 지식적으로 이해하고 있다는 전제 하에 하는 말이다. 스스로에게 말하는 것은 마음에 활력을 불어넣고 긍정적인 확신을 얻기 위함이다. 때로는 깨달음을 얻기도 한다. 위급한 상황에서는 삶의 긍정적인 진리에 대한 자기 암시만큼 도움 되는 것은 없다. 앵무새처럼 진리를 되뇌지 말고 당신에게 필요한 것을 분명히 나타내는 문장을 만들어라. 이것은 당신의 창조적 영감을 유지하고 진리에 대한 확신을 생생하게 심어줄 것이다.

  빠른 결과를 얻고 싶다면 부정적이거나 소극적인 모든 행동을 피해야 한다. 어느 날 나는 정신적인 노력으로 너무 지쳐 진리에 집중할 수 없었다. 마음에 활력을 불어넣으려고 애썼지만 처참하게 실패했다. 그때 주님이 나를 돕고 있다는 긍정적인 진리를 나 자신에게 설파하라는 영감이 떠올랐다. 처음에는 서툴렀지만, 곧 정신이 맑아지고 활력이 넘치는 것을 느꼈다. 내가 하는 말의 의미를 깨달으면서 마음에 활력이 샘솟았다. 나는 이렇게 말했다. "하나님의 아들이여 깨어나라. 하나님이 너에게 명령하고 있다. 하나님은 너를 먹이고 에너지를 주고 있다. 네가 받아들이기만 한다면 너는 그것을 놓치지 않을 것이다."

  곧 성령의 힘을 느꼈고 활기차게 행동할 수 있었다. 그 후 명상은 자연스럽게 이루어졌고, 평화와 휴식을 느낄 뿐 아니라 완전히 활력을 되찾았다. 또 다른 날, 몸 상태가 좋지 않았다. 나는 다른 일들로 너무 바빠서 마음을 제대로 작동시킬 수 없었다. 사실상 최악의 상태였다. 그러나 하나님의 긍정적인 진리에 대해 스스로 이야기하기 시작하자 마음에 활력이 솟아올랐고, 그 상태에서 완전히 벗어날 수 있었다. 바쁜 일상 속에서 활기찬 행동과 긴급한 조치가 필요한 사람들에게 이 방법은 매우 유용하다. 이미 진리 안에 굳건히 서 있고 세상과 동떨어져 있다면 이 방법이 필요 없을 수도 있다.

주 예수 그리스도에 따르면, 사람들이 짧은 시간 내에 진리를 깨닫고 긍정적인 사고방식으로 돌아올 수 있게 하기 위해서는 매우 실용적이고 간단한 방법을 채택하는 것이 필요하다. 스스로에게 하는 설교는 당신의 마음을 긍정적인 행동이나 활기찬 상태로 이끌 수 있도록, 당신의 특정한 상황에 맞는 단어로 구성되어야 한다. 예를 들어, 몸이 피곤하다면 "전능하고 모든 곳에 계신 하나님이 나에게 활력을 불어넣고 있으며 나는 그것을 받아들여야 한다"고 스스로에게 말해보라. 우울할 때는 "하나님은 영원한 기쁨이시며 언제나 기꺼이 그 기쁨을 나눠주시려 한다. 하나님은 나를 둘러싸고 있으며 내가 그 기쁨을 받아들이기를 기다리고 있다"고 스스로에게 말해보라. 아플 때는 "나는 영적인 존재이며 하나님의 자녀로서 언제나 자유롭고 완전하다. 전능한 하나님은 지금 이 순간에도 나의 육체적, 정신적 고통을 몰아내고 있다. 나는 이 치유를 받아들이고 무기력에서 벗어나 반응해야 한다"고 되뇌어라.

스스로에게 하는 이 설교의 목적은 마음에 활력을 불어넣어, 역동적인 명상을 시작하거나 다른 훈련을 할 수 있도록 준비하는 데 있다. 앞서 언급했듯이, 역동적인 명상은 우주에 편재하는 하나님과 끊임없이 대화하며 '하나님의 의식적인 존재His Conscious Presence'를 느끼는 것이다.

어느 날 나는 부정적인 생각에 빠져들고 있었다. 옳지 않다는 것을 알면서도 오래되고 낡은 습관에 이끌렸다. 그때 갑자기 활기차게 움직이며 스스로에게 말했다. "부끄럽지도 않은가? 하나님과 예수 그리스도가 너를 지켜보며 행복하게 해 주려고 하는데, 어둠과 패배를 자초하다니?" 나는 평화를 되찾고 하나님과 예수 그리스도의 존재를 느낄 때까지 계속해서 말했다. 이 경험은 두 가지 효과를 가져왔다. 첫째, 마음에 긍정적인 활력을 불어넣어 긍정적인 활동을 하게 했고, 둘째, 역동적인 명상의 효과를 얻을 수 있었다.

나는 다양한 방법을 이야기해 학생들의 마음을 혼란스럽게 하고 싶지 않다. 나의 목적은 학생들이 진리를 실천하는 측면을 이해하도록 돕고, 부정적인 상태를 빠르게 극복하기 위해 마음에 활력을 불어넣는 방법을 보여주는 것이다. 만약 본격적인 레슨을 실천하기 전에 마음에 활력이 필요하다고 느낀다면 이 마지막 방법이 큰 도움이 될 것이다. 영적 생명의 철학을 공부하는 많은 이들은 수동적인 관조에 빠져, 뚜렷한 목표나 중요한 깨달음 없이 시간을 흘려보낸다. 그들은 수동적인 명상이 어떤 결과를 가져다주기를 기대하며, 항상 기다리고 바라기만 한다. 그러나 그들은 적극적인 활동을 통해 스스로를 일깨워, 수동적으로 받아들였던 진리를 생생하게 느끼고 깨달아야 한다.

죽은 사람은 아무것도 즐길 수 없듯이, 나약하고 수동적인 사람은 사랑의 강렬한 황홀감을 느낄 수 없다는 사실을 기억해야 한다. 우리는 활발하게 움직이는 활동의 세상에 살고 있다. 우주 전체에 걸쳐 방사되는 에너지와 끊임없이 깨어 있는 활기찬 영혼들이 각자의 역할을 수행하고 있다. 모든 것은 끊임없이 움직이며, 그 강렬한 활동 속에서도 평화를 유지한다. 우주의 질서에는 충돌이나 갈등이 없기 때문이다. 우리가 충돌처럼 인식하는 것은 신성한 창조 계획을 이해하지 못해 생긴 착각에 불과하다. 그러니 우리 모두 힘차고 역동적으로, 우리에게 주어진 신성한 운명을 성취하자.

하나님과 천사들의 도움을 믿고 마음을 깨어 있게 유지한다면 두려울 것이 없다. 스스로에게 말하는 것은 어떤 고정된 형태의 확언이나 부인과는 다르다. 그것은 실제의 대화이다.

이 방법을 실천하면, 마치 끊임없이 물을 솟구치게 하는 샘처럼 우리의 정신적인 흐름도 계속해서 유지될 것이다. 물론, 스스로에게 말하는 것만으로 하나님을 생생하게 깨닫거나 하나님과의 친밀감을 항상 느낄 수 있는 것은 아니다. 그럴 때는 역동적인 명상법을 활용해야 한다. 마음에 활력이 없으면 내가 제시하는 것을 실천해도 효과가 없다는 것을 명심해야 한다.

치유를 시작하기 전에 스스로에게 말을 걸거나 기도를 통해 마음을 활기차게 깨워야 한다. 하나님이 당신을 치유자로 선택하셨고, 당신의 사명을 완수하도록 돕고 있다는 긍정적인 확신이 없다면, 당신은 수동적으로 행동하게 되고 치유에 대한 지식만으로는 결국 운에 맡기는 것과 다름없다. 영적인 활동을 하기 전에 어느 정도 지식을 얻는 것은 매우 중요하다. 이는 마음에 동기를 부여하기 때문이다. 그러나 지식만으로는 확신을 가지고 역동적으로 행동할 수 있도록 마음을 준비시킬 수 없다. 나는 이 강의에서 대중에게 널리 적용될 수 있는 두 가지 방법을 제시했다.

하나는 스스로에게 말하는 방법이고, 다른 하나는 특정한 특성을 의인화하여 그것이 오고 가는 것을 시각화하는 방법이다. 더 심오한 영적 법칙과 그것을 적용하려는 사람들을 위한 다른 방법들도 있다. 진리에 대한 이해가 깊어질수록 당신의 힘과 영향력은 더욱 커진다는 것은 분명한 사실이다. 하지만 단순하고 쉬운 방법으로 시작하는 것도 매우 유익하다. 이는 당신의 믿음, 신뢰, 자신감을 키워 수많은 놀라운 결실을 맺도록 돕는다. 이제 환자의 정신 상태와 이해 수준에 맞춰 치유 방법을 적용하는 예시를 소개하겠다.

첫 번째 방법은 다음과 같다. 환자와 함께 앉아 "우리가 그리스도의 이름으로 지키는 것은 지켜지고, 내보내는 것은 내보내진다"는 철학적 개념을 설명하라. 우리가 의식에서 어떤 상태를 몰아내고 싶을 때, 그것이 실제로 떠나고 있거나 이미 떠났다고 상상하고 믿는다. 그런 다음 환자에게 "당신에게 깃든 어두운 질병의 영을 몰아내는 데 동의하십니까?"라고 물어 긍정적인 답변을 이끌어내라. 이어서 "이제 그리스도의 이름으로 어두운 영에게 떠나라고 명령하고, 실제로 떠나가는 모습을 상상합시다"라고 말하라.

환자에게 생생한 상상과 함께 다음을 반복하라고 지시하라. "사악한 영이여, 떠나라! 그리스도의 이름으로 명하노니 떠나라!" 동시에 환자에게 실제로 그 영이 떠나가는 모습을 상상하라고 말하라. 환자가 이것을 상상하는 동안 침묵을 유지하게 하고 다음과 같이 말하라. "사악한 영이여, 너는 이 집에 머물 수 없다. 하나님의 빛이 이곳을 가득 채우고 있다. 네가 여기에 남아 있으면 죽을 것이다. 나는 네가 떠나가는 모습을 보고 있다. 너는 점점 멀어져 다시는 돌아오지 못할 것이다. 영원히 떠나라!" 그런 다음 환자에게 하나님의 빛, 즉 성령이 그의 몸과 마음을 차지하고 있으며, 악한 영을 막기 위해 싸우고 있음을 상기시키며 이제 환자는 더 이상 악한 존재와 관련이 없다는 확신을 가지도록 요청하라..

이 방법은 누구나 쉽게 이해할 수 있으며 즉시 자유를 경험하게 한다. 모든 사람 안에는 질병과 건강에 대한 생각과 관념이 공존한다. 그중 마음으로 받아들이는 것이 질병 또는 건강으로 구현된다. 즉, 우리의 자의식을 지닌 정신적 생명은 건강의 영이 되거나 질병의 영이 된다. 예수 그리스도에 따르면, 역동적으로 활동하는 것들은 모두 영이다. 이와 관련해 주목할 만한 현상은, 한 사람이 질병에 걸리면 비슷한 성격을 가진 다른 질병의 영들이 그 사람과 진동적으로 연결된다는 것이다. 따라서 질병을 몰아내면 그 영향에서 벗어날 뿐만 아니라, 비슷한 질병을 가진 사람들과의 정신적 연결에서도 벗어나게 된다.

비슷한 것끼리 끌어당기는 이 현상은 정신적 우울증이라는 질병에서 특히 잘 드러난다. 우울증이 어떤 모임에서 시작되면 평균적인 사람들은 매우 빠르게 그 영향을 받는다. 만약 믿음이 약하다면, 긍정적인 치유사와 상담하여 그리스도의 이름으로 우울증을 몰아내고 기쁨의 영이 몸과 마음을 채우도록 하는 것이 좋다. "너희 중 두 사람이 땅에서 어떤 것을 구하는 것에 대해 합의하면 하늘에 계신 내 아버지께서 그것을 이루어 주실 것이다"[마태복음 18:19]라는 말씀이 있듯이, 이러한 긍정적인 합의와 치유의 힘은 매우 중요하다. 이제 긍정적인 치유의 두 번째 방법을 설명하기 전에, 인간의 마음이 질병을 일으키는 세균을 어떻게 지배할 수 있는지를 보여주는 이야기를 해보겠다.

어느 날 나는 학식이 매우 많은 사람과 이야기를 나누고 있었다. 이 사람은 육체가 단순히 생물학적 실체에 불과하다고 주장했다. 나는 대답했다. "맞습니다, 육체는 생물학적 실체이기도 하죠. 하지만 동시에 영적인 현상입니다. 육체는 생물학적인 요소뿐만 아니라 영적인 요소로도 구성되어 있습니다. 물론 생물학적인 측면에서 실체가 존재하죠. 하지만 당신이 이른바 생물학적 실체만을 믿는다면, 인간의 마음이 가진 힘을 증명하는 간단한 실험을 해볼 수 있습니다. 당신이 원하지 않는다면, 어떤 기생충도 당신의 몸속에 존재할 수 없습니다. 실제로 기생충에게 죽으라고 명령하고, 동시에 그것이 죽어가는 모습을 상상하면 파괴할 수 있습니다."

  이 사람은 내 말을 진지하게 받아들여 자신의 몸에 있는 백선균에 이 독특한 실험을 시도해 보았다. 며칠 후, 그는 마음의 힘으로 백선균을 없앴고, 이를 통해 인간의 마음이 세균보다 더 크고 강하다는 확신을 얻게 되었다. 두 번째 방법은 환자가 하나님의 영원하고 전지전능한 존재 안에서 완벽하다고 상상하는 것이다. 환자에게 질병은 마음속에만 존재하며 단지 몸에 반영된 것일 뿐이라고 설명하라. 본질적으로 영적인 존재인 그 사람에게는 질병이 깃들 수 없음을 알려줘라. 이를 이해하기 쉽게 진흙 속에 묻힌 다이아몬드를 예로 들 수 있다. 다이아몬드의 광채는 잠시 흐려질 수 있지만, 그 본질은 변하지 않는다.

  그런 다음 환자에게 하나님의 빛 속에서 자신이 밝게 빛나고, 완벽하면서 자유로운 상태임을 상상하라고 말하라. 대화를 진행할 때는 다음과 같은 형식을 사용할 수 있다.

  치유사: "당신이 영원히 자유롭다는 사실에 동의하세요."

  환자: "동의합니다."

  치유사: "이 동의는 구속력을 가지며 우리는 이 동의에 따라 살아가게 될 것입니다."

  환자: "네. 이 동의를 받아들이겠습니다."

치유사: "언제나 함께하는 하나님의 빛 안에서 당신이 완벽하고 자유롭고 온전한 모습을 상상합니다. 진리를 받아들이고 하나님이 당신이 그것을 깨닫도록 돕고 있는 것을 상상하세요."

환자: "온 마음과 정신으로 받아들이겠습니다."

그런 다음 환자에게 상상 속에서 빛으로 가득 찬 자유로운 몸을 움직이며 그것이 자신의 진짜 몸이라고 주장하게 하라. 그리고 그 모습을 잊지 말라고 당부하라. 이 과정에서 누군가는 "하나님의 왕국에 정말 빛나는 몸이 존재하나요?"라고 물을 수도 있다. 나는 그렇다고 답할 것이다. 실제로 하나님 안에 존재하는 모든 것은 하나님의 왕국에도 존재한다. 창조된 모든 것은 진동하고 빛나는 에너지 덩어리이다. 우리가 인지하는 불투명함은 단지 우리의 시야로 인한 착각일 뿐이다. 우리는 보통 몸에서 나오는 에너지를 의식하지 못하지만, 몸은 빛나는 물질로 이루어져 있기 때문에 그 에너지는 분명히 존재한다.

만약 원자 에너지가 유기체의 기본 토대라면, 몸의 구성 요소들이 어떤 유기적인 질병으로부터도 자유롭다고 말하는 것은 틀린 말이 아닐 것이다. 마음이 생물학적 또는 물리적인 방식으로 작용할 때만 질병의 가능성을 상상하거나 질병을 생각할 수 있다. 그러나 마음이 비유기적인 방식으로 작용하며 물리적 구조의 배후에 원자력이 있다는 것을 깨달으면, 원자로 이루어진 몸에는 어떤 질병도 존재할 수 없다고 생각하게 된다. 원자는 유기체의 상태에 영향을 받지 않기 때문이다. 빛나는 몸을 상상하는 가장 좋은 방법은 그것이 빛나는 원자 에너지로 이루어져 있다고 생각하는 것이다. 모든 것은 영, 즉 '우주의 근원적 질료Universal Final Essence'에서 비롯되었으며, 그에 상응하는 영적인 형태, 즉 영적인 질료의 형태를 지닌다는 것을 깨달으면 이 개념은 쉽게 이해될 수 있다.

이제 세 번째 방법을 설명하겠다. 환자에게 빛나는 에너지로 이루어진 몸은 어떤 유기적인 질병에서도 자유롭다고 상상하게 하라. 그런 다음, 영원히 자유롭고 빛나는 몸이 마음속에 사진처럼 새겨져 있다고 상상하게 하라. 마음에는 항상 사용할 준비가 된 잠재의식적 감광판이 있다. 당신이 어떤 물체 앞에서 정신적 카메라를 들고 있고, 마음이 그 물체의 즉각적인 인상을 찍고 있다고 상상함으로써 그 물체의 정신적 사진을 만들 수 있다. 당신의 현재 상태는 마음속 이미지에 불과하다. 환자에게 빛나는 몸을 상상하고 그 안에서 활동하는 순간, 그 이미지가 마음속에 새겨질 뿐만 아니라 질병에서도 자유로워진다고 말하라.

그런 다음, 두 번째 방법에서 설명한 합의의 법칙에 따라 치유를 진행하라. 다음은 세 번째 방법의 예시 대화이다.

치유사: "언제나 존재하는 당신의 빛나는 몸을 상상하고 받아들이세요. 그리고 그 몸 안에서 활동하세요."

환자: "네, 받아들이겠습니다."

치유사: "당신의 마음이 이 빛나는 몸의 사진을 찍어 마음속에 영원히 간직하는 모습을 상상해 보세요."

환자: "네, 마음속으로 사진을 찍고 있습니다."

치유사: "이제 하나님이 당신이 영원한 자유를 깨닫도록 돕고 있다는 것에 동의하세요."

환자: "네, 동의합니다."

네 번째 방법은 우리가 영원히 자유로운 영혼이라는 깨달음에 기반하며, 질병 자체를 다루지 않는다. 우리는 영원히 자유로운 영혼, 즉 하나님의 자녀라는 것을 깨닫고 그에 맞게 행동해야 한다. 이 깨달음이 마음속에 자리 잡으면, 우리의 정신적, 육체적 상태는 자연스럽게 조절된다. 개인적으로 나는 이 방법을 사용할 때, 몸과 마음을 우주의 영에게 맡겨 조절하고, 그 안에서 평화와 안식을 찾는다. 이 방법의 예시는 다음과 같다.

치유사: "당신은 영원히 자유로운 영혼이자 하나님의 자녀

입니다. 어떤 육체적인 조건도 당신에게 영향을 미칠 수 없습니다. 이 사실을 받아들이고, 그 깨달음 안에서 생각하고 행동하세요."

환자: "그렇게 하겠습니다."

치유사: "무한한 창조의 세계를 창조하신 하늘에 계신 아버지께서 우리의 모든 육체적, 정신적 상태를 조절해주시기를 바랍니다."

환자: "그 생각을 받아들이겠습니다."

치유사: "당신은 영원히 자유로운 존재입니다. 그 생각을 당신의 마음속에 깊이 새기세요."

환자: "네, 그 생각을 마음속에 새기고 있습니다."

스스로 자신을 치유할 때는, 자신이 영원히 자유로운 영혼이라는 사실을 강조하고, 따라서 어떤 육체적 조건도 영향을 미칠 수 없음을 명심하라.

다섯 번째 방법은 고대의 몇몇 스승들이 사용했던 방법이다. 이 방법은 통증, 고통 또는 다른 질병 증상이 갑자기 나타났을 때 빠른 효과를 볼 수 있다. 이 방법을 사용하려면 어느 정도의 정신적 활력과 마음의 작용에 대한 이해가 필요하다. 당신은 당신의 깊은 내면의 영적 상태에서, 몸이 당신의 생각의 결과이며 그것이 마음에 생각의 형태로 존재한다는 것, 그리고 그것이 마음과 별개의 감정을 가지고 있지 않다는 것을 상상해야 한다. 몸이 생각의 형태라는 것을 깨닫고 그렇게 인식하면, 받아들이는 모든 신체적 조건은 현실이 되고, 거부하는 모든 신체적 조건은 현실에서 사라지게 된다. 몸과 마음은 밀접하게 연결되어 있으며, 몸의 감각은 실제로 마음의 의식적, 잠재의식적 시스템의 활동에 불과하기 때문에, 마음을 어떻게 다루느냐에 따라 신체의 상태가 달라진다.

꾸준한 연습을 통해 어느 정도 숙달되지 않으면, 이 방법은 큰 도움이 되지 않을 것이다. 질병이 심각해진 상황에서는 마음이 본능적으로 육신의 상태에서 생각하고 행동한다. 미리 연습을 많이 해보지 않거나 깨달음을 지니지 못했다면, 마음을 영적으로 생각하고 행동하게 만드는 것은 쉽지 않다. 그러나 치유사와 환자가 서로 이해하고 합의하며 이 암시를 명확히 이해한다면 놀라운 결과를 얻을 수 있다.

다음과 같은 형식을 사용할 수 있다.

치유사: "당신의 몸은 당신 생각의 형태입니다. 생각을 통해 어떤 신체적 조건이든 받아들이거나 거부할 수 있습니다."

환자: "제가 원하는 어떤 상태든 생각을 통해 받아들이거나 거부할 수 있다는 것에 동의합니다."

치유사: "이제 당신이 자유롭다는 것을 받아들이고, 그 생각이 당신의 정신적인 형태인 몸에 영향을 미치고 있다고 상상해 보세요."

환자: "그 생각을 받아들이겠습니다. 지금 당장 현실이 되는 것을 느낍니다."

치유사: "당신의 정신적인 몸과 그 완벽한 모습을 계속 상상하세요."

환자: "그렇게 하겠습니다."

환자에게 이 방법을 적용할 때는 항상 자신의 영적인 중심에서 행동을 상상하라고 말하라.

상대방은 이렇게 질문할지도 모른다. "특정한 육체적 또는 정신적 연습만으로도 우리의 몸과 마음을 훌륭하게 통제할 수 있다면, 우주 영의 도움을 요청할 필요가 있을까?" 이에 대해 나는 그것이 우리의 행복의 문제라고 말할 것이다. 우리의 영혼이나 마음은 영적 생명력 없이는 계속해서 역동적으로 기능할 수 없고, 우리는 계속해서 삶을 즐길 수 없다. 고립감에서 비롯된 정신적인 침체를 극복하려면 영혼을 통해 창조의 에너지가 흘러나와야 한다.

우리의 마음이 우주의 창조 에너지와 연결되어 있는 한, 끊임없이 새로운 영감을 받고 계속 넓어지는 시야를 갖게 된다.

삶의 시야가 넓어질수록 삶에 대한 흥미와 기쁨은 더욱 커진다. 영적인 요소 없이 몸과 마음을 아무리 통제해도 영혼을 살아있게 할 수는 없다. 창조적인 기능이 멈추고 영적인 자양분과 비전이 없으면, 영혼은 메마르고 결국 부패와 죽음에 이르게 된다. 하나님에게 가까이 다가갈수록, 모든 존재와 만물이 하나님과 함께 있다는 사실을 더욱 깊이 깨닫게 된다. 그러면 이 우주가 당신에게 적대적이지 않으며, 행복과 기쁨으로 가득하고, 삶은 영원한 모험이라는 것을 발견하게 될 것이다. 이러한 영적인 시야를 가로막는 것은 무엇이든 영혼을 정체시키며 정체는 곧 죽음을 의미한다.

따라서 영적 치유의 마지막 방법은, 우리가 신성한 유산을 깨닫도록 끊임없이 우리를 돕고 있는 우주에 편재하는 영을 상상하는 것이다. 그분은 우리 안에, 우리 주변에, 그리고 우리 마음속에도 있다. 우리가 이 사실을 의식하는 순간, 우리의 마음은 그분과 함께 진동하기 시작한다.

우주적 치유에서는 하나님의 영이 우리 마음속에 존재해서 마음을 새롭게 하고, 그러한 비전에 따라 우리 몸이 변화하고 있다고 상상한다. 하나님 안에서는 모든 것이 영적이므로, 우리 몸 또한 영적이다. 왜 이 치유 방법에서는 몸을 생각의 형태로 상상하지 않느냐고 묻고 싶을 것이다. 물론 그렇게 상상해도 된다. 그렇게 하면 몸의 변화를 더 쉽게 이끌어낼 수 있다. 이렇게 하는 것에 아무런 문제가 없다. 자신에게 와닿고 빠르게 확신을 주며 긍정적인 결과를 만들어내는 어떤 방법이든 사용하면 된다. 우리는 미묘한 철학적 차이를 따지려는 것이 아니다. 우리가 집중해야 할 것은 마음으로 받아들임으로써 긍정적인 결과를 만들어내는 것이다. 긍정적인 치유에서 중요한 것은 부정적인 생각을 긍정적인 생각으로 바꾸는 것이다. 결국, 우리에게 있어서 모든 것은 정신적이다.

만약 당신이 나에게 개인적으로 어떤 특정한 치유 방법을 선호하는지 묻는다면, 나는 그 당시 내 의식 상태에 맞는 어떤 방법이든 사용할 수 있으며 원하는 결과를 얻을 수 있다고 말할 것이다. 나는 이미 이 모든 방법이 효과가 있는 이유를 설명했다. 내 경우에는 내가 내 마음의 근본적인 본질과 기능을 이해하기 때문이다. 문제는 당신의 마음에 있다. 이제 어떤 방법을 채택하든지 긍정적인 생각으로 마음을 바꾸면 원하는 결과를 얻게 될 것이다.

"너희는 이 세대를 본받지 말고 오직 마음을 새롭게 함으로 변화를 받아 하나님의 선하시고 기뻐하시고 온전하신 뜻이 무엇인지 분별하도록 하라."[로마서 12장 2절] 이 마지막 방법은 다음과 같은 형식을 따를 수 있다.

치유사: "우주의 영을 불러내어 그 치유의 기운을 느껴 봅니다."

환자: "기꺼이 그렇게 하겠습니다."

치유사: "주 하나님, 당신의 생명력 넘치는 존재가 우리 안에, 그리고 우리 주변에 있습니다. 당신은 우리의 영혼을 깨우고 우리의 마음을 당신의 마음으로 변화시키고 있습니다."

환자: "동의합니다. 저는 제 안에 계신 주님의 존재를 받아들이고 느끼겠습니다."

치유사: "하나님이 계신 곳에 불완전함은 있을 수 없습니다. 전능한 하나님의 힘으로 당신이 온전하고 완벽하며 자유롭다고 선언합니다."

환자: "저는 완벽하고 자유로우며, 하나님께서 저의 완벽함을 유지해주십니다."

만약 환자가 신앙을 가지고 있고 그리스도의 치유를 믿는다면, 다음과 같은 형식을 사용해도 좋다.

치유사: "마음속으로 빛나는 치유의 그리스도를 떠올려보세요. 그분의 존재 안에서는 어떤 질병이나 고통의 생각도 존재할 수 없습니다."

환자: "저는 마음속으로 우리 주님이자 구원자이신 그리스도의 존재를 떠올리고, 그분의 완벽함이 제 안에 있음을 깨닫

고 있습니다."

치유사: "그리스도의 완벽한 마음이 당신의 생각을 완벽하게 합니다. 그리스도가 함께하는 곳에 어떠한 불완전함도 남아 있을 수 없습니다. 저는 당신이 완벽하면서 온전하다고 선언합니다."

환자: "동의합니다."

치유사: "주님을 당신 안에 영원히 머물도록 초대하고, 당신의 몸과 마음을 완벽하고 자유롭게 지켜주시기를 요청하세요."

환자: "저는 그분을 제 안에 영원히 머물도록 초대하고, 제 몸과 마음을 완벽하고 자유롭게 지켜주시기를 요청합니다."

치유사: "그분이 받아들이셨습니다. 이제 가십시오. 당신은 완벽하고 자유롭습니다."

환자에게 미래의 결과를 기대하지 말고, 지금 당장 그것을 자각하라고 항상 말해야 한다.

스스로 자신을 치유할 때는 위의 모든 방법을 사용할 수 있지만, 자신의 마음을 환자처럼 대해야 한다. 영적인 존재인 당신은 마음에게 말을 걸고, 마음으로부터 확신에 찬 대답이 돌아온다고 상상해야 한다. 예를 들어, "내 마음아, 너는 하나님의 능력으로 이 부정적인 생각에서 자유롭다"라고 말하는 것이다. 그러면 당신의 마음이 "그래, 나는 하나님의 능력으로 이 부정적인 생각에서 자유롭다"라고 말하는 것을 상상한다.

마음에 활력이 없을 때는 항상 소리 내어 말하라. 원격 치유를 할 때는 환자가 어디에나 존재하는 하나님 안에 있다고 인식하라. 하나님은 모든 것을 알고 계신다. 환자의 외모나 위치에 대해 걱정할 필요는 없다. 하나님 안에서 당신 바로 앞에 그 사람이 있다는 것을 아는 것으로 충분하다. 그러므로, 그가 하나님 안에 있다고 상상하며 그의 존재의 진실에 대해 이야기하라. 하나님의 빛나는 존재 안에서 환자의 빛나는 모습을 상상하라. 당신이 그 사람의 빛나는 존재를 상상하는 한, 그의 모습이 명확하게 나타났는지 여부는 중요하지 않다.

그에게 말하라. "당신은 하나님의 빛 안에서 빛나고, 언제나 자유롭고 완전한 존재입니다." 그리고 나서 그가 "네, 저는 빛나고 언제나 자유롭고 완전합니다"라고 대답하는 것을 상상하라. 이러한 긍정적인 대답은 예수 그리스도의 치유에서 중요한 요소였다. 고통받는 사람들이 치유를 위해 예수 그리스도를 찾아올 때마다, 그분은 그들이 자신을 믿고 치유 능력을 믿는지 항상 물었다. 그들의 대답은 치유를 받아들일 준비가 되었는지를 보여주었다.

물론, 환자가 멀리 떨어져 있을 때는 직접적인 접촉이 불가능하다. 하지만 우리는 하나님을 통해 그 사람과 정신적으로 연결될 수 있다. 하나님의 신성한 창조 계획 안에서, 그리고 전지전능한 하나님의 존재 안에서는 어떤 실수도 있을 수 없다. 만약 그 계획에 오류가 있다면, 이 세상에도 오류가 있을 것이다. 그렇다면 이 세상은 지금처럼 완벽하게 작동하지 않을 것이며, 수학적으로 정밀하게 조절되지도 않을 것이다.

따라서 우리가 하나님 안에서 어떤 사람을 상상할 때, 그것은 분명 그 사람일 것이다. 우리의 정신적인 접촉은 신체적인 접촉보다 더 중요하다. 신체적으로 접촉할 때 우리는 마음으로 상대를 느낄 수 있지만, 마음이 같은 진동수로 연결되지 않을 수도 있다. 하지만 하나님 안에서 이루어지는 정신적인 교감은 완벽하며, 환자가 마음을 열면 치유에 반응할 수밖에 없다. 그러므로 환자로부터 긍정적인 반응이 온다고 상상하면, 우리의 마음에 활력을 줄 뿐만 아니라 환자의 마음에도 강력한 영향을 미친다.

하나님 또는 그리스도에게 치유를 요청하고, 그분이 치유하는 모습을 상상할 수도 있다. 그런 다음 환자에게 말한다. 가급적 소리 내어 말하면 우리의 마음에 활력을 주고 긍정적인 에너지를 더할 수 있다. "당신은 결코 실패하지 않는 치유를 받고 있습니다. 마음을 열고 치유를 받아들이세요." 우리는 환자가 "나는 치유되고 있으며, 마음이 자유로워지고 있다"라고 긍정적으로 답하는 모습을 상상한다.

치유의 대상은 환자의 마음이지 영혼이 아니다. 영혼은 언제나 자유롭기 때문이다. 부모는 자녀의 반대에 부딪히지 않도록 원격 치료를 해야 한다. 하나님의 현존 안에서 이루어지는 원격 치료는 긍정적인 자각과 함께 사용될 때 매우 중요하고 효과적이다.

결과를 얻기 위해 조급해하거나 애쓰지 말라. 명확환 이해와 차분한 자세로 직접 해보라. 결과는 당신의 마음이 얼마나 받아들이는지에 달려 있다. 원하고 결심하는 만큼 받아들일 수 있다는 긍정적인 확신을 가져라.

마지막으로 소개할 방법은 마음에 활력을 불어넣고 믿음을 확고히 하는 최고의 방법이다. 이 방법은 한 개인으로서 접근하는 방식보다 훨씬 뛰어나다. 이 방법에 따르면, 마음먹기에 따라 무엇이든 믿을 수 있다. 스스로에게 말을 걸면 원하는 결과를 얻을 수 있다. 예를 들어, "나는 이 긍정적인 암시를 믿기로 결심했고, 지금 믿고 있다"라고 스스로에게 말할 수 있다.

그렇게 하면 마음을 우주의 창조 근원과 직접 연결하지 않는다는 단점이 있다. 뿐만 아니라, 개인적인 자아를 키워 하나님의 빛을 차단할 수도 있다. 삶에서 가장 중요한 것은 언제나 함께하는 하나님과 그분의 왕국을 마음속에 품는 것이다. 그래야 영혼이 한계와 어둠 속에서 죽지 않을 수 있다. 이것이 바로 최고의 방법이다. 이 방법은 당신의 영혼을 우주의 창조 근원과 연결해 줄 뿐만 아니라, 영혼을 살아있게 하고 정신적 지평을 넓혀준다.

다음은 이 방법을 사용하는 한 가지 방법이다.

우주의 영에게 말하라. "주여, 우주에 편재하는 창조의 근원이시여, 제 마음에 활력을 불어넣어 주셔서 당신의 우주적 창조 에너지를 느낄 수 있게 하소서."

주님이 이렇게 대답하는 모습을 상상하라. "그래, 나는 네 마음속에 거하며 너에게 활력을 불어넣고 있다."

주님께 다시 말하라. "주님, 제 마음속에 당신의 진리에 대한 믿음을 굳건하게 해주소서."

주님이 이렇게 대답하는 모습을 상상하라. "나는 네 마음속에 그 믿음을 심어주고 있다. 너는 지금 나의 존재를 느끼고 나의 도움을 받아들이고 있다."

하나님께서 먼저 당신에게 당신의 존재와 긍정적인 도움에 대한 진리를 말씀하시고, 당신이 그에 답하는 모습을 상상할 수도 있다.

이 장을 마무리하며, 아주 짧은 생각 하나를 남긴다. 이 생각을 깊이 숙고할수록 그 중요성을 더욱 깨닫게 될 것이다.

당신의 몸은 마음의 질료로 만들어져 있다. 따라서, 당신의 마음에 영향을 미치는 것은 당신의 몸에 영향을 미친다. 하나님이 당신의 몸과 마음을 변화시키고 있다고 믿는다면, 그 믿음은 현실이 된다.

당신에게 평화가 함께하기를!

만물은 더 높은 세상을 향해 계속해서 나아가고 있다.

그렇기에 당신에게 지금 당장 어떤 손실처럼 보이는 일이 일어났더라도 슬퍼하지 말라.

왜냐하면 더 좋은 것들이 계속해서 다가오고 있기 때문이다.

어떤 것을 계속 지켜내려고만 한다면 지금 떠나보내야만 하는 것을 꽉 쥐고 있는 중임을 깨달아야 한다. 자연은 결코 당신이 반드시 가져야만 하는 것을 뺏어가지 않는다.

자연이 어떤 것을 당신에게서 가져갔다면 항상 더 나은 것을 돌려준다.

올바른 것이 나에게 온다는 기대를 갖고 지금의 잘못된 것을 마음속에서 놓아준다면 더 나은 것들이 그 비워진 곳을 통해 들어온다.

현세적인 마음에 물든 사람은 이 진리를 이해하지 못한 채, 자신에게 고통과 불행을 가져오는 것을 꽉 붙들고 놓아주려 하지 않는다.

『모줌다, 왕국의 비밀』중에서

Chapter 7

COSMIC PHENOMENA
우주의 현상

우리의 영적인 유산은 우리의 육체적 개념과 한계를 초월해 있다. 의식적으로든 무의식적으로든, 마음이 그 한계를 넘어서면 우리는 영적인 힘을 발휘한다.
그러면 우리 몸 전체가 반응한다.

우리는 의식적으로 마음을 훈련시켜 영적 생명의 관점에서 살고, 영적 인상을 받아들이고, 그 인상에 따라 행동함으로써 이 한계를 넘어설 수 있다.

때로는 스스로 만든 장벽을 허물기 위해 정신적인 노력을 해야 할 때도 있다. 기계적인 노력이 아니라, 마음을 활성화시키는 이론에 대한 이해를 바탕으로 한 행동을 말하는 것이다.
예를 들어, 부정적인 상태 때문에 몸이 무기력해질 때, 우리는 그 상태를 몰아내라고 스스로에게 말하며 활발하게 자신을 깨워야 한다.

영적인 유산을 요구하는 것은 우리의 신성한 권리이다. 신성한 권리를 행사하지 않는 것에는 어떤 변명의 여지도 없다

CHAPTER 7 COSMIC PHENOMENA
우주의 현상

Lesson Four

얼마 전 나는 다음과 같은 계시를 받았다.

"생각의 가치를 인식할 때, 그 생각은 목표 없이 생각할 때보다 더 강력해진다. 마찬가지로, 당신의 생각이 어떤 긍정적인 결과를 낳는다고 생각할 때, 의식적으로 명확한 의미를 두지 않은 생각보다 더 큰 힘을 가진다."

어떤 생각에 특정한 의미를 부여하면 마음속에 쉽게 새겨진다. 의미가 생각을 명확하게 만들기 때문이다. 내가 누구에게서 이러한 계시를 얻었는지 물어본다면, 확실하게 대답할 수 없다. 때때로 고차원적인 존재와 의식적으로 교류하지 않아도 영감을 받을 때가 있다. 물론 어딘가의 누군가와 내면에서 연결되었을 것이다. 하지만 누가 될지는 내 마음 상태에 따라 다르다. 우리는 언제나 우리와 같은 파동에 있는 사람들과 정신적으로 연결되어 있다. 마음은 라디오처럼 작동한다. 우리의 모든 생각은 그 속성에 따라 특정 파장에서 작동하며, 우리와 같은 진동에 맞춰진 사람들이 이를 수신한다.

특정 현상을 설명하기 위해 '진동_{vibration}'이라는 용어를 과학적인 의미로 사용하고 있다. 실제로 이 모든 것은 의식의 문제이다. 단순히 생각만으로 다른 사람을 해칠 수 있다는 이론은 틀렸다. 다른 사람의 생각의 파동을 받아들이려면 의식적인 인식이나 잠재의식적인 수용 상태를 통해 먼저 그 사람의 마음과 연결되어야 한다. 하지만 그럼에도 불구하고, 받아들일지 거부할지에 대한 선택의 여지는 여전히 남아 있다. 원하지 않는 생각은 주님의 이름으로 떠나라고 명령하면서, 떠난다고 믿고 상상할 때 실제로 떠나갈 것이다.

또 한 가지 기억해야 할 것은 부정적인 생각은 낮은 주파수에서 작동한다는 것이다. 낮은 주파수의 부정적인 생각은 멀리 퍼지지 않고 쉽게 굴절된다. 육신에만 의식을 집중하는 사람의 마음은 자연스럽게 매우 낮은 진동 차원에서 활동한다. 죽음에 대한 개념에서 비롯된 부정적이고 파괴적인 생각은 더욱 약하며, 거의 대부분은 굴절된다. 하지만 의식적인 의미와 목적을 부여받은 긍정적인 생각은 좋은 결과를 낳는다. 그 진동은 저 멀리까지 퍼진다. 이러한 생각들이 에테르 공간 어디에나 있다는 것을 의식하게 되면, 쉽게 그것들을 수신할 수 있다.

우주 곳곳에서 위대한 존재들이 긍정적이고 건설적인 생각을 전파하고 있다. 이 광활한 우주에는 지구의 인류보다 훨씬 더 진화한 행성들이 많다. 그 행성들에 사는 고도로 발달된 존재들은 끊임없이 행복하고 건설적인 생각을 방출하고 있다. 만약 당신이 지구라는 물질적인 측면에 얽매여 있다면, 마음의 눈을 들어 천상의 존재들을 바라보라. 위대하고 건설적인 생각을 받고 있다고 상상하고 믿으라. 그러면 천상의 존재들과 교감하고 그들의 메시지를 받을 수 있다.

우주 공간은 이러한 메시지로 가득하다. 하지만 습관적으로 우리는 어둡고 부정적인 생각에 갇혀 지낸다. 생각과 상상에 긍정적인 의미와 목적을 부여하지 않으면, 그것들은 강력한 힘을 행사하지 못한다. 생각을 건설적으로 사용하고 뛰어난 지성의 영역에서 활동하는 것은 당신의 신성한 권리이다. 내가 당신이 누구든 상관없이 '나는 당신을 사랑한다'는 우주적 생각을 방송한다고 가정해보라. 당신은 그것을 영적인 차원에서 받을 수 있는가? 우주 어딘가에서 누군가 당신을 반가워하고 있다는 생각에 행복하고 활기가 넘치는가?

만약 그렇다면, 당신은 물질성의 껍질을 깨고 나온 것이다. 당신의 영혼은 날개를 찾았고, 우주의 광활함을 느끼게 된다. 당신에게 그렇게 많은 고통을 주던 한계, 그리고 패배와 실망으로 당신을 괴롭히던 육체는 사라졌다. 나의 환영 인사를 받아들일 수 있다면, 우주의 빛 속에서 나보다 더 발전한 영혼들의 인사도 받아들일 수 있다. 그 빛나는 거처들은 광활한 우주에 흩어져 있다. 마치 밤하늘을 수놓은 도시의 불빛처럼, 마음의 눈을 통해 그것들이 펼쳐지는 모습을 볼 수 있다.

당신은 자신이 얼마나 경이롭게 창조되었는지 잊었을 수도 있다. 당신은 온 우주를 상상하고 원하는 곳으로 갈 수 있는 힘을 지니고 있다. 이 힘은 바로 당신의 창조적인 상상력이다. 내 에테르 세계, 즉 '언제나 존재하는 하나님의 세계 the world of the Ever-Present God'에서 내가 이상적인 사람에게 "나에게 오라"고 말하면, 그는 온다. 물론 나는 그가 오고 있다고 상상하고, 그가 오는 것에 대한 설렘과 영광을 느껴야 할 것이다. 그가 바로 내 앞에 있는 모습 대신 다가오는 모습을 상상하는 이유는 기대감을 느끼기 위해서다. 이런 이유 외에는 그렇게 상상하는 것에 특별한 의미가 없다.

내가 우주 공간 너머에서 그를 생생하게 느낄 때, 그 사람도 나를 느낀다. 내가 그를 특정한 모습으로 상상하면, 그는 내 상상에 반응한다. 눈빛에는 눈빛으로, 미소에는 미소로, 사랑에는 사랑으로. 모든 것은 우주 공간에서 균형을 이루며 교환된다. 내가 그에게 "이리 와서 내 옆에 앉아 영원한 땅에서 겪은 불멸의 모험과 사랑 이야기를 들려주세요"라고 말하면, 그는 내게 그 이야기를 들려준다. 일부 이야기의 주제는 완전히 천상의 아름다움으로 가득하다.

이쯤에서 당신은 '이상적인 사람이 실제로 나타난 적이 있나요?'라고 물어볼지도 모른다. 그렇다! 인간 영혼 속 주님의 성전 높은 탑에서 종이 울릴 때, 그는 실제로 나타난다. 많은 성인과 예언자들이 우주의 에테르 속에서 보았고 교감했던 기름부음 받은 자, 그리스도조차도 실제로 나타나야 했다. 인간의 요구와 필요는 결코 거부되지 않는다. 하나님의 섭리조차 그것을 거부할 수 없다. 이는 하나님의 창조 계획에 포함되어 있기 때문이다.

지상에 묶인 인간은 모든 것을 폭력으로 얻으려 한다. 그는 주관적인 현실과 교감에 대한 이해가 부족하여 객관적으로 나타나는 것을 기다릴 인내심이 없다. 지구는 인간이 상상할 수 있는 모든 형태의 물질적 현현을 항상 받아들여왔다. 그러므로 이상적인 존재를 현실처럼 생생하게 상상해서 그와 마음으로 연결될 수 있다면, 그리고 그를 향한 강렬한 열망과 필요가 있다면 언젠가는 실제로 만나게 될 것이다. 당신의 정신적 교감이 완벽하고 생생하며 진실하다면, 이미 나타난 것과 같다. 나머지는 자연스럽게 따라올 뿐이다.

우리가 이상적인 사람, 사물, 상황을 쉽게 현실로 만들지 못하는 이유는 우리의 행동과 원하는 것에 명확한 의미와 목적을 부여하지 않기 때문이다. 우리는 경험을 통해 어떤 사람의 생생한 존재감이 우리를 활기차게 만든다는 것을 안다. 그 사람은 눈에 보이지 않지만 느낄 수 있는 무형의 무언가를 방출한다. 이것을 무엇이라고 부르든, 한 가지 확실한 것은 어떤 형태의 물질이라는 것이다. 실체가 있다. 운동 에너지, 질량 에너지, 방사성 빛처럼, 이 인간의 에너지도 측정될 수 있다. 과학자들이 측정할 수 있는 기구를 발명하는 일만 남았다.

상상 속 인물로부터 중요한 것을 받으면, 우리는 실질적인 것을 얻는다. 그것은 곧 우리의 전자기적인 생명력의 일부가 된다. 우리에게 에너지를 주는 것은 모두 질료이며, 어떤 종류의 질료인지는 중요하지 않다. 그것의 효과를 통해 우리는 그것이 존재함을 안다. 이러한 에너지 교환은 비슷한 정신적, 육체적 성향을 가진 사람들 사이에서 끊임없이 일어난다. 한 사람이 주고 다른 사람이 받거나, 서로 주고받기도 한다. 이러한 교환이 이루어지기 위해서는 항상 육체적으로 근접해야 할까? 아니다. 항상 그런 것은 아니다. 만약 상상 속의 이상적인 사람이 실제 사람처럼 우리에게 활력을 줄 수 있다면, 우리는 실제로 그 사람과 연결되어서 그 사람으로부터 어떤 무언가를 받고 있다는 증거이다.

그것이 우리가 그리스도와 접촉해서 같은 진동 차원에서

그분의 생생한 존재감을 느낄 때, 특정한 생명력을 받는 이유이다. 우리가 그것을 받았다는 것을 아는 이유는 우리가 활력을 얻었기 때문이다. 앞서 말했듯이, 모든 물체는 방사성 에너지로 구성되어 있기 때문에 빛을 발산한다. 따라서 모든 물체는 끊임없이 에너지라고 불리는 물질을 방출한다. 식물과 동물의 세계도 이 법칙에서 예외가 아니다. 물론 가장 하등한 유기체에서도 이러한 에너지 교환에는 특정한 선택 과정이 존재한다. 이러한 에너지 교환은 생명체의 활력과 창조적 기능을 유지시켜준다.

따라서 우리는 생명체가 집단 본능에 따라 무리를 이루어 생활하는 것을 보게 된다. 더 나아가, 모든 생명체는 분명한 호불호를 가지고 있다. 생명체는 본성에 충실하며 특정 진동수에 정확하게 맞춰져 있어서, 홀로 남겨졌을 때 거의 실수하지 않는다. 나는 채소와 동물이 특정 사람에게 적대감을 나타내는 것을 본 적이 있다. 그것들은 타고난 선입견을 쉽게 극복하지 못한다. 물론, 우리들도 존재나 사물에 대해 이해할 수 없는 선입견을 가진다. 이것은 그 사람의 진동 친화성과는 아무런 관련이 없다. 우리의 선입견 대부분은 어릴 적 교육과 두려움에서 비롯된 것이다. 진동과 전자기적 인력이 작용하는 우주에서는 우연적인 선택이 존재하지 않는다. 그곳에서는 자연의 법칙이 최우선이며 절대적이다. 모든 유기체는 이 법칙을 따른다.

이 교환의 법칙이 깨지면 어떤 이유에서든 고통을 겪는다. 인간의 차원에서는 이 선택이 한편으로는 배타적이지만, 다른 한편으로는 우주적universal, 보편적이다. 인간만이 연속성을 유지하면서 낮은 진동에서 높은 진동으로 변화할 수 있다. 그가 높은 진동을 내면서 낮은 진동을 동시에 낼 수 없다. 이런 의미에서 선택적, 혹은 배타적이라고 말한 것이다. 다른 한편으로는, 우리가 진동을 가장 높은 우주 진동으로 올리면, 우리는 모든 것을 포용한다. 어떤 사람들은 자신의 고차원적인 본성을 깨달아서 본래의 영적인 친화성natural spiritual affinities에 맞추는데 오랜 시간이 걸리기도 한다. 하지만 식물과 동물의 세계에서는 모든 것이 비교적 고정되어 있어 친화력이 거의 자동적으로 작용한다.

나는 어떤 소나무들이 나를 보거나 나와 접촉하는 것을 매우 좋아한다는 것을 안다. 어떻게 아는지 궁금할 것이다. 나의 정신적, 육체적 반응을 통해 알 수 있다. 내가 의식적으로 노력하지 않아도, 그들은 나에게 활력을 주고 행복하게 만든다. 즉, 그들의 에너지가 나와 조화를 이루는 것이다. 이러한 현상은 거의 상호적이다. 어떤 식물들도 나의 에너지에 반응한다는 것을 알게 되었다. 내가 가끔 찾아가면 그들은 잘 자란다. 내가 기록하는 이 현상은 단순한 추측이나 미신적인 믿음이 아니다. 과학적으로 설명될 수 있다.

한 종류의 식물에서 나오는 방사성 에너지는 다른 식물이 자라고 번성하는 데 도움을 준다. 이는 어느 정도 과학적으로 밝혀졌다. 이 방사성 에너지가 어떤 화학 원소를 방출하는지는 알 수 없다. 나는 단지 한 식물이 다른 식물에 미치는 영향에 대해 말하고 있을 뿐이다. 식물이 다른 식물의 활력을 북돋거나 빼앗는 물질을 방출할 수 있다면, 개성이 뚜렷하고 의지와 분별력을 가진 인간에게는 그러한 에너지 방출의 가능성이 훨씬 더 높다. 나의 경험에 따르면 나무와 식물은 감정적으로 매우 생명력 넘친다. 그것들은 땅과 가까이 있기 때문에, 여성적이고 모성적인 본성이 남성적인 본성보다 더 발달됐다고 볼 수 있다.

그것들은 우리 인간들보다 자신들이 가진 것을 더 기꺼이 나눠 준다. 나무와 식물들과의 접촉은 사랑을 통해 이루어진다. 즉, 우리의 '주는 본성giving nature'을 통해 이루어진다. 따라서 우리가 그들에게 사랑을 표현하면, 그들은 풍성하게 화답한다. 나무와 식물은 당신이 베푸는 작은 보살핌에도 매우 감사해한다. 자주 찾아가면 그들은 당신을 기다릴 뿐만 아니라,

당신을 보는 것을 매우 기뻐한다. 당신이 다가가면 그들은 활기를 띠고 생동감이 넘친다. 이것은 단순한 감상적인 소리나 시적인 비유가 아니라, 실제 벌어지는 일이다.

이미 언급했듯이, 어떤 유기체도 마음 없이는 기능할 수 없다. 따라서 나무도 마음이 있다. 물론 생각하는 마음이 아니라 느끼는 마음이다. 느낌은 모든 감정의 본질이다. 나무는 무언가를 좋아하지 않으면 감정적으로 불만을 표현하고, 그 불만은 확실한 외부 현상으로 나타난다. 예를 들어, 식물에게 특정 영양분을 너무 많이 주면 겉모습이 변하는데, 이를 통해 식물의 상태를 알 수 있다. 나무의 경우, 영양분을 흡수하는 시스템 전체가 잠재마음과 연결되어 있다. 그래서 당신의 존재가 식물이나 나무가 좋아하는 진동을 발산하지 않으면, 그것은 강력한 반발을 표현한다.

어떤 식물과 나무는 특정한 진동을 싫어해서 반발하고 특정 종류의 진동은 좋아해서 흡수한다는 것은 이미 알려진 사실이다. 진동은 움직이는 질료이므로, 좋은 진동은 우리에게 에너지를 주고, 나쁜 진동은 우리를 혼란스럽게 한다. 우리는 만나는 사람들에게서 긍정적, 부정적, 혹은 무관심한 영향을 받는다. 하지만 영적으로 활동하면 우리의 진동수를 높이고 새로운 영적인 친화력을 형성할 수 있다. 의식의 영적 차원에서는 모두를 평등하게 만날 수 있지만, 모두가 우리의 높은 감정과 느낌에 반응하도록 강요할 수는 없다. 따라서 영적으로 의식이 깨어 있는 사람들에게서만 반응을 기대할 수 있다.

영적인 차원에서는 의식 수준이 다를 수 있지만, 언제나 함께하는 하나님 안에서 서로 연결될 수 있으며, 그곳에서는 모든 진동이 평등해진다. 높은 차원의 영적 존재와 영적인 접촉을 했을 때 우리가 얻게 되는 에너지는 우리의 창조 능력을 증가시킨다. 즉, 우리가 더 높은 차원의 창조적인 생각과 관념들을 받아들이도록 돕는다. 이러한 교감에 특정한 의미와 목적을 부여하면, 우리가 받는 에너지는 매우 강력한 힘을 행사한다. 우리가 받고 있다고 믿는 것을 실제로 받는다. 생각에 특정한 의미를 부여하면, 바위에서도 신성한 에너지를 끌어낼 수 있다. 우리가 우주에 편재하는 신성한 에너지를 끌어들이고 있다고 생각하면, 어떤 원천이나 매개체에서도 에너지를 끌어낼 수 있다.

우리가 사용하는 모든 수단과 방법은 마음을 자극해서 끌어내고자 하는 것을 명확히 심상하기 위한 목적으로만 사용된다. 예를 들어, 숨을 들이마시는 것은 무언가를 끌어들이는 과정을 연상시킨다. 따라서 코를 통해 생명력을 끌어들이고 있다는 의미를 부여하는 것처럼 우리는 우리의 몸과 정신으로 우주 에너지를 흡수하고 있다는 정신적 이미지를 그릴 수 있다. 나는 이 방법을 사용하라고 말하는 것이 아니라, 이런 식의 방식이 한 사람의 정신을 자극해서 무언가를 받아들일 수 있게 만든다는 것을 보여주기 위함이다. 우리는 이미 우주 에너지가 어디에나 존재한다는 사실을 받아들였으므로, 몸과 마음 전체에 에너지가 가득하다는 것을 쉽게 상상할 수 있다.

이 에너지에 직접 말을 걸면, 마음에 활력을 불어넣고 우리가 에너지를 흡수하는 모습을 그려낼 수 있다. 이것은 우리가 사용할 수 있는 다른 어떤 방법보다 우주의 창조 에너지와 더 직접적으로 연결되는 것처럼 보인다. 이 방법을 실제로 적용할 때, 나는 먼저 우주에 충만한 에너지, 즉 하나님의 활동적인 창조 근원이 내 존재 전체에 스며들고 있다고 상상한다. 그리고 이렇게 말한다. "하나님의 창조 근원이여, 내 마음 속에서 활발하게 활동하여 내 마음을 깨워주십시오." 그러면 우주 에너지가 "그래, 네 마음을 깨우고 있다"라고 응답하는 모습을 상상한다.

다시 말한다. "저의 온 존재가 당신을 흡수하고 있으며, 당신은 저에게 활력을 불어넣고 있습니다." 그러고 나서 이런 응답을 상상한다. "그래, 나는 네 존재 구석구석에 머물며 너에게 활력을 불어넣고 있다. 이제 가서 창조의 일을 하라." 위의 방법은 우주 에너지와 직접적인 접촉을 통해 그 혜택을 얻는 가장 간단한 방법이다. 이 방법을 사용하면 몸과 마음에서 에너지가 빠르게 깨어나는 것을 즉시 느낄 수 있다. 이 방법을 통해 모든 주요 장기의 기능을 활성화하고 개선시킬 수 있다. 창조적인 생명의 근원이 내 장기에서 작용하고 있다고 상상하면, 마음은 긍정적이고 확실한 의지처를 얻게 된다. 이는 내 마음을 더욱 수용적으로 만든다.

마음으로 받아들임으로써 우리는 우주의 모든 형태의 에너지를 현현하고 다룰 수 있게 된다. 근원 우주의 창조 에너지에서 파생된 모든 에너지는 우주 에너지 안에 항상 존재한다. 다시 말해, 그 에너지들은 우주 에너지만큼이나 어디에나 존재한다. 따라서 우리는 그것들이 우리 몸과 마음속에 갇혀 있다고 상상할 수도 있고, 자유로운 상태로 존재한다고 상상할 수 있다. 갇혀 있는 상태에서는 활성화되야 하거나, 새로운 전자기적 충전이 필요하다. 우주 창조 에너지를 흡수하면 그 목적을 쉽게 달성할 수 있다. 우주 창조 에너지를 자각하는 것은 우리의 의식을 하나님께 더 가까이 인도할 뿐만 아니라, 무한한 공급을 자각할 수 있게 해준다.

우리의 모든 생각은 본질적으로 인상적이면서 발전적이다. 당신이 생각을 할 때, 그 생각은 당신의 마음에 인상을 남기고 동시에 그 진동이 퍼지기 시작한다. 하지만 동기가 부여된 생각은 그렇지 않을 때보다 더 강렬하기에, 에테르 공간에 더욱 강하게 투사된다. 그러나 의식의 차원에서는 이러한 투사 능력이 허구처럼 느껴질 수 있다. 생각을 누군가에게 보내고 그것이 공간을 통해 목적지로 빠르게 이동하는 것을 상상하는 대신, 그 사람이 바로 당신 앞에 있다고 상상하고 그에게 직접 말하여 그 생각을 전달할 수 있다. 이 간단한 방법은 마음의 집중력과 강렬함을 높일 수 있게 해준다.

의식 차원에서 이렇게 생각을 전달하는 방법은 공간의 제약을 없앤다. 하지만 이 경우, 우리의 생각은 공간 개념을 통해 투영된 생각보다 더 빠르게 돌아온다는 것을 알아야 한다. 따라서 이런 방식으로 사용된 부정적인 생각은 부정적인 결과로 빠르게 되돌아오고, 긍정적인 생각은 원하는 결과를 얻지 못하더라도 이롭게 작용될 것이다. 모든 곳에 편재하는 하나님 안에서 긍정적인 생각을 직접 전달하면, 상대방은 더 빨리 받아들일 수 있다. 절대적인 영적 차원에서는 모든 진동이 어느 정도 평등하기 때문이다. 하나님의 절대적인 영적 차원에서는 다음과 같은 방식으로 긍정적인 생각을 전달할 수 있다. "당신의 행복을 위해 이 생각을 보냅니다. 당신 안에 거하시는 하나님의 이름으로, 이 생각을 받아들이기를 간청합니다."

　그런 다음, 상대방이 당신의 말을 듣고 생각을 받아들이는 모습을 상상하면서, 마음을 집중해 서로 교감하라. 그리고 상대방이 "당신의 생각을 받아들이고 저의 영적인 유산을 온전히 누리겠습니다"라고 답하는 것을 상상하라.

　마음에 활력을 불어넣기 위해 신체 운동이나 움직임이 필요하다면, 빠르게 걸으면서 하나님의 힘으로 에너지를 얻고 있다고 생각하며 자신에게 말해보라. 나이가 많거나 몸 상태가 좋지 않아서, 혹은 운동이 심장에 무리를 줄 것이라는 생각으로 몸을 움직이는 것에 한계를 두지 말라. 당신의 심장은 우주 에너지로 이루어져 있다. 영적인 생각을 통해 몸을 영적인 것으로 받아들이면 어떤 신체 반응도 두려워할 필요 없다.

　대부분의 신체 반응은 당신이 예상하는 방식으로 나타난다. 몸이 영적인 것임을 깨닫고 영적으로 생각하고 행동한다면, 부정적인 신체 반응을 예상할 이유가 없다. 물론, 어떤 것이든 과하게 해서는 안 된다. 즉, 정상적인 필요 이상으로 하지 말아야 한다. 영적인 생명의 개념 안에서 필요에 따라 하는 모든 행동은 하나님의 법칙과 완벽하게 조화된다. 두려워하지 말고 영적인 개념에 맞춰 필요에 맞게 행동하라. 당신의 몸은 영적인 에너지의 집합체이며, 단순한 살과 피 이상임을 기억하라.

그러한 의미로 몸을 생각하고 상상할 때, 당신의 마음은 영적인 요소로 함께 진동하기 시작하며, 몸도 같은 종류의 반응을 일으킨다. 그러니 몸이 약해질 것이라는 두려움을 갖지 말라. 신체 활동으로 몸이 상할 것이라는 생각은 하지 말아야 한다. 위급한 상황에서 종종 발휘되는 강력한 에너지는 신체적 수용력이 정신적 수용력과 같다는 이론을 증명한다.

파멸이 불가피해 보이는 상황에서, 살아남고자 하는 강한 욕망은 당신의 마음을 불멸의 존재인 영적인 요소와 조화시킬 수 있다. 이는 당신의 마음을 육체적 한계를 뛰어넘는 곳으로 일시적으로 이끌 수 있다. 이와 관련하여 많은 사람들이 자주 하는 이야기를 하나 해주겠다. 1906년 샌프란시스코 지진으로 발생한 화재 당시, 사람들은 골든 게이트 공원으로 피신하기 위해 사방에서 몰려들었다. 그들 중에는 몇 년 동안 침대에 누워 지내던 환자가 목발도 없이 돌아다니고 있었다. 그는 다른 사람들처럼 멀쩡하게 걸어 다녔지만, 목발 걱정을 하고 있었다.

병원을 떠난 지 몇 시간 후, 그는 간호사를 만나 몹시 떨리는 목소리로 목발을 병원에 두고 왔으니 새 목발을 구해달라고 부탁했다. 그러자 간호사는 그가 어떻게 공원까지 올 수 있었는지 물었다. 그는 아무렇지 않게 다른 환자들을 따라왔다고 대답했다. 간호사는 깜짝 놀라며 말했다. "목발 없이 여기까지 걸어왔고, 지금까지 잘 지냈다면 목발은 필요 없겠네요." 그제야 환자는 자신이 목발 없이도 걸을 수 있게 되었다는 사실을 깨달았다.

어떤 사람들은 그 사람의 마음이 병을 치유했다고도 생각했다. 그것은 사실이다. "같은 병원의 다른 환자들은 왜 그런 충격적인 상황에서 비슷한 효과를 얻지 못했을까?"라는 의문이 들 수 있다. 답은 간단하다. 다른 환자들은 자신과 육체적 한계를 완전히 잊지 못했기 때문이다.

살고자 하는 강렬한 욕구와 흥분 속에서 그는 육체의 한계를 뛰어넘었다. 이 한계는 많은 사람들이 자신의 영적인 유산을 깨닫지 못하게 막는 장벽이다. 우리의 영적인 유산은 우리의 육체적 개념과 한계를 초월해 있다. 의식적으로든 무의식적으로든, 마음이 그 한계를 넘어서면 우리는 영적인 힘을 발휘한다. 그러면 우리 몸 전체가 반응한다.

우리는 의식적으로 마음을 훈련시켜 영적 생명의 관점에서 살고, 영적 인상을 받아들이고, 그 인상에 따라 행동함으로써 이 한계를 넘어설 수 있다. 때로는 스스로 만든 장벽을 허물기 위해 정신적인 노력을 해야 할 때도 있다. 기계적인 노력이 아니라, 마음을 활성화시키는 이론에 대한 이해를 바탕으로 한 행동을 말하는 것이다. 예를 들어, 부정적인 상태 때문에 몸이 무기력해질 때, 우리는 그 상태를 몰아내라고 스스로에게 말하며 활발하게 자신을 깨워야 한다.

영적인 유산을 요구하는 것은 우리의 신성한 권리이다. 신성한 권리를 행사하지 않는 것에는 어떤 변명의 여지도 없다. 모든 생각은 마음속에 사진처럼 새겨진다. 이러한 생각들이 모여 정신과 육체의 상태를 결정한다. 영적인 생명의 관점에서 생각하면, 그 생각 또한 의식에 사진처럼 새겨진다. 영적인 생각이 마음속에 사진처럼 찍히고 있다고 상상하면 의식적으로 그 생각을 마음에 새길 수 있다.

어떤 생각이나 관념이 사진처럼 찍히고 있다고 믿고 받아들이면, 실제로 그렇게 된다. 특정 상황에서 나쁜 결과를 예상하면, 그 예상 또한 마음에 새겨진다. 그것이 나쁜 결과를 경험하게 되는 이유다. 때로는 나쁜 결과를 예상하는 잠재의식적인 습관이 당신의 경험을 좌우하기도 한다. 당신이 영적인 존재이고 당신이 가지고 있는 것은 모두 영적인 것이라고 스스로에게 말하며, 동시에 그 생각이 마음에 새겨지고 있음을 깨달으면 그 습관을 바꿀 수 있다.

영적인 결과를 얻기 위해서는, 영적인 개념을 받아들이고 그에 따라 행동하려는 의지에 달려 있다. 이 경이로운 개념을 되새기는 것은 무의미한 철학적 사변을 공부하는 것보다 부정적인 습관을 극복하는 데 더 큰 영감을 준다. 생명의 영적인 개념과 육체적인 개념에 대해 내가 적은 것들은 모두 하나님의 말씀이기에 진리이다. 예수 그리스도는 말했다. "…… 진리가 너희를 자유롭게 하리라."[요한복음 8:32]

생각에 명확한 의미를 부여하면 마음속에 사진처럼 새길 수 있고, 그것을 통해 상상할 수조차 없는 혜택을 누릴 수 있다. 한번은 유명한 영화배우가 감독의 빈정거림을 도저히 참을 수 없다고 내게 털어놓았다. 그녀는 감독이 평소에는 훌륭하고 유능하지만, 너무 감정적이라고 말했다. 그녀는 이 상황을 어떻게 극복할 수 있을지 알고 싶어 했다. 그녀가 '사진'이라는 단어에 익숙하다는 점에 착안하여, 나는 그녀에게 다음과 같은 방법을 제안했다. "종이에 '당신은 나를 방해할 수 없다'라는 문장을 쓰고, 마음속으로 사진을 찍듯이 그 문장을 떠올려 보세요. 그 후에는 항상 마음속에서 그 사진을 떠올리고 그 의미를 되새기세요. 어떤 일이 일어나는지 지켜보시죠!"

며칠 후, 그녀는 상황이 완전히 달라졌다고 말했다. 감독은 화를 낸 후 그녀에게 사과했을 뿐 아니라, 그녀의 침착함을 부러워하기까지 했다. 스스로에게 불행을 자초하고 싶다면, 신경질적인 사람이 되어라. 그것은 친구, 성공, 건강, 부를 잃는 가장 빠른 지름길이다. 한번은 매력적이고 활기 넘치는 훌륭한 영업사원이 판매 기회를 놓친 것을 본 적이 있다. 그의 유일한 문제는 불쾌한 말을 들으면 신경질적으로 반응한다는 것이었다. 그는 화를 내며 응수하는 바람에 거래를 놓쳤다.

나는 그에게 친절하게 말했다. "다른 사람에게 호의를 얻고 싶다면, 거만하게 굴거나 모욕적인 말로 맞받아쳐서는 안 됩니다. 누가 옳고 그른지가 중요한 게 아니라, 누가 이득을 얻는지가 중요합니다. 조심하지 않으면 성공할 수 없을 겁니다." 물론 그것은 단지 세속적인 조언이었지만, 그 조언에는 중요한 영적인 의미가 담겨 있었다. 때때로 모욕적인 말을 무시함으로써, 우리는 상황을 유리하게 만들 뿐만 아니라 오랜 우정도 얻게 된다.

한번은 한 은행원이 자신의 태만함을 질책한 사장을 우리에게 험담하고 있었다. 나는 그 은행원에게 말했다. "당신이 사장님만큼 유능했다면, 그 자리에 당신이 있었겠죠. 지금 당신의 마음 상태로는 그 자리에 오르지 못합니다. 그동안 '고개 숙이는 사람이 승리한다'는 좌우명을 마음에 새기세요." 단순한 좌우명을 마음에 새기고 상상하는 것만으로도, 성공을 가로막는 많은 단점을 극복할 수 있다. 결국, 부정적인 특성은 긍정적인 결과를 만들 수 없다. 성공은 긍정적인 특성이다.

'성공'이라는 단어를 마음에 새기고 그 모습을 상상하라. 동시에 당신이 바라는 위치에서 모든 일을 완벽하게 해내는 모습을 상상하라. 그러면 무의미한 노역을 피하고 현명하게 행동할 수 있을 것이다. 높은 위치에서 일하는 모습을 상상하면 현재보다 더 많은 일을 해낼 능력을 끌어낼 수 있고, 목표로 하는 위치에 대한 올바른 가치를 인식하는 데 도움이 될 것이다. 원하는 것의 가치를 제대로 느끼지 못하면, 그것을 실현할 수 없다. 이러한 가치 인식은 당신의 마음을 원하는 목표로 향하게 해준다.

어떤 것을 믿고 즐기며 그 안에서 살아가면, 그것은 현실이 되고 구체화된다. 생각이나 관념에 명확한 가치를 부여하면, 그것은 당신에게 엄청난 영향력을 행사한다. 그 효과는 거의 약과 같다. 건강에 대한 생각을 마음에 품고 그것이 강장제처럼 작용하는 모습을 상상하면 빠른 결과를 얻을 수 있다. 예수 그리스도는 말했다. "하늘나라의 왕국은 밭에 심은 겨자씨 한 알과 같다. 모든 씨앗 중에 가장 작지만 자라면 풀 중에 가장 커져 나무가 되고, 공중의 새들이 와서 그 가지에 둥지

를 튼다."[마태복음 13:31-32]

예수 그리스도는 또 말했다. "하늘나라의 왕국은 여자가 가져다가 밀가루 서 말 속에 넣어 부풀게 한 누룩과 같다."[마태복음 13:33] 믿음이 무엇인지, 어떻게 적용되는지 이해하며 의식 속에 믿음을 심고 그것이 자라는 모습을 상상하면, 믿음은 자라날 것이다. 믿음은 당신의 몸과 마음을 가득 채우고 생명에 활기를 부여할 것이다.

진리에 처음 입문하는 사람도 이 간단한 방법을 통해 큰 혜택을 얻을 수 있다. 이 모든 방법은 위대한 우주 의식으로 가는 징검다리일 뿐이다. "보는 것이 믿는 것이다"라는 말도 일리가 있지만, 믿는 것이 보는 것보다 더 중요하다. 믿음을 우리 존재 안에 들어와 머무는 거룩한 불꽃으로 의인화할 수도 있다. 필요할 때 우리는 그 영혼에게 도움을 청하여 어려움을 헤쳐나갈 수 있다. 의인화된 믿음은 우리의 마음을 집중할 수 있는 명확하고 긍정적인 대상이 되어 줄 수 있다.

우리는 추상적인 특성을 구체화하면 쉽게 이해할 수 있다. 구체화된 감각과 연상작용은 우리 마음에 생기를 불어넣는다. 우리가 상상하는 믿음이 우리 존재의 모든 부분에 스며들면, 그것은 현실이 될 뿐만 아니라 우리 존재의 일부가 된다. 다음과 같은 방식을 사용할 수 있다. "믿음이여, 내게 오라!

거룩한 불꽃이 되어 내 마음속에 들어와 가득 채워라. 전능하신 하나님의 보호하심을 깨닫게 하라." 그리고 의인화된 믿음이 이렇게 응답하는 모습을 상상하라. "나는 이미 왔다. 거룩한 불꽃처럼 네 마음속에 들어와 하나님의 영원한 보호를 깨닫게 해주고 있다. 네가 나를 필요로 할 때, 마음속을 들여다보면 네가 원하는 것을 이루어 주겠다."

마찬가지로, 우리는 몸과 마음에 활력을 불어넣기 위해 우주 에너지를 개별적인 방식으로 활용할 수 있다. 우리는 우주 에너지가 어디에나 존재함을 깨닫고 직접 흡수하거나, 의인화된 형태로 우리 안에 머물며 몸과 마음에 활력을 불어넣는다고 느낄 수 있다. 어떤 사물이나 상황이 특정한 방식으로 존재한다고 긍정적으로 생각하면, 우리는 실제로 그것과 연결된다. 마음으로 어떤 것을 누릴 수 있다면, 이미 그것을 가진 것과 같다.

우리는 목적 없이 어떤 것을 원해서는 안 된다. 우리는 행복해지기 위해 어떤 것이나 특성을 원한다고 마음에 분명히 해야 한다. 그것이 집이든, 사랑이든, 신체적 또는 정신적 활력이든, 우리는 그것을 얻고자 하는 목적이 있어야 한다. 동양에서 한 연인이 다른 연인에게 말했다. "나를 사랑하는 것만으로 행복하다면 와라. 사랑에서 행복을 기대하지 말고, 그

냥 사랑하는 것 자체로 행복하라."

그런 사랑은 당신을 이타적으로 만들고, 사랑의 의미를 더 깊이 깨닫게 해준다. 당신의 욕망에 올바른 의미를 부여하면, 하나님이 당신을 위해 준비하신 모든 것을 누릴 자격이 있다는 확신이 더욱 강해질 것이다. 목적이나 의미 없이 무언가를 얻으려고 애쓰면, 무의미한 욕심으로 마음만 혼란스러워질 뿐이다. 탐욕을 부추기면 부정적인 상황을 만들게 된다.

필요 이상으로 먹으면 몸 전체의 시스템이 망가지듯, 필요 이상의 것을 욕심내면 정신 시스템도 망가진다. 더 많이 받을 수 있는 특권이 있다면, 더 많이 베풀 수 있는 특권도 있다. 이것이야말로 당신의 삶에서 진정한 도전과 모험의 동기가 되어야 한다. 모든 것은 사용하기 위한 것이지, 오용하거나 남용하기 위한 것이 아니다. 이미 말했듯이, 당신이 받고 있다고 상상하고 믿는 것을 당신은 실제로 받는다. 같은 이유로, 잃는다고 상상하고 믿는다면 실제로 잃게 될 것이다.

어떤 이유로든 자신이 힘을 잃고 점점 약해지고 있다고 계속 생각하면, 실제로 힘을 잃기 시작할 것이다. 부정적인 생각을 습관적으로 떠올리는 것은 매우 쉽다. 그러면 그 부정적인 것이 현실이 되고 만다. 에너지를 잃는 모습을 생생하게 그릴 수 있다면, 에너지를 얻는 모습도 생생하게 그려낼 수 있지 않겠는가?

　당신의 몸은 마음과 연결되어 있으므로, 마음 상태가 몸 상태를 결정한다. 행복하고 활기 넘치며 흥분될 때 당신의 몸 전체가 얼마나 생기 있고 활기에 넘치는가! 우주의 창조 에너지는 어디에나 존재한다. 따라서 당신은 그것을 흡수할 수 있으며, 상상을 통해 방출할 수도 있다.

　제한된 에너지를 끌어다 쓰는 것을 상상하는 대신, 무한한 우주 에너지를 끊임없이 끌어들이고 내보내는 것을 상상하는 것이 어떨까? 혹은 우주 에너지가 몸 안으로 들어오고 나가는 것을 상상해보는 것은 어떨까? 당신이 해야 할 일은 흐르는 우주 에너지를 생생하게 인식하고 그 비전을 유지하는 것이다. 몸을 생각할 때, 몸이 전기 에너지 덩어리라고 상상하고 믿어라. 이렇게 할수록, 몸에 대한 정신적인 지배력을 더 많이 얻게 될 것이다.

　이 믿음은 가설적인 것이 아니라 과학적 근거를 가지고 있다. 신체뿐만 아니라 모든 물체는 크든 작든 전하를 띤 전기 덩어리이다. 이 전하는 계속 방출되면서 점점 약해진다. 전하가 충분히 약해지면 물체는 분해된다. 우리는 마음으로 우리 몸뿐만 아니라, 우리와 특정한 친화력이나 수용력을 가진 다른 존재에게도 에너지를 전달할 수 있다.

만물에 생명을 주는 우주 에너지는 어디에나 존재한다. 이 에너지, 즉 신성한 창조의 근원은 흡수하거나 끌어당길 수 있을 뿐만 아니라 다른 대상에게 방출할 수도 있다. 식물과 동물은 이 에너지에 가장 민감하다. 연습을 통해 우리의 에너지 투사 능력과 우주 에너지를 활성화시키는 것에 대한 확신을 얻으면 놀라운 결과를 얻을 수 있다. 나는 약해진 식물에 활력을 불어넣은 경험이 있다. 한 번은 죽어가는 나무를 되살리기도 했다. 나는 우연의 가능성을 배제하고, 동물과 식물이 투사된 우주 에너지에 어느 정도 반응하는지 확인하기 위해 체계적인 실험을 수행했다. 식물을 대상으로 한 실험에서는 대부분 좋은 결과를 얻었다.

　애완동물을 치료할 때는, 주인의 협조가 성공 여부를 결정지었다. 사람을 치료할 때는 성공률이 50% 정도였다. 그 사람의 정신이 잠재의식적으로 저항하기 때문이다. 하지만 나에게 협조적인 사람들은 빠르게 치유되었다. 이 실험들을 통해, 우리는 마음으로 어떤 형태의 에너지든 끌어오고 투사할 수 있다는 결론에 도달했다.

　"다른 생명체에게 이 창조 에너지를 굳이 투사해야 할까? 그 생명체가 이미 우주 에너지를 흡수하고 있다고 생각하면 안 될까?"라고 물을 수도 있다. 그렇다. 우리의 마음이 충분히 활기차고 확신이 있으며, 상대방의 마음이 열려 있다면 가능하다. 빠르게 힘을 회복시켜야 할 때는, 우리와 환자 모두에게 빠른 효과를 줄 수 있는 방법을 선택해야 한다. 결국 이 방법에서는 활력을 얻은 마음이 도움과 자극을 필요로 하는 다른 마음에게 활력을 전달한다. 이 과정은 매우 역동적이어서 우리의 마음이 빠르고 즉각적으로 행동하고 반응할 수 있게 해준다.

다시 말해, 어떤 사람이 자신의 고정된 삶의 관념에 사로잡혀 있다면, 그 관념에 부합하는 것에 쉽게 반응할 가능성이 있다. 축복받은 작은 손수건이나 이와 유사한 물건조차도 환자의 마음을 자극할 수 있다. 때로는 나약한 마음을 자극해서 안정시키기 위해 물질적인 수단을 사용해야 할 때가 있다.

한 번은 과음하는 습관이 있는 벽돌공을 알게 되었다. 그는 매번 과음 후에 매우 후회하곤 했다. 어느 날 길에서 그를 만났을 때, 그는 "모줌다 선생님, 제가 이 나쁜 음주 습관을 극복할 수 있다면 무엇이든지 하겠어요"라고 말했다. 나는 그에게 나를 찾아오라고 했다. 그동안 그의 문제를 곰곰이 생각하며, 그가 유혹에 맞설 정신력을 키우면서 마음을 다잡을 방법을 찾아보려 했다.

문득, "종이에 작은 그림을 그려 그에게 줘라. 접어서 끈으로 묶은 뒤, 술 생각이 간절할 때마다 종이를 쥐고 너를 떠올리라고 하라"라는 음성이 들려왔다. 그가 나를 찾아왔을 때, 그 음성이 하라는 대로 했다. 그는 희망에 부풀어 마치 하늘을 나는 듯 기뻐하며 돌아갔다. 그 후로 그는 술을 한 방울도 입에 대지 않았다. 이 경우, 환자는 내가 제공한 치료를 생각하면서 의지할 수 있는 구체적인 물건을 갖게 되었다.

당신은 그가 믿음으로 치유되었다고 말할지 모르지만, 믿음이란 무엇인가? 열린 마음으로 받아들이는 것이 아닌가? 때로는 자신과 환자 모두에게 확신을 심어주기 위해 특별한 방법을 써야 할 때도 있다. 그가 얻은 결과를 통해 믿음이 굳건해지면 그때 진리에 대한 철학적 이론을 가르칠 수 있다.

사람이 약해지고 정신이 혼란스러울 때는, 추상적인 철학적 진리가 아니라 즉각적 결과를 만들어 주는 구체적인 것이 필요하다. 굶주린 사람에게 당장 먹을 음식이 필요하듯, 그런 사람에게는 당장 마음의 허기를 채워줄 구체적인 무언가가 필요하다. 당신이 누군가에게 믿음을 심어주면, 그 사람은 당신의 마음으로부터 직접적인 도움을 받는다. 즉, 그는 당신의 도움이 있다는 사실을 상기시켜주는 무언가를 발견하게 된다. 그리고 자신이 혼자가 아니라, 누군가가 자신을 지지하고 도와준다는 생각으로 마음을 다잡는다.

얼마 전, 매우 위독한 한 여성과 신비로운 경험을 했다. 그녀가 치유를 간청하기에, 나는 예수 그리스도께서 밤낮으로 그녀 곁을 지켜주실 것이니 아무것도 두려워하지 말라고 했다. 그녀는 "저는 예수 그리스도가 저 같은 사람과 단둘이 계시려 하실지 모르겠어요. 하지만 당신이 함께 계신다면, 그분도 함께 계실지도 몰라요"라고 대답했다. 나는 그녀의 간절한 부탁을 들어주기 위해 재빨리 생각해야 했다. 갑자기 음성이 들려왔다. "그녀에게 네가 영적으로 남아 예수 그리스도와 함께 지켜줄 테니 걱정 말라고 전하라. 손수건을 주면서 예수 그리스도와 함께 밤을 지새우고 있음을 잊지 말라고 하라." 나는 목소리가 지시한 대로 했고, 다음 날 아침 그녀를 방문했을 때 그녀는 침대에 앉아 있었다.

물론 그동안 나는 우주 에너지를 보내 그녀의 마음에 활력을 불어넣는 등 형이상학적인 방법도 사용했다. 그녀의 마음이 예수 그리스도의 광휘로부터 직접 치유의 힘을 받아들이지 못하는 것 같아 이런 방법을 썼다. 내가 그녀와 예수 그리스도를 연결하는 다리가 되어야 했다. 하지만 물론, 내가 한 모든 일은 가장 높은 깨달음을 지닌 예수 그리스도가 하신 일이었다.

요가 수행자가 환자를 위해 어떤 결과를 얻기 위해 무언가를 할 때, 그것은 맹목적으로 하거나 어떤 개인적 이득을 얻을 목적으로 한다. 그때는 대부분 믿음을 가진 사람이 협력함으로써 결과를 얻는다. 두 마음의 협력은 거의 잠재의식적으로 이루어질 수도 있다. 우리가 필요한 사람에게 우주 에너지를 보내더라도, 그 사람이 받아들이지 않으면 아무 소용이 없다.

우리가 직면하는 주된 문제는 어떻게 하면 상대방을 수용적인 상태로 만들고, 정신적 단절을 어떻게 깨뜨릴 것인가이다. 사건들마다 각각 상황이 다르므로, 그 문제는 치료하는 사람이 상황에 맞춰 해결해야 한다.

얼마 전, 온갖 형이상학적 치료를 시도했지만 효과를 보지 못한 정신 질환을 앓고 있는 남자가 나를 찾아왔다. 단 몇 분 만에 그의 병은 고칠 수 없다는 것을 알았다. 내가 제안했던 것은 이미 다 해본 상태였다. 이것은 치료가 불가능하다고 포기하려는 찰나, 하나의 영감이 내게 주어졌다. "치료법을 신비롭게 만들어보라. 그는 너무 많은 형이상학적 진리를 접했기에, 형이상학적 방법의 모든 가치를 잠재의식적으로 제대로 느끼지 못하고 있다."

그래서 나는 잠시 침묵하다가, 의미심장하게 고개를 저으며 신비감을 더했다. 그는 신비롭게 느끼며 깊은 인상을 받은 듯했다. 그것은 그에게 짜릿하면서도 강렬한 효과를 주었다. 그는 내가 그의 병에 대해 무엇을 알아냈는지 몹시 궁금해했다. 내가 그의 병의 원인을 알아냈는지 단도직입적으로 물었다. "그렇습니다"라고 대답한 뒤, 지금은 병에 대해 더 이상의 어떤 말도 하지 않겠다고 덧붙였다. 그리고 몇 가지 지시를 내렸다. "낫고 싶다면 집에 가서 내 말대로 하세요."

"매일 밤 자기 전에 향을 피우고 엄지발가락을 끈으로 묶으세요. 만약 당신의 마음이 여전히 방황한다면, 끈을 더 꽉 조이세요. 일주일 후에 보고하세요." 그는 환한 얼굴을 하고 떠나면서, 열정적으로 말했다. "모줌다 선생님, 여러 가지 형이상학적 치료를 받기 시작한 이후로 처음으로 제가 치유될 것 같다는 확신이 듭니다. 제가 무슨 문제가 있는지 당신은 알고 있는 것 같아요."

나는 그의 병에 대해서는 다른 치료사들처럼, 혹은 그들보다 더 모를지도 모르지만, 그렇게 말하지 않았다. 하지만 다른 치료사들이 몰랐던 한 가지는 확실히 알고 있었다. 그의 병은 순전히 정신적인 문제이며, 진리에 대한 그 어떤 설명도 그에게는 소용없었다. 그에게 필요한 것은 그저 어떤 이유나 설명 없이 마음을 다른 곳으로 돌리는 것이었다.

향 냄새와 발가락에 묶인 끈은 그가 스스로 마음을 돌리려

하는 것보다 훨씬 효과적으로 그 일을 해냈다. 그에게, 정신이 방황할 때면 발가락의 끈을 더 꽉 묶으라고 말한 이유는 약간의 통증이 그의 마음을 돌려놓게 하기 위함이었다. 동시에 나는 모든 곳에 편재하는 하나님의 존재 안에서 그에게 직접 말을 걸고, 그가 긍정적인 대답을 하는 모습을 상상하며 형이상학적인 치료를 병행했다. 결과는 경이로웠다. 일주일도 지나지 않아 완전히 나았다.

내가 지금 이 이야기를 하는 이유는, 상대방의 마음을 열기 위해 어떤 수단이나 방법을 택하는지는 정해지지 않았다는 것을 보여주기 위해서이다. 신약성경을 자세히 읽어보면, 예수 그리스도 역시 믿음을 불어넣기 위해 고통받는 사람들의 마음을 여는 다양한 방법을 사용했음을 볼 수 있다. 어떤 방법을 쓰든, 당신을 도와줄 진리를 이해하는 것이 필요하다.

당신의 환자가 반응하기 시작하면, 점차 그에게 진리의 형이상학적 신비를 가르칠 수 있다. 그 진리는 그가 하나님으로부터 왔다는 것, 그가 영원히 자유로운 영혼이라는 것, 그가 나타내는 모든 환경은 오직 그의 마음 속에 존재한다는 것, 그리고 그가 받아들이고 믿는 것은 무엇이든지 그에게 현실이 된다는 것이다. 오직 진리만이 두려움의 굴레와 죽음에 대한 공포에서 해방시킬 수 있다.

생명체에 활력을 불어넣기 위해 우주 에너지를 전달해야 할 필요가 있다면 다음과 같은 방법이 효과적이다. 이 에너지가 비처럼 혹은 강렬한 광선처럼 끊임없이 쏟아져 내려, 상대방의 몸을 통과하여 활력을 불어넣는다고 상상하면 된다. 마음을 더욱 역동적으로 만들기 위해, 이 광선을 향해 "오, 창조의 힘이여, 이 생명에 활력을, 활력을, 에너지를, 에너지를 불어넣어 주소서"라고 말할 수 있다. 마음이 이 긍정적인 활동을 현실로 받아들일 때까지 계속 이야기하라.

인간의 마음이 전자와 원자력을 통제할 수 있는지에 대한 의문이 제기되곤 한다. 우리는 매일 그것들을 통제하고 있지만, 의식하지 못할 뿐이다. 사물 안에 존재하는 전자 에너지는 엄청난 속도로 움직인다. 우리 몸 역시 기본적으로 전자 에너지이다. 전자와 양성자가 원자를 이루고, 원자가 분자를 이루고, 분자가 물체를 이룬다는 간단한 논리를 따르면 물체가 기본적으로 전자 에너지라는 것을 이해할 수 있다.

그렇다면, 전자기 속성을 바꾸지 않고 물체를 근본적으로 변화시킬 수 있을까? 그럴 수 없다. 핵이나 중심부를 바꾸지 않고는 표면의 속성을 바꿀 수 없다. 그렇다면 전자 구조를 바꾸지 않고 우리 몸의 근본적인 특성을 바꾼다는 것은 불가능하다는 말이 된다.

우리는 강렬한 감정에 휩싸일 때 몸이 변하는 것을 경험으로 알고 있다. 따라서 우리의 마음이 감정을 통해 신체의 기본 전자 구조에 도달하고, 그 전자에 영향을 미쳐 신체 내부에서 화학 반응을 일으킬 수 있다는 것을 전제로 받아들여야 한다.

그 다음 질문은 우리의 마음이 무엇으로 구성되어 있는지이다. 단순한 화학 분석을 통해 우리의 몸이 무엇으로 구성되어 있는지 알 수 있다. 모든 몸 상태는 마음 상태와 연결되어 있는데, 마음은 본질적으로 몸과 어떤 관계를 맺고 있을까?

만약 우리 마음이 신체 변화를 일으키기 위해 전자 물질을 다뤄야 한다면, 마음 자체도 생물학적 진화를 통해 신체보다 더 잘 조직된 전자 물질로 구성되어 있는 것일까? 이것이 바로 우리가 던지는 질문이다. 마음은 그 기능과 반응에 있어서 전자와 너무나 닮아, 전자 자체가 마음의 물질로 이루어진 것은 아닐까 하는 생각이 들 정도다.

영혼에 의해 활성화된 우리 마음이 엄청난 전자력을 지휘하고 통제하는 것은 아닐까? 그렇다면 마음의 질료로부터 만물과 모든 유기체가 만들어졌다고 생각할 수 있지 않을까? 우리 마음도 우주의 마음 질료로 이루어져 있으며, 우주적인 과정을 통해 육체라는 형태로 드러난다고 상상하는 것은 매우 논리적이다.

분석과 경험을 통해 우리는 몸의 형태가 마음에 의해 유지되고, 특정한 정신적 인상이 몸에 변화를 일으킨다는 것을 안다. 나아가 이러한 인상이 우리 몸의 근본적인 속성에 변화를 일으키지 않는다면, 우리 몸은 결코 변할 수 없다는 것을 안다. 우리가 분석과 경험을 통해 이러한 사실들을 알기에, "마음을 새롭게 함으로 변화되어라"[로마서 12:2]는 성경의 가르침을 의심 없이 받아들일 수 있게 된다.

감히 말하건대, 바위에도 일종의 마음이 있을 것이다. 그렇지 않다면 바위는 변화하지 않을 것이다. 우리가 몸과 마음의 관계를 어떤 의미로 받아들이든, 실제로는 몸이 마음 안에 있고 마음이 몸 안에 있으며, 둘 사이에 경계가 없다는 결론에 이르게 된다. 하나는 다른 하나의 연장선처럼 보이고, 둘 사이의 차이는 밀도의 차이에서 비롯된다.

몸이 마음의 질료로 이루어졌다는 사실을 받아들이면, 마음을 바꿈으로써 몸을 변화시키는 것이 얼마나 쉬운 일인가! 마음의 질료는 전자 에너지이므로 매우 유동적이다. 영적인 힘으로 뒷받침된 고도로 조직된 마음은 자신의 질료를 쉽게 다루어 신체에 특정한 변화를 가져올 수 있다. 이를 위해 필요한 것은 영적인 확신과 작동 방식에 대한 이해와 지식뿐이다.

 이제 우리 몸이 마음의 일부이거나 마음속에 존재한다고 가정해보자. 그렇다면 단순한 생각만으로 몸을 변화시킬 수 있을까? 그것은 우리가 잠재적인 저항을 극복할 수 있는 능력에 달려 있다. 오랜 습관과 수백만 년 전부터 물려받은 믿음 때문에, 우리 마음은 몸이 고체 물질로 이루어져 있으며 정신적 변화로는 몸에 어떤 변화도 일으킬 수 없다고 믿어왔다.

 물론 철학적인 사고방식과 강한 상상력을 가진 사람들은 이러한 편견을 극복하고, 인류 믿음의 한계 내에서 직접적인 생각으로 몸에 변화를 일으키기도 한다. 하지만 이러한 결과를 얻기 위한 가장 좋은 방법은 다음과 같다. 먼저 몸이 미세한 전자 진동 단위로 이루어져 있고, 이것들이 유연해진 채로 모여 있어서, 마음먹은 대로 어떤 형태로든 만들 수 있다고 상상하라. 그런 다음 이 유연한 몸을 원하는 형태로 만들고 있다고 상상하라.

 이 과정을 진행하면서 마음에게 그 형태의 인상이나 사진을 찍으라고 말하고, 마음으로부터 긍정하는 대답을 들어라. 그 형태의 비전에 따라 움직이고 행동할 수 있다면, 조만간 객관적으로 그것을 나타낼 것이다. 운동할 때 몸을 전자 덩어리라고 생각한다면, 원하는 모습으로 빠르게 만들 수 있다.

마음을 자극하는 것은 무엇이든 원하는 것의 명확한 그림을 형성할 수 있게 해준다. 살을 빼고 싶어 하는 사람들 대부분은 마음속에 명확한 그림이 없기에, 원하는 결과를 얻지 못한다. 내 경우에는, 시간이 있고 사람들로부터 떨어져 있을 때, 원하는 형태로 몸을 매우 빠르게 만들 수 있다. 마음을 새롭게 함으로써 몸을 새롭게 하는 능력이 완벽하다고 주장하는 것은 아니다. 하지만 내가 자주 하는 것이 있다. 몸의 특정한 형태를 마음속에서 그리거나 사진처럼 찍어두고, 그 모습에 맞춰 행동하는 것이다. 마치 그것이 이미 현실인 것처럼 말이다.

나는 외부에서 일어나는 변화를 보려고 애쓰지 않는다. 마음속으로 그것을 현실로 받아들이면 변화는 자연스럽게 따라온다는 것을 알기 때문이다. 나는 새로운 모습으로 살아가면서 이전의 모습은 마음속에서 지워버린다. 하나님께서 이 놀라운 창조물을 만드셨다면, 분명 모든 존재와 사물의 창조 과정의 비밀을 알고 계실 것이다.

그렇다면 하나님께서 당신이 바라는 모습대로 당신의 몸을 빚고 계신다고 상상해 보는 것은 어떨까? 이렇게 하면 영원토록 실패하지 않는 무한한 힘과 지혜에 당신의 마음이 닿게 될 것이다. 무한하고 영원히 함께 하시는 하나님께서 당신이 바라는 모습대로 당신의 활기 넘치는 몸을 빚고 계신다고 상상하라. 그리고 마음속으로 그 모습을 찍어두라고 스스로에게 말하는 것이다.

혹은 당신의 몸 구석구석에 거주하는 '언제나 존재하는 하나님'이 당신의 몸을 흡수해서 신성한 질료로 변형시킨 후, 당신의 비전에 맞춰 형성하고 있다고 상상하라. 또한 당신이 마음에게 그 새로운 몸의 사진을 찍으라고 말하고 있다고 상상하라.

언제나 자유로운 영혼처럼 행동하라. 진리를 의식 속에 생생하게 새겨라. 즉, 모든 존재와 사물을 창조하고 광대한 우주를 유지하는 우주의 근원이 실제이며, 이것이 바로 당신의 몸과 마음을 뒷받침하는 영원불멸의 근본 원리임을 깨달아라. 하나님의 존재에 대한 수많은 주장보다, 하나님께서 살아 계시며 언제나 활동하고 계심을 깨닫는 것이 더 중요하다.

Chapter 8

THE MYSTERY OF ALL MYSTERIES-THE GREAT WITHIN
거대한 내면, 신비 중의 신비

인간에게 보는 능력이 있다면, 당연히 볼 대상도 있어야 한다. 보는 능력만큼이나 볼 대상도 필수적이다. 하나님은 인간에게 세상을 볼 수 있는 눈을 주는 것과 동시에 볼 수 있는 대상도 함께 주었다.

따라서 당신이 마음으로 무언가를 본다면, 그것은 실제 대상인 것이다. 마음으로 보는 것과 객관적 보는 것의 차이점은, 전자는 대상을 더 가까이로 당겨서 보는 것이다.

하나님의 영원한 존재 안의 모든 긍정적인 이미지는 진실한 이미지이다. 당신의 시력과 보는 대상이 연관되어 있는 것처럼, 상상력도 상상하는 대상과 연관되어 있다.

무한한 창조의 영역에서 당신은
어떤 형태로든 존재하지 않는 것은
단 한 가지도 상상할 수 없다.

CHAPTER 8 THE MYSTERY OF ALL MYSTERIES- THE GREAT WITHIN
거대한 내면, 신비 중의 신비

Lesson Five

"여기 있다! 저기 있다! 하지 말라. 보라, 하나님의 나라는 그대 안에 있다."[누가복음 17:21]

'당신'은 의식하는 존재이다. 당신이 아는 모든 것은 당신의 의식과 관련되어 있다. 당신이 의식하지 않은 것은 당신에게 존재하지 않는다. 어떤 것을 의식하는 순간, 그것은 당신의 의식 속에 존재하게 된다. 그러면 당신은 그것을 의식 안에서, 즉 당신의 정신 세계에서 볼 수 있다.

이 정신 세계가 바로 당신의 '내면Within'이다. 하나님이 그분의 창조물 안에 있고 창조물이 하나님 안에 있다는 것을 깨달을 때, 이 정신 세계는 하나님의 나라가 된다. 그러면 하나님과 그분의 창조물이 당신의 의식 속에 거하게 되고, 당신 정신 세계의 일부가 된다.

이 위대하고 신비로운 내면의 정신 세계는 당신 생명의 비밀이다. 내면에서와 같이 외부에서도. 내면에서 보고 상상하는 것이 현실이 된다. 외부의 삶 전체는 내면에서 생각하고 상상하는 것들이 반영된 것이다.

내면에서 하나님의 나라를 상상하면, 그것이 현실이 된다. 왕국은 조화와 평화와 불멸과 기쁨으로 채워져 있다. 불멸의 영역에서는 어떤 파괴적인 것도 존재할 수 없다. 수많은 선지자와 예언자들은 하나님의 왕국을 다양하게 묘사했다. 당신의 정신 세계가 하나님의 왕국이 될 때, 당신이 상상하는 모든 것은 하나님 안에 존재하게 된다.

　당신 안에 그리스도가 있고 당신이 그리스도 안에 있음을 자각할 때, 당신은 위대한 '내면Within'에서 그분을 발견한다. 어떤 사람들은 그리스도가 모든 사람 안에 잠재적인 형태로 존재한다고 믿고 싶어 한다. 그 믿음 역시 그들의 내면의 왕국에서 현실이 된다.

　의식 바깥에서 일어나는 일은 특별한 의미가 없다. 당신이 의식 속에서 품는 모든 것이 현실이 된다. 그렇다면 하나님의 영원한 나라에서 모든 존재와 사물이 영원히 완전하다는 생각을 받아들이는 것은 어떤가? 내면에서 막 싹트는 그리스도가 아니라, 이미 완전한 그리스도를 보는 것은 어떤가?

　당신 안에 거하는 그리스도는 이미 완전하다. 오직 그분에 대한 당신의 앎만이 성장하고 있을 뿐이다. 당신의 앎은 당신의 비전이 확장됨에 따라 같이 성장한다. 실제로 우리 안에는 불완전한 그리스도는 없다. 그리스도는 불완전할 수 없기 때문이다. 그분은 영원하고 가장 높은 깨달음의 상태이다.

'모든 곳에 편재하는 하나님All-Pervading God' 안에 불멸하는 그리스도의 존재를 의식하게 될 때, 그리스도는 당신의 내면 왕국에서 함께 하게 된다. 당신은 모든 것을 내면에 가지고 있다. 당신의 의식이 곧 내면이며, 시야가 넓어짐에 따라 내면도 확장되고 그 안에서 새로운 존재와 사물들을 발견하게 된다.

그것들은 실제로 새로운 것이 아니라 영원한 영처럼 영원하지만, 당신의 의식에만 새롭게 느껴지는 것뿐이다. 당신은 또한 이 내면의 왕국에서 원하는 것은 무엇이든 추방할 권리도 가지고 있다. 당신이 머물라고 요청한 것은 당신 안에 머물게 된다. 당신은 심지어 당신 안에서 무한을 볼 수도 있다.

하지만 당신의 무한은 당신에게 유한하다. 왜냐하면 당신은 그것을 당신의 한계 내에서만 인식할 수 있기 때문이다. 그렇게 당신은 당신 안에서 무한을 찾을 수 있다. 이 무한은 당신의 초의식이며, 당신이 그것을 의식할 때 초의식이 당신 안에 거하게 된다.

잠재의식과 초의식 사이에는 큰 차이가 있다. 잠재의식은 인류가 축적한 인상의 총합이지만, 초의식은 이 모든 인상을 초월한다. 초의식은 '자존하며 영원한 창조의 근원Self-Existing

Eternal Creative Principle'이므로, 당신에게 항상 새로운 영감과 비전, 깨달음을 줄 수 있다.

어디에나 계시는 영원한 영을 의식하는 순간, 그것은 당신 내면의 영이 된다. 당신은 당신 안에서 초의식과 교감할 수 있다. 초의식에게 기도할 때, 그 기도의 응답은 조건부로 오지 않는다. 당신이 원한다면, 시간과 장소를 가리지 않고 응답 받을 수 있다.

그러나 그 응답을 현실로 만들고 확신을 얻기 위해서는, 초의식과 끊임없이 대화해야 한다. 어느 날, 나는 내가 어떤 것들을 하지 않았기 때문에 기도가 응답되지 않을 것이라고 생각했다. 그러자 내면의 목소리가 말했다. "기도의 응답을 조건부로 만들고 있구나. 하나님은 어떤 조건에도 얽매이지 않으며, 기도의 응답도 마찬가지다. 어렵다고 생각하는 것은 그 사람에게는 어렵게 된다.

그러니 기도가 응답되어, 강물이 아래로 흐르듯 당신이 소망하던 것이 당신에게 쉽게 온다고 상상해 보아라." 내면의 초의식에게 기도하면서, "내가 네 기도를 들어주고 있다"라는 응답이 내면에서 오는 것을 상상하라. 이 응답은 진실이다. 당신이 현실로 만들고 진실로 만든 것은 당신에게 현실이고 진실이 된다.

긍정적인 것은 무엇이든 '영원한 긍정적인 존재Eternal Positive Being'에게 영원히 진실이다. 당신이 보고 싶은 모든 것은 당신 안에, 즉 당신의 의식 속에 있다. 마음의 눈으로 무언가를 볼 때, 당신은 그것을 내면에서 보는 것이다. 외부에서 행복을 쫓는 것은 신기루를 쫓는 것과 같다. 모든 것은 당신 안에 있다. 당신이 원하는 것을 의식 속에서 보고, 믿고, 누려라. 그러면 그것은 현실이 될 것이다. 그것이 당신의 '생각하고 믿는 생명' 안에서의 유일한 현실이다.

의식하지 못하는 것은 존재하지 않는 것과 같다. 잠시 멈춰 생각해 보라. 이것이 너에게 어떤 의미인지. 하나님께 기도할 때는 흔들림 없이 응답받을 것을 확신하며 기도해야 한다. 시련과 고난 속에서도 내면을 들여다보고 당신이 보고 싶고 누리고 싶은 것을 찾아라. 하나님께 당신의 내면 시야를 잃지 않도록 기도하고, 하나님이 응답하는 것을 상상하라.

탐욕, 분노, 열정, 질투와 같은 모든 경건하지 못한 생각을 내면에서 몰아내는 순간, 그것들은 사라진다. 당신 내면의 하나님 왕국에서 그런 경건하지 못한 생각들을 보지 않는다면, 그것들은 존재할 수 없다. 무한하며 시작도 없고 불멸하는 창조의 영이 당신에게 이 위대한 내면, 즉 경이로운 의식을 주었다. 이제 당신이 해야 할 일은 모든 곳에 편재한 하나님 안에서, 다시 말해 당신 의식 안에서 모든 사물과 존재를 보는 것이다.

<small>여기서 "의식"이라는 용어는 '마음'과 같은 의미로 사용된다.</small> 내 마음 속에서 나는 나의 지위, 성공, 기쁨, 행복을 본다. 내면의 세계, 즉 마음속 세상이 나에게는 진정한 세상이다. 내가 의식하지 않는 것은 나에게 아무런 영향을 미치지 못하기 때문이다. 내가 보고 싶고, 즐기고 싶고, 만들고 싶은 것을 빼앗을 수 있는 것은 없다. 내가 의식하고자 하는 것을 빼앗을 수 있는 것도 없다.

당신은 불행한가? 무언가를 잃었는가? 그렇다면 당신이 행복해질 수 있는 곳, 잃어버린 것을 찾을 수 있는 곳은 오직 당신의 내면뿐임을 알아라. 자, 이제 당신 내면에서 당신의 행복을 보라. 당신을 행복하게 만드는 모든 존재와 사물을 내면에서 보라. 얻고 잃는 것은 모두 당신 '내면'에서 일어난다.

내면에서 잃어버린 것은 내면에서 다시 찾을 수 있다. 잃어버린 것을 의식하지만 않는다면, 당신은 그 무엇도 잃을 수 없다. 그러므로 그것의 존재를 당신 의식 속에서 의식함으로써, 다시 찾을 수 있다. 당신 안에서 보고 주장하는 것만이 당신 것이다. 그 외에는 어떤 것도 당신 것이 아니다.

일반적으로 당신이 무언가를 볼 때 당신은 그것을 당신 외부에 있는 것으로 본다. 하지만 당신이 의식하지 않으면 그것은 당신에게 존재하지 않기 때문에 '외부_Without'에서 무언가를 본다는 것은 당신 '내면_Within'의 일부인 것이다. 그러니 왜 당신이 원하는 것을 당신 의식 안에서 보려 하지 않는가? 당신이 '내면'에서 보려 하지 않는 것은 당신에게서 멀어진다. 그것을 얻으려 아무리 애써도 헛된 일이 되고 만다.

왜 하나님 안의 당신 내면에서 그것을 보면서 당신의 것이라 주장하며 누리지 않는가? 하나님 왕국 안에서는 어떤 탐욕도 없다. 타인의 자유를 해치지 않는다면, 당신은 무엇이든 누릴 자유가 있다. 당신 내면의 왕국에서는 당신과 같은 사람들을 보고 그들과 함께 즐거움을 누릴 수 있다. 외부 세상에 있는 그 누구의 자유도 침해하지 않으면서 말이다.

생명의 영적인 관념 안에서, 당신이 내면에서 누리는 것은 언젠가 외부 세상에서 나타난다. 당신이 이상적으로 바라는 것을 외부에서 찾는 일을 서두를 필요 없다. 외부만 바라보다 당신 내면이 어두워진다면 내면에서 어떤 것도 누릴 수 없게 된다. 즐거움은 항상 당신 안에서 느끼는 것이다. 외부의 대상 그 자체가 당신을 행복하게 해줄 수는 없다. 당신이 어떤 것을 당신 내면의 일부로 만드는가에 따라 당신의 행복이 결정된다.

당신이 내면에 둔 것은 당신이 원하기만 한다면 영원히 당신과 함께 남아있다. 그래서 이상주의자들은 아름다운 로맨스, 이상, 소중한 기억들을 소중히 여겼고, 그로 인해 그것들은 오랜 세월 동안 살아남았다. 이상주의자들은 이 아름다운 것들과 함께하기로 했기에, 이것들은 그들과 남게 되었다.

하지만 당신이 떠나보내고자 하는 것은 당신 곁에 남지 않는다. 당신 마음 속 깊이 간직한 것은 누구도 그것을 당신에게서 빼앗을 수 없다. 어떤 객관적인 형체들도 당신 안에 저장할 수 있으며, 그러면 언젠가 그것들은 외부 세상으로 현현되어 나타날 것이다. 당신 외부의 시야 앞에 나타날 것이다. 당신이 놓치고 싶지 않다면 그것을 잃을 일은 없다. 당신이 '내면'에서 받고자 하는 것은 받을 수 있다.

그렇기에 어떤 악한 존재가 당신 본래의 신성한 유산을 빼앗을까 두려워하지 말라. 하나님의 왕국에는 한계가 없다. 그 왕국 안에서 당신이 원하는 것을 찾으면 그것을 얻게 된다. 당신이 의식하지 못하는 것은 당신에게 존재할 수 없는 것처럼, 당신 안에서 무언가를 의식하는 순간 그것을 갖게 될 것이다.

이 깨달음이 오는 순간, 당신은 자유로워진다. 무언가를 즐기면 즐거움을 느끼는 능력이 점점 커지듯, 내면에서 무언가를 가진다면 그것을 갖고 있다는 의식도 당연히 증가하게 된다. 그러므로 당신이 내면에 간직한 소망들은 외부에서도 받을 수 있다. 내가 내면에서 발견하고 교감한 것은 언제나 현실이 되어 나타났다.

나는 현실이라는 그림자로 내 시야에 한계를 만들지 않았다. 나는 오직 내게 필요한 것을 상상했다. 항상 필요한 것을 내면에서 충분히 만들려고 할 뿐, 외부 세상에서 그것을 구하려 하지 않았다. 그럼에도 내면의 진동은 그것과 상응하는 외부의 진동을 깨워서 객관적인 형태를 만들어냈다.

어떤 것이 외부 세상에 나타나는 것만을 기다리다 보면, 그것에 대한 내면의 비전과 연결점을 잃어버리기 쉽다. 외부 세상은 그저 진동 법칙을 따라 나타난다는 것을 알아야 한다. 당신 내면의 진동이 원하는 대상과 일치하게 되면 외부 세상에서 그것을 보게 된다. 당신이 어떤 것을 주관적으로, 즉 내면에서 더 많이 즐길수록, 그것과 조화로운 진동을 더 많이 내게 된다. 그 외의 일은 당신이 걱정할 필요가 없다. 우주 법칙을 쫓아 외부 현실로 나타날 것이다.

문제, 걱정, 두려움을 마음에 품으면 그것들은 현실이 된다. 당신 내면에서 받아들이지 않는 한, 어떤 것도 당신에게 현실이 되지 않는다. 부정적인 상태에서 벗어나는 가장 좋은 방법은 당신 내면의 영적 왕국 안에서 그것을 보지 않는 것이다.

당신은 내면에서 원하는 사람들을 초대할 수 있고, 그러면 하나님이 예비하신 이상적인 동료들을 만날 수 있다. 당신과 조화되지 않는 사람들과 상황들에 대해 걱정할 필요가 없다. 영적 왕국에서 그것들을 보지 않겠다고 거부하면 그만이다.

몸을 통해 나타나는 질병이 있다. 만약 원하지 않는다면 '내면'에서 그것을 보지 말라. 당신이 되고 싶은 모습으로 자신을 상상하라. 그렇게 한다면 시간이 지나 당신의 외적 모습도 그와 같을 것이다. 당신이 내면에서 보는 것들은 모두 당신에게 현실이 된다.

자, 이제 마음과 그 신비에 대해 탐구해보자. 마음은 전자 에너지이거나 그와 유사한 것일 수 있다. 마음의 속도는 거의 전자와 같다. 우리는 그것의 힘이 우주의 창조 근원에 의해 활성화되었을 때 얼마나 증가할지 상상할 수조차 없다. 믿음과 이해라는 발전기를 통해 소위 기적을 이룰 수 있다.

여기 내 앞에는 캘리포니아의 모하비 사막이 있다. 나는 산에서 그것을 내려다보고 있다. 빛은 사라졌다. 나는 눈을 감고 태양의 입맞춤을 받은 사막을 상상한다. 그러면 어둠은 사라진다. 과연 이 어두운 사막을 밝히는 빛은 무엇인가?

그것은 내 안의 빛이다. 이 빛이 상상에서 이루어진 것이라고 해서 덜 실제적인 것이 아니다. 우리의 모든 행동과 반응이 정신적인 것이라면, 이 상상의 빛이 왜 실제적인 것이 아니겠는가? 당신은 어쩌면 그 빛은 나 외에는 누구에게도 사용될 수 없기에, 실제적인 것이 아니라고 말할지도 모른다.

그렇다. 나는 사용할 수 있다. 내가 원할 때면 햇빛이나 달빛 아래에서 사막을 즐길 수 있다. 내 상상력에 달린 일이다. 당신이 이 빛을 보게 하기 위해서는, 다시 말해 주관적 세계를 객관적으로 보여주기 위해서는 햇빛이나 달빛처럼 사막을 밝힐 수단을 사용해야 할 것이다. 그런 기계적 장치도 객관적인 형태로 구현되기 전에는 먼저 정신적으로 구상되고 작동되어야 한다.

그러므로 주관적 세계, 즉 내면의 세계는 매우 중요하다. 그것은 우리 삶의 객관적 모습을 좌우하는 유일한 세상이다. 또한 우리가 내면의 태양빛을 통해 사막이나 산, 도시를 밝힐 때 얼마나 많은 전기 에너지가 필요하다고 생각하는가? 이 빛을 만드는 것은 단지 우리의 상상력이기 때문에 아무것도 필요 없다고 말할 것이다.

이제 이 질문에 답해보자. 우리는 무엇으로 상상하는가? 활기 넘치고 능동적인 것인가, 아니면 정적이고 수동적인 것인가? 분명 활기 넘치고 능동적인 것이어야 한다. 그렇지 않으면 우리는 아무것도 상상할 수 없을 것이다.

이 능동적인 힘의 잠재력은 어떤가? 상상을 가능하게 하고, 발명을 가능하게 하는 이 힘의 잠재력은 어떤가? 만약 당신이 발명한 기계가 원자를 분해할 수 있는 수백만 볼트의 전기 에너지를 생성할 수 있다면, 마음은 그 기계를 발명하는 동안 당신의 창조적인 상상력을 통해 얼마나 강력한 에너지를 만들어내는 것일까? 당신의 마음은 얼마나 활발할까? 그 발명을 위해 당신의 마음에서 방출되는 에너지는 얼마나 될까? 결국, 당신의 정신 에너지는 무시할 수 없는 요인이다.

만약 그렇다면, 모든 사람이 에디슨, 마이클슨, 셰익스피어, 베토벤처럼 위대한 인물이 되었을 수도 있었다. 기계를 발명하고, 과학을 발명하기 위한 정신 에너지는 감히 측정할 수 없다. 물론, 이 에너지가 만들어내는 물리적인 결과는 명확하지 않다. 그 에너지는 수백만 톤의 원자를 산산조각 낼 만큼 강력해야 한다. 인간의 마음이 영에 의해 활성화될 때, 그 가능성은 무궁무진하다.

우리는 우주의 질료로 새로운 원자를 만들고, 오래된 원자를 소멸시킬 수도 있다. 안타깝게도, 현재 우리 인간의 마음은 절대적인 영적 이상과 실체에 의해 동력을 얻지 못하고 있다. 아직 믿음과 이해의 강력한 에너지가 부족한 것이다. 미래 인류가 마음에 대한 어떤 발견을 할지 우리는 상상조차 할 수 없다. 하지만 어떤 기계도 마음의 활동을 조절하거나 마음과 그 창조적 상상력을 대신할 수 없다고 우리는 확신한다.

내면을 들여다보고 완벽한 상태를 발견한다면, 그것은 단순한 상상이 아니다. 상상에 동기와 의미를 부여하고, 어떤 결과가 나타나는지 확인해보라. 어떤 질병이 느껴진다면, 그것은 내면에서 질병을 보고 있기 때문이다. 내면의 질병을 외면하고, 자신이 원하는 모습을 떠올리면 그 모습대로 될 것이다.

당신이 아는 유일한 실체는 당신 내면에 존재하며, 그것이 어떤 모습인지는 중요하지 않다. 이 놀라운 진리를 깨달으면, 내면 세계에서 활동할 수 있다. 어느 날 우연히 젊은이들이 하는 대화가 들렸다. 한 친구는 자신이 다니는 회사의 사장이 되겠다는 포부를 밝혔다. 그러자 그 말을 들은 친구는 "글쎄, 조! 나는 네가 그렇게 될 거라고 생각하지 않는데"라고 대답했다.

나는 두 젊은이들을 잘 알기에, 내 조언이 도움이 될 것 같아 부정적인 의견을 말한 친구에게 이야기했다. "친구가 그 자리에 있는 모습을 그려보고 응원해 주는 건 어때? 결국, 내면에서 그리는 모습대로 삶은 이루어지거든. 조가 사장이 되겠다고 말했을 때, 조는 이미 의식적이거나 무의식적으로 내면에 그 모습을 그리고 있었던 거야. 조가 자신을 보는 것처럼 너도 그를 보고, 마음으로 협력해 보는 건 어떻겠니? 이렇게 협력하는 것은 어떤 조언보다 도움이 되며, 참된 영적 치유지."

모든 사람이 내면의 생명에 대한 이 진리를 배운다면, 세상은 얼마나 아름다울까! 어느 날 길을 걷고 있는데 형이 사탕을 나눠주지 않아 우는 동생을 보았다. 그래서 나는 아이에게 말했다. "자, 눈을 감고서 누군가 너에게 사탕을 주는 상상을 해봐. 그럼 넌 사탕을 얻게 될 거야." 아이는 아무 말없이 눈을 꼭 감았다. 너무 귀여운 모습이었다.

아이에게 사탕을 받는 상상을 하고 있는지 물었다. 아이는 "네, 아저씨가 저에게 사탕을 줄 거예요"라고 대답했다. 나는 크게 웃으며 아이에게 25센트 동전을 건넸고, 아이는 기뻐하며 감사 인사를 했다. 나는 협력의 중요성을 보여주고자 이 이야기를 하는 것이다. 아이가 원하는 것을 무조건 들어주라는 뜻은 아니다. 원하는 것을 내면에서 보고 얻는 법을 아이에게 가르치고 싶었다.

이것은 아이에게 내면이 무엇인지를 이해시켜줄 뿐만 아니라 정의감도 키워줄 것이다. 만일 아이가 원하는 것을 받게 되면 자신이 받은 것이 내면에서 소망하던 것임을 알게 될 것이고, 원하는 것을 얻지 못해도 남 탓을 하지 않을 것이다. 만일 당신이 스스로 문을 닫는다면 당신 내면의 왕국에 누구도 들어올 수 없다.

물론, 이 모든 것은 단지 당신의 창조적 상상력이 펼치는 놀이일 뿐이다. 마음속에서 문을 상상하고 닫아보라. 당신의 내면 왕국에 들어와 머무르는 것만이 당신에게 영향을 미칠 수 있다. 하나님이나 그리스도를 당신의 파수꾼으로 삼아서 내면의 자유를 지키게 한다면 그 무엇도 두려워할 것이 없다. 어둠의 사자들은 당신의 내면에 들어올 수도, 들어오지도 못한다. 일어날 수 없는 일에 대해 걱정할 필요 없다.

당신의 내면 왕국에서는, 당신이 원하지 않는 일은 일어날 수 없다. 당신이 아름다움을 볼 수 있는 능력이 커질수록 당신의 왕국은 더욱 아름답고 넓어진다. 당신이 볼 수 있는 만큼 왕국은 넓어진다. 마음으로 볼 수 있는 만큼, 그만큼이 당신의 제국이다. 내면은 당신의 신성한 안식처이자 불멸의 놀이터이다. 그곳은 당신이 길을 잃을까 두려워 방황하게 되는, 탐욕, 열정, 시기와 질투로 가득 찬 무신론적인 왕국이 아니다. 오히려 보이지 않는 곳에서 동료들이 지켜주고, 하나님의 의식이 늘 함께하는 왕국이다.

이제 문에 다시 서서 모든 침입자를 막는 법을 배우자. 내면의 왕국에서는 당신의 상상이 모두 현실이 된다. 모든 창조물이 존재하는 하나님 안에서 불경한 것을 상상할 수 없다. 당신의 창조적인 본성 자체가 그것을 허락하지 않는다. 내면 왕국을 지키려는 당신의 소망은 신성하기에, 영원하고 언제나 함께하는 하나님께서 이미 그 소망을 이뤄주셨다.

이 진리를 받아들이고 깨달은 바에 따라 담대하게 행동하라. 만약 문을 통해 침입자가 들어오는 것을 발견한다면 당당하게 외쳐라. "너는 들어올 수 없다. 하나님이 나를 지키신다. 그분은 네가 들어오는 것을 용납치 않으실 것이다. 썩 물러가라!" 그 후 침입자에게 등을 돌리고, 당신 내면 왕국의 아름다움과 웅장함을 바라보며, 하나님이 당신의 문을 지키고 있음을 인식하라.

당신이 마음으로 보는 이 내면 세계는 실제로 객관적인 현상이면서, 또한 주관적이면서 영적인 현실이다. 어떻게 이런 일이 가능한지 쉽게 이해할 수 있다. 귀가 들리지 않고, 말도 할 수 없고, 눈도 멀고, 생각도 없는 사람이라면 그가 아무리 아름다운 정원에 있어도 그 정원의 존재를 알 수 없다. 그에게는 정원을 인지할 능력이 없기 때문이다. 해석할 수 없다면 그 현상은 우리에게 아무런 의미가 없다. 우리가 해석하는 현상은 객관적인 현실로 다가온다.

그것이 우리가 아는 유일한 현실이지만, 본질적으로 모든 객관적 현상은 주관적이다. 우리가 알지 못하고, 느끼지 못하고, 보지 못하고, 생각하지 않으면, 그 어떤 것도 우리에게는 존재하는 것이 아니기 때문이다. 따라서 현상이 있다는 것은 인간에게 주관적으로도, 객관적으로도 존재한다는 것이다.

인간에게 보는 능력이 있다면, 당연히 볼 대상도 있어야 한다. 보는 능력만큼이나 볼 대상도 필수적이다. 하나님은 인간에게 세상을 볼 수 있는 눈을 주는 것과 동시에 볼 수 있는 대상도 함께 주었다. 이런 의미에서 인간의 보는 능력과 대상은 서로 연관되어 있다. 하지만 이 말이, 인간의 보는 능력이 없다면 대상이 독립적으로 존재할 수 없다는 뜻은 아니다. 그것은 단순히 대상이 어떤 형태로든 존재하며, 인간은 자신의 인지 능력에 따라 그것을 해석하고 특정한 형태와 의미를 부여한다는 뜻이다.

예를 들어 코끼리는 물체를 볼 수 있지만 인간이 보는 것과 같은 의미와 형태로는 보지 않는다. 이제 살펴봐야 할 것은 인간이 형체가 없는 것을 볼 수 있는가이다. 볼 수 없다. 무언가의 존재를 느낄 수는 있지만, 형체 없는 창조물을 볼 수는 없다. 그가 보게 되는 형체는 그의 보는 능력과 관련이 있을 수 있지만, 그 대상 자체는 독립적인 요소이다.

따라서 당신이 마음으로 무언가를 본다면, 그것은 실제 대상인 것이다. 마음으로 보는 것과 객관적 보는 것의 차이점은, 전자는 대상을 더 가까이로 당겨서 보는 것이다. 하나님의 영원한 존재 안의 모든 긍정적인 이미지는 진실한 이미지이다. 당신의 시력과 보는 대상이 연관되어 있는 것처럼, 상상력도 상상하는 대상과 연관되어 있다. 무한한 창조의 영역에서 당신은 어떤 형태로든 존재하지 않는 것은 단 한 가지도 상상할 수 없다.

당신이 눈으로 보는 것을 당신이 마음으로 해석하고, 당신이 마음의 눈을 통해 주관적으로 보는 것도 여전히 하나의 대상으로 존재한다. 나는 이 사상을 반복하고 있다. 그렇게 해서 이 세상에 위대한 진리를 전달하는 중이다. 이는 20세기 전의 모든 위대한 스승과 교사들에 의해 주어진 계시와 같다. 그것은 하나님의 왕국, 즉 천국의 진리를 나타내는 것이다. 그것은 이 지상의 삶이 끝났을 때 들어가려 하는 아름다운 저 하늘 위 나라가 아니라, 지금 당장이라도 들어갈 수 있는 내면의 천국이다.

단순한 의식 상태를 말하는 것이 아니라, 우리가 상상할 수 있을 만큼 아름다운 장소이다. 의식 상태는 방해받거나 흩어질 수 있지만, 실제 장소로서의 아름다운 천국의 비전은 우리가 원하는 한 영원히 간직할 수 있는 신성한 유산이다. 이 아름다운 천국을 우리가 의식 속에서 보고 있는 한, 천상의 의식 상태가 유지된다.

따라서 나는 이 천국의 비전과 실체를 보는 것이 어떤 초월적인 철학적 사색을 하는 것보다 우리에게 천상의 의식 상태를 유지할 수 있게 큰 영감을 준다고 주장한다. 이 자의식을 가진 생명인 인간은 시각과 감각을 지니고 태어난다. 이 시각과 감각을 초월적 시각과 감각으로 만들어보는 것은 어떤가? 당신을 하등 동물과 구별하게 하는, 하나님이 주신 선물들을 없애지는 말고, 승화시키는 것은 어떤가? 이렇게 시각과 감각이 승화되면 이상적인 감정이 나오며, 이는 당신뿐만 아니라 당신이 보고 느끼는 모든 것을 승화시키게 된다.

빛으로만 가득 찬 세상은 단조롭고 고통스러울 수 있지만, 모든 아름다움과 웅장함을 지닌 빛나는 왕국은 휴식과 평화의 안식처가 된다. 이 평온함은 활동이 없는 정체를 말하지 않는다. 오히려, 이는 내면 왕국의 비전이 지속적으로 표현되고 있음을 의미한다. 인간의 혼란스러운 마음이 만들어낸 왜곡된 세상이 버겁게 느껴질 때, 계속 그 죽음과 어둠의 그림자에 갇힌 채 괴로워할 필요가 없다.

당신은 즉시 내면의 왕국으로 돌아가 하나님의 창조의 영광을 만끽할 수 있다. 슬픔과 고통, 실망과 패배가 찾아왔을 때 당신은 내면의 왕국으로 피신하여 위로와 안식을 찾을 수 있다. 왜냐하면 이곳에서는 당신이 보고 싶은 것을 볼 수 있는 특권이 있기 때문이다. 당신이 생생하게 경험하는 내면의 왕국, 그것이 바로 당신의 집이다.

아마도 당신은 미래의 당신이 나타날 장소를 서서히 준비하고 있다는 사실을 모르고 있을 것이다. 예수 그리스도는 우리가 미래의 우리를 위한 미래의 집을 짓는 이 숭고한 비밀을 가르쳐주셨다. 당신이 오늘 내면에서 건설하고 있는 멋진 곳이 진정한 당신의 왕국이며 그것은 창조의 광대한 영역 어딘가에 존재한다.

당신이 내면에서 그것을 본다면 더 가까이에서 보고 있는 것이다. 당신의 시야가 맑아질수록, 이 왕국은 당신 정신의 안개를 걷고 서서히 모습을 드러낸다. 당신은 하느님의 아들로서 영적인 존재이기에, 인과의 법칙, 즉 육신의 법칙에 얽매이지 않는다. 이 창조물은 원인이 없다. 그것은 하나님의 영원한 존재 안에서 영원하다.

우리가 인식하는 주기적 변화는 우리의 시각과 계산 능력에 의해 제한된다. 따라서 나는 이 창조물 전체가 '불멸하는 존재의 전지한 품속 Omniscient Bosom of the Eternal One'에서 언제나 온전하게 유지된다고 주장한다. 내면의 왕국에 있는 우리의 집에 대한 비전을 창조하는 것은 '영원히 존재하는 것'을 인식하고 자각하는 과정일 뿐이다.

의식이 성장함에 따라 자연의 더 많은 아름다움을 보고 알게 되듯이, 내면의 왕국이 성장함에 따라 우리가 살고 있는 우주의 더 많은 진리를 인식하고 자각하게 된다. 우리가 인과율에 얽매이게 되면 우리는 통제할 수 없는 강제적인 힘에 의해 무력해진다. 우리가 그 속박에서 벗어나 영의 법칙을 받아들일 때 우리는 우리가 미래에 머물게 될 집을 스스로 선택할 수 있는 자유를 얻게 된다.

예수 그리스도는 제자들에게 이렇게 말씀하셨다. "마음에 근심하지 말라. 하나님을 믿으니 또 나를 믿으라. 내 아버지의 집에는 많은 거처가 있다. 그렇지 않으면 너희에게 일렀으리라. 내가 너희를 위하여 처소를 예비하러 간다."[요한복음 14:1-2]

하나님의 영적 왕국에서는 수요가 있으면 공급이 주어진다. 수요와 공급이 함께 이루어진다. 외부 세계에 시선이 갇힌 사람들에게는 모든 긍정적 수요가 공급만큼 예정되어 있다는 말이 이해가지 않을 것이다. "너희 아버지께서는 너희가 구하기 전에 너희가 필요한 것을 이미 알고 계신다."[마태복음 6:8] 당신이 어떤 것이 필요하다는 사실, 즉 당신이 어떤 것이 필요하다고 인식할 수 있다는 사실, 그 자체가 하나님의 영원한 왕국에서 당신이 필요로 한 것이 이미 이루어져 있다는 뜻이다.

그렇다면 당신이 해야 할 일이란 상상속에서 필요한 것을 받아들이고 당신의 마음 안에서 그것을 누리는 것뿐이다. 마음속에서 창조하는 세계가 실제이며, 마음 세상의 수요와 공급이 실제라는 것을 항상 잊지 말아야 한다. 당신이 정신적으로 인식하지 않거나 의식적으로 알지 못한다면 수요와 공급이 있을 수 없다. 당신은 항상 어떤 것을 마음으로 즐기고 있는데, 이렇게 내면의 왕국에서 마음으로 실현하고 즐기는 것은 실제이다. 그것은 다른 사람들과의 상호작용 때문에 약간의 변형을 거쳐 항상 외부 세계에 투영된다.

당신은 외부의 삶이 내면의 삶과 일치한다는 확신을 가져서, 이제 외부의 삶에 대한 걱정을 놓아라. 하나님의 왕국에서는 당신이 받을 수 있고 누릴 수 있는 만큼 받고 누릴 수 있다. 긍정적인 믿음을 유지하려면, 지금 내면에서 누리고 있는 것이 실제이며, 당신이 인식하고 받아들이는 것 외에는 그 어떤 것도 실제가 아니라고 스스로에게 말해야 한다. 객관적인 것이 주관적인 세계이며, 주관적인 세계가 객관적인 것이기 때문에, 당신이 마음으로 받아들이고 누리는 것은 실제로 받아들여서 누리게 된다.

당신이 내면에서 인식한 것을 따라 외부적인 현실이 뒤따른다. 왕국에서는 어떤 것을 원할 때, 어떤 특정한 대상을 생각해서는 안 된다. 원하는 것의 종류나 속성에 집중해야 한다. 하나님의 영원한 왕국에서는 같은 종류의 것은 모두 동일하다. 그렇다면 왜 현실 세계의 어떤 특정한 것에 집착해야 하는가? 특정한 대상이 당신 내면의 거대함 안에서 내면의 비전을 불러일으킬 수 있긴 하지만, 그것들로 제한해서는 안 된다.

사람들도 마찬가지이다. 내 삶에 조화와 평화를 가져오는 사람들은 내 세상의 일부이다. 하나님이 정한 방식에 따라 내 생명이 표현되기 위해 특정한 사람들이 필요하다면, 나는 그들을 영적인 왕국이란 세상에서 보면서 그들이 나를 돕는다고 여길 것이다. 그들은 때가 무르익으면 나에게 온다. 나는 이 눈에 보이는 삶의 영역에서 육신을 두른 그들을 보게 된다.

이것이 왕국의 신비이다. 때때로 나는 육신을 갖춘 왕국의 친구들을 보지만 그들이 나를 알아보지 못할 때도 있다. 그럴 때는 그들이 이루어야 할 위대한 우주의 목적을 자각할 수 있도록 영적 치유를 해준다. 때로는 나의 영적 치유에 반응하기도 하고 그렇지 않기도 한다. 나는 그저 내 역할을 할 뿐, 그들이 어떻게 반응할지는 내가 관여할 바가 아니다.

하지만 왕국에서 그들을 만날 때면 항상 우리는 반갑게 맞이한다. 그들 중 일부가 나의 우주적인 필요를 채워주지 못하면, 그 자리를 대신해 줄 다른 이들이 나타난다. 이 신비로운 왕국의 놀라운 진리를 이해하면, 형언할 수 없을 감동을 느끼게 된다. 모든 걱정과 두려움에서 벗어나게 된다. 그리고 모든 것이 당신 뜻대로 되는 것을 보게 된다. 당신의 손짓 한 번에 모든 것이 변한다.

예수 그리스도는 제자들을 육신을 가지고 만났을 때 알아보고 그들을 불러 자신의 우주적 필요를 충족하였다. 그리스도는 또한 제자들이 자신을 선택한 것이 아니라, 자신이 그들을 선택했으며, 제자들이 알기 전에 이미 그들을 알았다고 말씀하였다. 예수 그리스도는 다음과 같이 말씀하였다. "내 양은 내 음성을 듣고 나는 그들을 알며 그들은 나를 따른다."

스승께서 자신의 우주적 사명을 완수하고 구원의 복음 진리를 전파하기 위해 특정 유형의 제자들이 필요하다고 느낀 순간, 그 필요가 이미 하나님의 영원한 왕국에서 이루어졌음을 알았다. 예수 그리스도는 제자들을 육신으로 만나기 전에 왕국에서 보았다. 신약 성경에서 예수 그리스도가 하신 말씀을 보라. "너희가 나를 택한 것이 아니라, 내가 너희를 택하여 세웠다. 이는 너희가 가서 열매를 맺고 그 열매가 항상 있게 하여, 내 이름으로 아버지께 무엇을 구하든지 다 받게 하려 함이다."[요한복음 15:16]

또 이렇게 말씀하였다. "나는 그들을 위해 기도한다. 세상을 위해 기도하는 것이 아니라, 내게 주신 자들을 위함이다. 그들은 아버지의 것이다. 내 것은 모두 아버지의 것이고, 아버지의 것은 모두 내 것이다. 내가 그들 안에서 영광을 받았더라."[요한복음 17:9-10절] 그리스도의 제자들은 진리를 따르는 열두 가지 유형들을 나타냈다.

예수 그리스도는 이 다양한 유형들이 우주적 메시지에 어떻게 행동하고 반응하는지를 세상 앞에 보여주었다. 예수 그리스도는 자신의 신성한 메시지를 인간적인 동기와 행동을 통해 명확하게 전달하기 위해 이 시연을 필요로 했다. 그분의 우주적 드라마에서도 그분은 모든 유형의 인류를 끌어당겼다. 한쪽 끝에는 영적인 척하는 부자 아들이 있고, 다른 끝에는 단지 물질적인 도움을 구하고자 그리스도를 따르는 가난한 사람이 있다.

오늘날에도 세상 사람들 사이에서 니고데모, 마리아, 마르다, 서기관과 바리새인, 절름발이, 맹인, 걸인, 방탕한 부자들을 볼 수 있다. 우리는 또한 그리스도를 따르기 위해 노력하는 친절하고 관대한 남녀들을 곳곳에서 발견한다. 예수 그리스도가 선택한 세상은 위대한 우주적 드라마를 연출하는 데에 더없이 완벽한 배경이었다. 그 드라마에서 한쪽에는 무자비하면서 오만한 로마의 권력자, 다른 한쪽에는 하나님의 선택을 받았다고 자부하지만 굴욕과 압박을 받은 교만한 백성들이 있었다.

그리스도가 선택한 이 배경 안에는 인간의 타락과 육체적 욕망을 위한 투쟁이 고스란히 담겨 있었다. 바로 그곳에, 이 세상 어떤 무대에서도 볼 수 없었던 가장 위대한 우주적 드라마를 연기하기 위해 하나님의 화신이 보내진 것이다. 이처럼 다양한 유형과 성격의 사람들로 구성된 영적 드라마는 없었다. 그렇기에 이 드라마는 다른 것보다 인간적인 호소력을 더 가지게 되었다.

신적인 관점에서 보자면, 예수 그리스도의 행동은 결코 모순되지 않았다. 그분은 각기 다른 유형의 인간들을 그들의 개별적 상황에서 만나, 선의와 희망, 그리고 모든 인간이 본래 지닌 영적 열망과 갈망을 이루게 해주는 약속에 대한 우주적 메시지를 전했다. 그 무엇도 놓친 부분이 없었다. 왕국을 찾기 위해 자신의 집과 가족을 떠난 사람들에게, 그리스도는 더 거대한 집과 가족을 약속했다. 그리고 사랑하는 이들을 잃은 슬픔 속에 있는 이들에게는, 하나님의 왕국에서는 그 무엇도 잃을 수 없다는 진리를 통해 위로의 메시지를 주었다.

예수 그리스도가 세상이란 무대에 오르기 전에, 이 전체 드라마는 그분의 내면 왕국에서 그분의 시야 앞에서 펼쳐졌다. 그랬기에 그분은 일정한 일을 한 후에 어떤 일이 일어날지를 예견할 수 있었다. 그분은 다양한 유형의 정신을 가진 인간들이 활동하는 방식을 잘 알고 있었다. 또한 주어진 상황에서 그들이 어떻게 행동할지를 정확히 예견하고 있었다. 예수 그리스도는 운명론자였다. 즉, 긍정적 운명론자였다. 그분은 우주의 계획이 무엇인지 미리 알고 있었고, 그것에 따라 행동했던 것이다.

그분이 삶에서 조금씩 다른 태도를 취한 이유는 그분의 사명에 관여한 다양한 사람들의 정신과 성격에 맞춰서 행동하였기 때문이다. 그들 모두는 독립적인 교훈적 본보기이다. 그 누구도 정신적인 힘을 통해 상대방을 통제하려 해서는 안 된다. 하지만 우리가 영적인 치유를 하거나 상대방의 고귀한 본성에 호소하여 그가 빛을 볼 수 있도록 돕는 것은 우리의 신성한 권리이다.

그래서 예수 그리스도는 복음을 전할 때 그 누구에게도 강요하지 않았다. 그럼에도 그분은 모두가 구원받을 수 있도록 열정적으로 복음을 전파했다. 내면에서 연출되는 드라마가 외부 세상에서의 당신이 어떤 모습일지를 결정한다. 만일 당신이 어떤 존재가 되고자 한다면, 그것이 실제인 것처럼 내면의 왕국에서 먼저 연기하라. 외부에서 성공하기 위해서 하지 말고, 내부에서 성공하기 위해서 하라. 그러면 그것은 당신 삶에서 자연스럽게 펼쳐진다.

외부 세계에서 그 역할을 다시 연기할 기회가 생긴다면 당신은 그것을 사실적으로 연기해야 한다. 다시 말해, 아주 자연스럽게 행동해야 한다. 내면에서 만나는 친구들을 실제 친구처럼 대해야 한다. 모두의 이익과 상호 번영을 위해 그들과 함께 살아가고, 행동하고, 즐기고, 소통해야 한다. 내면 왕국에서는 오해가 생길 일이 없다. 만약 외부 세계의 친구와 오해가 있다면 내면의 왕국에서 그와 대화하면서 어떤 식으로 대우받고 싶다고 말한 후, 그가 그렇게 행동하는 모습을 상상해야 한다. 그렇게 하면 모든 오해는 풀릴 것이다.

외부에서 일어난 모든 오해는 이런 내면의 영적 치유를 통해 해결될 수 있다. 나는 예수 그리스도가 인류에게 계시한 경이로운 왕국을 믿을 뿐만 아니라, 그분이 행한 기적적인 치유도 모두 믿는다. 그리스도가 말하고 행한 것을 믿는 이유는, 나 역시 그분이 주장하고 행한 것들을 어느 정도 증명해 보았기 때문이다. 나는 사람들에게 즉각적인 치유를 많이 보여 주었다. 심지어 맹인, 귀머거리, 절름발이가 기적적으로 치유되기도 했다. 물론 이 치유는 나의 공로가 아니다. 우리 모두 안에 존재하는 권능 덕분이다.

사람들은 이 치유를 증언하면서 나에게 공을 돌리지만, 나에게는 이런 결과를 낼 수 있는 특별한 능력이 없다. 언젠가는 우리 모두가 그리스도의 놀라운 가르침을 우리 모두의 공통된 영적 유산으로 받아들일 날이 반드시 올 것이다. 우리는 그날이 오기 전까지 진리가 성장할 수 있는 기반을 마련해야만 한다. 그래서 모든 사람들이 이 진리를 이해하고 우리가 주장하는 것을 검증하기 위해 시험할 수 있게 만들어야 한다.

많은 사람들이 지금은 영적인 시연에 대해 들을 때면 비웃고 말지만, 언젠가는 보편적으로 받아들여질 날이 반드시 올 것이다. 기억해보라. 얼마 전까지만 해도 이 나라 사람들은 형이상학적 진리나 형이상학적 시연에 대한 언급만으로도 비웃으며 손사래를 치곤 했다. 사람들은 '새로운 사상'이라면 우선 비웃고 본다. 하지만 오늘날 이것들은 많은 사람들에게 받아들여져 자신들의 사업이나 사회생활을 하는 데에도 자유롭게 사용되고 있다.

우리가 지금 내면 왕국에서 보고 있는 모든 것은 언젠가 보편적으로 받아들여질 것이다. 이것과 관련해서, 당신이 왕국 안에서 몸이나 특정 부위가 새로워진 것을 본다면 실제로 그렇게 된다. 몸이나 어떤 부위가 새로워졌다고, 혹은 새로워지고 있다고 마음속으로 확신하면 실제로 그렇게 된다. 당신이 무언가를 확신한다면 그것은 실제로 그렇게 된다. 이것이 왕국의 신비 중 하나이다.

왕국의 또 다른 신비는, 우리가 어떤 사업의 결과를 미리 알 수 있다는 것이다. 만약 당신의 사업에 세속적인 생각을 가진 사람들이 관여하고 있다면, 그들의 의지에 반해 정신적으로 영향을 미칠 수는 없다. 이럴 때는 당신의 내면 왕국에서 사업의 결과를 결정할 수 있다. 사업의 중요한 세부 사항들이 성공적으로 이루어지는 모습을 그려보라. 그리고 항상 활동 중인 당신의 초의식, 즉 당신 내면의 모든 것을 아는 권능에게 사업의 결과에 대한 정확한 인식을 부여해달라고 요청하라..

그 후 어떤 것도 미리 정함이 없이 그저 마음을 쉬면서 어떤 반응이 오는지 보라. 편안한가 아니면 불안한가? 편안하다면 결과는 괜찮을 것이다. 하지만 불편하다면 어딘가에 문제가 있다는 뜻이므로 그것을 바로잡아야 한다. 그러나 당신에게는 왕국에서 자신이 자유로운 것을 상상할 특권이 있고, 그것을 통해 세속적인 얽힘이나 영향에서 벗어날 수 있다.

내면이 올바르다면 외부에서 잘못될 일이 없다. 당신은 잘못된 것을 바로잡을 수는 있지만, 잘못된 것을 옳다고 할 수는 없다. 잘못 생각한 것이 있다면 당신의 내면 왕국에서 그것을 바로잡을 수 있다. 해방된 마음을 지니고 하나님의 영원한 왕국을 마주할 때 어떤 두려움도 없다. 당신의 운명은 당신의 의식에 의해 결정된다. 그 누구도 당신의 운명을 말할 수 없다. 왜냐하면 당신에게는 의식을 변화시킬 힘이 있으며, 하나님의 자녀이기 때문이다.

당신이 죽음의 그림자 계곡에 머물고 있는 한, 당신은 육신을 쫓아 판단하게 될 것이고 그것으로 판단받을 것이다. 예수께서는 이렇게 말씀하셨다. "너희는 육신을 쫓아 판단하지만, 나는 그 누구도 판단하지 않는다. 만약 내가 판단한다면, 내 판단은 참되다. 왜냐하면 나는 혼자가 아니고 나를 보내신 아버지와 함께이기 때문이다."[요한복음 8:15-16]

누군가 당신이 어떤 방향으로 가고 있는지 안다면 당신이 지나갈 가능성이 있는 몇몇 장소를 예측할 수는 있다. 이것이 예언이다. 나는 한 남자에게 "당신은 지금 불행을 향해 가고 있는 것이 보인다"고 말했다. "왜 그렇게 생각하세요?" 그가 물었다. "당신은 지금 부정적인 생각으로 가득 찬 사람과 싸우고 있기 때문입니다." 나는 대답했다. "그 사람과 같은 방향으로 가고 있으니, 다른 결과를 기대할 수 있을까요?"

그는 그것을 피하려면 어떻게 해야 하는지 알고 싶어 했다. 나는 그에게 그 사람을 치료하거나, 의식에서 그를 떠나게 하라고 했다. 나는 그에게 내면의 생명에 대해 더 설명해주었다. 그는 이해하고는 내 지시에 따라서, 문제를 피했다. 살아 있는 그리스도는 당신에게 묻는다. "왜 당신의 운명을 스스로 정하지 않는가?" 당신의 미래는 바로 이 현재와 연결되어 있다. 내면에서 긍정적인 것을 상상해보라. 일어나기를 바라는 일을 상상하고, 그것이 이미 일어났다고 믿어라. 그러면 그렇게 될 것이다.

"비전이 없으면 백성은 멸망한다."[잠언 29:18] "두 가지 잘못으로 옳은 것을 만들지는 못한다"는 옛말은 진리이다. 당신이 묶는 것은 당신과 함께 묶이고, 당신이 풀어주는 것은 당신에게서 풀려난다. 이것이 정확한 법칙이며, 예외는 없다. 당신이 잘못을 저질렀거나 잘못된 사람을 따를 때, 하나님은 당신의 편에 설 수 없다. 예수 그리스도는 산상수훈에서 이렇게 말씀하였다. "너희가 사람들의 죄를 용서하면, 하늘에 계신 너희 아버지께서도 너희를 용서하시겠지만, 너희가 용서하지 않으면, 너희 아버지께서도 너희의 죄를 용서하지 않으실 것이다."

이것은 우리가 생각하는 것보다 더 깊은 의미를 지니고 있다. 당신의 내면 왕국에서 당신이 마음에 간직하고 상상하는 것이 당신에게 현실이 된다. 당신의 거짓은 진리의 세상에서는 통하지 않는다. "너희가 어떤 판단으로 판단하든, 너희도 같은 판단으로 판단받을 것이다. 너희가 어떤 척도로 측정하든, 너희도 같은 척도로 측정받을 것이다."

스스로에게 말하라. 왕국에서의 긍정적인 비전이 옳은 것이고, 그것이 현실이라고. 당신이 인식하고 받아들이는 것 너머에는, 그 어떤 것도 당신에게 존재하지 않는다. "보라! 하나님의 왕국이 너희 안에 있다." "먼저 하나님의 왕국과 그분의 의를 구하라. 그러면 이 모든 것이 너희에게 더해질 것이다." [마태복음 6:33] 그것은 당신에게 반드시 더해질 것이다.

만약 마음이 과거에만 계속 머무르려고 한다면 우리는 앞을 보지 못하고 뒤돌아 보게 될 것이고 저 높은 곳까지 뻗어있는 장엄한 길들을 보지 못하게 될 것이다. 우리의 희망과 믿음과 신뢰는 항상 우리 앞에서 전진하고 있다. 그것들은 무한하게 펼쳐진 세상을 향해 함께 가자고 우리를 향해 영원한 손짓을 하고 있지만 우리가 지금 있는 곳을 고집하면서 떠나려하지 않는다면 우리의 여정은 점점 더 힘들어진다. 우리가 살고 있는 세상은 영원히 움직이는 세상이다. 그래서 우리는 계속 전진 해야만 하지만 이 흐름을 거부한다면 정체의 희생자가 된다.

『모줌다, 왕국의 비밀』 중에서

Chapter 9

THE COSMIC VISTA
무한의 시야

매일 밤 잠자리에 들면서
그리스도와 같은
깨달은 영혼들과 만나게 해달라고
초의식에게 요청하라.

그 천상의 존재가 가까이에 있다고 상상하면서
당신을 꿈나라로 인도하여 원하는 지식을 전해달라고 부탁하라.

모든 걱정, 불안과 의심, 두려움에서 벗어나
마음을 편히 쉬어라.

잠에서 깰 때, 당신은 만족감과 확신, 그리고 모든 이해를
초월하는 평화를 느낄 것이다.

당신에게 평화가 있기를!

CHAPTER 9 THE COSMIC VISTA
무한의 시야

Lesson Six

 당신이 알고 싶고 보고 싶은 것은 어떻게든 알게 되고 보게 된다. 마찬가지로, 알고 싶지 않거나 보고 싶지 않은 것은 알 수도 없고 볼 수도 없다. 당신은 당신이 옳다고 생각하는 것을 증명하기 위해 수많은 변명을 만들 것이다. 그것이 인간의 속임수이다. 예술가가 봄꽃의 아름다움을 보며 감탄하는 모습을 멍하니 지켜보며, 그들이 도대체 무엇을 보고 저렇게 열광하는지 궁금해할 수 있다. 그 차이는 당신이 육안으로 사물의 겉모습만을 보려 하고, 예술가는 마음의 눈으로 사물을 보려 한다는 점에 있다. 예술가가 사물을 보는 비밀은 그의 마음에 있다. 사물을 그저 눈으로만 바라본다면 형태와 색깔만을 보게 될 것이다. 하지만 예술가는 그 안에서 자신의 영혼을 투영하여 본다.

 이렇게도 말할 수 있다. 당신은 자신이 불행하다고, 혹은 곤경에 처했다고 생각한다. 그래서 당신의 상황을 당연히 불행하게 여긴다. 하지만 그것은 단지 당신의 마음이 어두워 보게 되는 환영일 뿐임을 알지 못한다. 그런데 이 상황을 긍정의 눈으로 보면, 전혀 다른 광경이 보이고, 다른 의미를 얻게 된다. 이 어두운 상황이 사라지기를 바라는 마음이 드는 것은 자연스러운 일이다. 만약 스스로 그것을 없앨 힘이 없다면, 당신은 하나님께 그것을 없애달라고 요청할 특권이 있으며, 동시에 그것이 사라지고 있다고 상상할 수 있다.

당신이 평소 이 특권을 행사하지 않는 이유는 행사하려는 마음을 내지 않기 때문이다. 당신이 지닌 인류의 관습과 어릴 적 교육은 당신에게 자신의 불행을 사랑하도록 가르쳤고, 당신은 이것을 인식하지 못한 채, 불행에 대해 일종의 병적인 쾌락을 느끼게 되었다. 당신이 하고 싶지 않거나, 보고 싶지 않거나, 알고 싶지 않다면 그 누구도 당신에게 강요할 수 없다. 주변을 바라보면서 어떤 일이 일어나기를 기대하는 것만으로는 아무것도 얻을 수 없다. 당신이 구하고 찾는 것만이 발견될 것이다.

우리 인류가 한때 전등, 자동차, 전화, 라디오 등을 원했기 때문에, 오늘날 우리는 이것들을 가지게 되었다. 그런데 이 모든 것을 어떻게 얻었을까? 단순히 주변 세계를 멍하니 바라보는 것으로 얻었을까? 아니면 생각하고, 믿고, 상상하며 노력하고, 그 너머를 보려는 시도를 통해 얻었을까? 당신이 보고자 하는 것은 결국 볼 수 있다. 당신이 보고자 하는 사물의 진정한 아름다움은 그 사물 자체에 있는 것이 아니라, 당신의 마음 속에 있다. 사물과 접촉하고, 그것을 알고 인지하는 것은 마음이다. 마음이 사물을 특정한 의미로 받아들이면, 그것이 바로 현실이 되고 진실이 된다. 우리가 이렇게 받아들이는 것을 통해 좋은 결과를 얻을 수 있다면, 그렇게 하지 않을 이유가 무엇인가?

나는 여기 혼자 있다. 하지만 나의 정신적 어둠으로 가려진 커튼을 젖히면 누군가 있다는 것을 느낀다. 왜 그를 안으로 초대하여 함께하지 않는가? 왜 그와 즐거운 대화를 나누지 않는가? 당신은 이렇게 말할지도 모른다. "첫째, 당신 마음의 커튼 밖에는 아무도 서 있지 않다. 둘째, 누군가의 존재를 느끼고자 하는 당신의 마음이 그 존재를 만들어낸 것뿐이다. 그렇게 환상에 빠져 대화를 나누고, 같이 있다는 상상을 하면, 상상의 고삐가 풀려 조심하지 않으면 정신적 균형이 무너질 것이다."

이제 내가 정신적 균형을 유지하는 방법과 이 환영과의 대화를 논리적으로 만드는 방법을 안다고 가정해보자. 그러면 어떻게 될까? 분명히, 현실 세계의 사람이든 환상 속의 존재든, 철저히 이성적인 대화를 나눌 수 있다면, 그 대화가 사람을 비이성적으로 만든다고는 말할 수 없을 것이다. 우리는 모두 어떤 문제를 해결하려 할 때 종종 혼잣말을 한다는 것을 알고 있다. 그리고 그런 혼잣말은 우리가 알다시피 매우 합리적이다. 그것은 자연의 비밀을 밝히고 문제의 해결책을 찾는 데 도움이 된다. 이런 대화는 누구의 정신적 균형도 무너뜨리지 않는다.

내가 환상 속의 존재와 실용적인 진리에 관해 대화를 나누어 실용적이고 입증 가능한 지식을 얻게 된다면, 그런 대화를 하지 말아야 할 이유가 있을까? 그리고 그 상상 속의 인물이 더 높은 차원의 존재이기를 원한다면, 그렇게 선택할 수 있는 것은 내 특권이다. 내 환영이 더 높은 차원의 존재로 나타나기를 원한다면, 그렇게 나타나게 된다. 당신은 어쩌면 이렇게 물을지도 모른다. "그런데 그가 더 높은 차원의 존재인지 아닌지를 어떻게 판단할 수 있을까?" 내 개인적인 생각으로는, 그가 가진 지식이 나보다 뛰어나다면, 그를 나보다 더 높은 차원의 존재라고 생각할 수 있을 것이다.

내 환영 속 존재가 내가 생각할 수 있는 것보다 더 나은 것, 더 높은 것을 준다면, 왜 그것을 받아들이지 않는가? 왜 환영 속 존재를 고귀한 인물로 대하지 않는가? 실용적인 지식을 요구한다면 그것을 얻게 될 것이다. 그러나 내가 그것을 받아들일 의향이 없거나 받으려 하지 않는다면, 받을 수 없을 것이다. 이것이 원하는 것을 얻는 비법이다. 그저 멍하니 바라보며 되는 대로 상상하는 것은 우리를 아무 곳으로도 이끌지 못하며, 어떤 결과물도 가져다주지 않는다.

전지한 하나님의 존재 안에서 내가 그리스도와 접촉한다고 상상할 때, 나는 실제로 그리스도와 접촉한다고 믿는다. 전지한 권능 안에서는 어떤 실수도 있을 수 없다. 하나님의 존재 안에서 당신이 어떤 인물과 접촉한다고 상상한다면, 그 사람이 당신이 아는 사람이든 모르는 사람이든, 외모를 알든 모르든 관계없이 그 사람과 실제로 접촉하게 된다. 그러나 내가 그리스도와 만난 후 새로운 영감이나 실용적인 아이디어를 얻지 못했다면, 이 접촉에 무언가 잘못된 점이 있었던 것이다.

예수 그리스도의 말씀에 따르면, 그분은 세상에 많은 것을 주려고 하였지만 세상은 그것을 받아들일 준비가 되어 있지 않았다고 한다. 20세기가 지난 지금도 그분은 세상에 주고자 했던 것 중 아주 일부만을 우리에게 말해줄 수 있을 것이다. 즉, 그분과의 접촉 어딘가에 잘못된 부분이 있을 수 있다. 하지만 만약 그분이 내게 새로운 영적 지식과 비전, 깨달음을 주며 나의 기대를 충족시켰다면, 이것이 올바른 접촉이었음을 의심할 여지가 없다.

그분의 존재로 인해 내가 활력을 얻고, 정체되었던 마음이 활기를 되찾아 실용적이고 실천적인 지식을 받아들이게 되었다면, 과연 누가 나에게 당신은 그리스도와 접촉한 것이 아니라고 말할 수 있겠는가? 내가 받아들일 수 없는 메시지는 받지 못하지만, 내가 받게 되는 메시지는 나의 필요를 충족시켜 준다. 나는 현재의 삶의 방식을 포기하고 싶지 않으며, 주님 또한 내가 그렇게 하기를 바라지 않는다. 이 삶에서 매 순간 신성한 목적을 이루며 살아가야 한다.

나는 그리스도, 성인, 예언자가 되게 해달라고 기도하지 않는다. 나는 그저 나 자신, 즉 하나님의 또 다른 영광스러운 하나의 표현이 되기를 바랄 뿐이다. 내가 그리스도의 빛 안에서 믿고 살면서, 이렇게 나 자신으로 사는 것이 즐거운데, 왜 내가 자연스럽지 않은 어떤 다른 존재로 살기를 원하겠는가? 나뭇가지로 사는 것이 나에게 더 많은 즐거움을 준다면, 나무가 되기보다는 차라리 나뭇가지로 사는 편이 낫다. 만일 그렇다면, 왜 그렇게 하지 않겠는가?

우리 자신의 본성과 성향에 반하여 어떤 초월적인 경지에 도달하려는 비범한 노력이 우리의 종교 생활에서 많은 문제를 일으키고 있다. 우리는 그 먼 목표나 이상에 자신을 맞출 수 없어서 가식과 위선의 삶을 산다. 담대하게 하나님을 마주하고, 어린아이 같은 순수한 마음으로 삶의 여정에서 매 순간 인도의 손길을 구하지 못한다. 극소수의 사람들만이 정상적이고 건강하며 자연스러운 방식으로 신성한 생명을 표현하려는 것 같다.

예수 그리스도는 특정 상황에서 그리스도가 어떻게 살고 행동해야 하는지에 대한 본보기를 보여주었다. 우리가 그리스도라는 자각이 없다면, 적어도 우리는 산상수훈의 가르침에 따라 살고 행동해야 하지 않을까? 그리스도의 메시지는 우리에게 유익하며, 우리가 필요로 하는 것을 충족해준다. 그것은 그리스도 자신을 위한 것이 아니다. 그리스도는 완벽하고 깨달음을 얻은 의식 상태이며, 최고 차원의 존재로서 불멸 속에서 모습을 나타낸다. 태양이 스스로를 위해 어떤 빛도 필요로 하지 않듯이, 그리스도 또한 자신을 위해 어떤 메시지도 필요하지 않다.

그러나 필요로 하고 받아들일 수 있는 사람들에게 희망, 용기, 영감, 그리고 열망의 메시지를 주는 것은 그분의 영원한 본성이다. 그리스도는 "그러므로 하늘에 계신 너희 아버지와 같이 너희도 완전하라"[마태복음 5:48]라고 말씀하셨다. 만약 어린이라면 어린아이로서 완전하라. 만약 어른이라면 어른으로서 완전하라. 당신이 처한 삶의 위치에 맞춰, 항상 그 자리에서 요구되는 완벽한 본보기가 되어라. 이러한 완벽함은 당신의 정상적이고 자연스러운 표현이 실제로 완벽하다는 것을 의미한다.

자, 다음을 보자! 여기 몇 년 전에 죽은 사람이 있다. 다시 말해, 그 사람은 지상의 육신을 떠났다. 왜 그가 나에게 왔느냐고 당신은 묻는가? 대답은 매우 간단하다. 내가 바랐기 때문이다. 나는 그가 지상에 있을 때 친밀하게 알지는 못했지만, 그런 점이 무한한 의식 안에서 그 사람을 만나는 데 장애가 되지는 않았다. 우리가 만난 이유는 누군가가 그와의 만남을 요청했기 때문이다.

우리는 우주 고속도로에서 한 장소에서 다른 장소로 이동하는 것이 아니다. 우리는 의식 속에서 이동하는 것이다. 다시 말해, 우리가 어떤 장소에 있다고 의식하는 순간, 우리는 그곳에 있게 된다. 만일 어떤 사람이 우리 가까이에 있다고 의식한다면, 그는 바로 우리 가까이에 있게 된다. 의식의 차원에서는 공간이란 존재하지 않는다. 당신이 아름다운 호수, 산, 계곡을 상상한다고 해서 그것이 의식 속의 공간을 차지한다고 생각하지는 않을 것이다. 하지만 이러한 현상들이 당신의 의식 속에서 공간을 차지하여 보인다.

따라서 당신이 어떤 물체를 마음속으로 볼 때, 당신은 그것을 정확하게 볼 수 있다. 이 단순한 형이상학적 진리를 이해하는 데 많은 공부가 필요하지는 않다. 당신이 외부에서 보는 것처럼, 내면에서도 볼 수 있다. 당신이 내면에서 보는 것은 어떤 공간도 차지하지 않는다. 그래서 내가 소위 죽은 사람을 나의 무한한 의식 안에서 보려고 했을 때, 나는 하나님의 존재 안에 그 사람이 있다고 상상했다. 하나님 안에서는 어떤 실수도 없음을 알기 때문이다. 그러자 곧 그는 내게 현실이 되었고, 나는 그와 상상 속의 대화를 나눴다. 그가 점점 더 생생하게 의식 속에 나타났을 때, 나는 상상 속의 대화를 멈추고 그가 스스로 말할 때까지 기다렸다. 그가 실제로 말했을까? 그렇다. 나는 그가 말하기를 기대했고, 그는 실제로 말했다.

이것이 바로 시연의 비밀이다. 우리는 우리가 나타내고자 하는 것을 기대해야 한다. 그러면 증거는 그 기대에 따라 나타난다. 이 남자가 말을 시작했을 때, 그는 내가 이전에는 생각해보거나 듣거나 상상하지 못했던 것들을 말했다. 당신은 이것이 그 남자가 환영이 아닌 실제였다는 결정적 증거는 아니라고 말할지도 모른다.

좋다. 다른 사례를 보자. 몇 년 전 갑자기 사라진 남자의 사례이다. 아무도 그가 현재 어디에 있는지 모른다. 이때 우리는 그 남자가 직접 자신이 있는 곳을 말해주기를 바란다. 그래서 이전 사례에서 사용했던 것과 비슷한 방법을 사용한다. 우리는 상상 속에서 하나님의 존재 안에 있는 그를 보고, 그와 완벽한 접촉을 위해 상상의 대화를 나눈다. 그의 존재가 우리 의식 속에서 생생하게 느껴지는 순간, 우리는 그에게 질문을 하고 대답하기를 기다린다. 이때 우리는 어떤 대답도 상상하거나 예상해서는 안 된다. 우리가 어떤 응답을 받게 되면, 나중에 그것이 진실인지 조사해서 확인해볼 수 있다. 우리의 접촉이 완벽하지 않으면 확실한 대답을 얻지 못하거나 아무 대답도 얻지 못할 수도 있다. 그럴 때는 완벽한 접촉이 이루어질 때까지 계속 시도해야 한다. 이 방법을 통해 우리는 영적 분별력, 즉 영적 감각을 개발할 수 있다.

전지한 권능인 하나님 안에서 활동함으로써 우리는 영적 감각을 개발할 수 있다. 영적 비전은 일반적인 심령 비전과는 다르다. 영적 비전에서는 전지전능한 하나님 안에서 무언가를 보지만, 심령 비전에서는 마음으로 그것을 볼 뿐, 초월적 의식 차원으로 끌어올리지는 못한다. 육체적인 생명 개념 안에서 하나의 마음과 다른 마음이 연결된다면 그것을 심령적인 접촉이라고 할 수 있다. 그러나 여기에는 두 가지 단점이 있다. 첫째, 현재 당신의 진동 상태로 인해 원하지 않는 다른 사람과 접촉할 수 있다는 점이다. 둘째, 적절한 사람과 접촉하더라도 그 사람의 마음을 더 높은 영적인 차원으로 끌어올리지 못할 가능성이 있다는 것이다. 많은 사람들이 소위 심령 능력을 가지고 있지만, 그것만으로는 몸과 마음에 대한 완전한 지배력을 주지 못한다. 혼란스러운 마음과 접촉하게 되었을 때, 그들의 마음 또한 혼란스러워질 수 있다. 하지만 이러한 타고난 심령 능력자들이 적절히 훈련된다면, 그들은 훌륭한 영적 예지자가 될 수 있다.

심령적 능력을 가진 사람은 인간이 가질 수 있는 가장 귀중한 자산인 상상이라는 놀라운 선물을 갖고 있는 것이다. 우리가 상상하고 믿는 것은 우리에게 현실이 된다. 심령적 능력을 가진 사람이 '하나님이라는 참된 기반'에 기초를 하고 행동을 할 수 있다면 그는 그가 살고 있는 세계에서 영적인 이로움을 전해줄 위대한 영혼이 될 것이다. 나는 영적인 힘을 사용하여 놀라운 결과를 얻었던 적이 있다. 나는 한때 매우 충동적이었고, 내 생각을 거침없이 말하는 경향이 있었다. 좋은 의도에서 했지만 결과는 종종 부정적이었다. 왜냐하면 상대방의 잘못을 지적하여 사람을 고치는 방법은 부정적인 방법이기 때문이다.

그렇다고 끊임없이 칭찬하며 격려하는 방법 또한 항상 긍정적 결과를 가져오는 것은 아니다. 그렇게 한다면 상대방이 칭찬에 의존하게 될 가능성이 있을 뿐만 아니라, 부정적 비판에 대한 저항력을 약화시킬 수 있다. 내가 아는 가장 긍정적 방법은 영적인 방법이다. 침묵 속에서 그 사람에게 말하고, 하나님 안에서 그 사람을 봄으로써 놀라운 결과를 얻을 수 있다. 그래서 나는 충동적으로 생각을 표현하려는 성향을 억제하는 것을 통해, 몇 가지 실험을 할 수 있었고, 성공적인 결과를 얻었다.

나는 나와 친밀한 사람들을 대상으로 이 실험을 진행했다. 물론 그들은 나의 영적인 치료에 민감하게 반응하고 잘 수용했다. 이것을 통해 나는 내가 일하고 있는 분야에서 만나는 사람들을 치료하는 데 새로운 가능성을 보게 되었다. 우리는 모두 우리가 만나는 사람들에게서 부정적인 태도를 상상하거나 기대하지 않는지 마음을 세심히 살펴야 한다. 부정적인 것을 기대하는 것은 인간의 약점 중 하나이다. 그래서 우리는 생각이나 암시나 행동을 통해 다른 사람에게 부조화의 씨앗을 심지 않도록 주의해야 한다.

마음은 투사하는 힘을 지니고 있다. 마음은 서치라이트와 같다. 그래서 우리의 객관적인 시야에서 멀리 떨어져 있는 사물과 상황을 조사할 수 있다. 계속해서 마음을 투사해 봄으로써 우리는 바다 깊은 곳이나 지구의 내부를 꿰뚫어 보는 심령 능력마저 개발할 수도 있다. 하지만 이러한 훈련은 물질적인 것에 마음이 사로잡힌 사람에게는 점점 큰 부담으로 작용한다. 시간이 지나면서 그 사람의 신체, 정신 시스템은 완전히 붕괴될 것이다. 마음으로 하나의 장소를 상상하고, 그것을 하나님 안에서 보는 것을 통해 같은 결과를 더 잘 얻을 수 있다. 그리고는 전지한 존재에게 올바른 정보를 달라고 요청하면, 우리는 그것을 얻을 수 있다.

마음속에 떠오르는 느낌을 통해 주어진 것이 올바른 것인지 여부를 쉽게 판단할 수 있다. 우리의 마음이 초의식과 더 가까워질수록, 영감이나 내면의 목소리를 통해 원하는 정보를 더 명확하게 받는다. 방사성 에너지처럼 영적인 힘은 우리 주변 어디에나 있다. 우리의 정신적 진동이 낮기 때문에 보통은 그것들을 느끼지 못할 뿐이다. 이 힘들은 개개인들에 의해서 구현되거나 나타난다. 당신과 내가 현재의 의식 상태에 따라 그에 걸맞은 진동 에너지를 내듯이, 천상의 존재들 또한 특정한 고차원 진동 에너지를 낸다. 우리의 의식이 변할 때 진동도 함께 변화한다. 이러한 변화는 때로는 일시적이고, 때로는 영구적이다.

일시적인 진동 변화가 발생할 때 우리는 그 진동의 특성에 따라 특정한 존재들과 일시적으로 접촉한다. 예를 들어, 당신이 화가 나거나 분노한다면 비슷한 성질의 힘들과 접촉하게 된다. 그러면 당신의 전체 시스템은 징처럼 진동하기 시작할 것이다. 이 진동을 없애는 가장 빠른 방법은 편재하는 하나님의 존재 안에서 더 높은 차원의 존재를 부르고, 그 존재가 당신을 돕고 있다고 느끼는 것이다. 이러한 접촉은 당신의 진동을 빠르게 높여줄 것이다. 더 높은 차원의 존재는 우리의 이 의식 수준에서의 낮은 진동을 빨리 극복할 수 있게 도와준다. 그런데 우리가 주의할 것은 우리가 낮다고 생각하는 진동이 전혀 그렇지 않을 수도 있다는 점이다.

어릴 적 받은 교육으로 인해 우리는 특별한 이유 없이 어떤 것은 좋고, 어떤 것은 나쁘다는 선입견을 가지게 된다. 우리가 행복을 나누고, 또 행복을 받으며 살고 있다면 우리는 생명의 긍정적인 영역에서 살고 있는 것이다. 예를 들어, 게임과 같은 놀이는 오로지 즐기기 위해 한다면 나쁘지 않다. 우리의 동기가 선하고 건전하다면 우리의 정신적 진동은 높게 유지된다. 하지만 타인의 행복을 해치면서까지 사욕에 집착할 때 우리의 정신적 진동은 낮아진다.

그러나 다시 이 단락의 처음으로 돌아가본다면, 차원을 초월한 의식 속에서 천상의 존재들과 접촉하는 것은 매우 쉽다.

우선, 당신은 '모든 곳에 편재하는 하나님'의 존재를 인식해야 하며, 그 후에 이 천상의 존재들을 보고 그들과 상상 속 대화를 나누어야 한다. 이러한 상상 속의 대화는 당신의 마음에 활력을 불어넣고, 긍정적인 확신과 깨달음을 줄 것이다. 그리고 당신이 상상하지 않았음에도 이 존재들은 당신과 교류하며, 자신들이 있는 곳의 지식을 당신이 원한다면 제공할 것이다. 그것들이 예술이나 음악 분야에 관한 것이라면, 그들은 당신에게 그 분야에 대한 지식을 전수할 것이다. 물론, 당신이 이러한 주제에 관심이 있어야 그 지식을 받을 수 있음은 당연하다.

창조의 세계에는 수백만 개의 거주 가능한 행성들이 있다. 수많은 존재들이 자신의 의식 상태에 따라 끊임없이 이런 행성들에 육신을 가지고 태어난다. 그들의 마음은 자유로울 수도 있지만, 속박될 수도 있다. 해방된 마음을 가진 사람들은 다른 행성의 해방된 영혼들과 쉽게 소통할 수 있다. 이러한 행성 간의 소통은 공간이 아닌 의식 속에서 이루어진다. 공간을 초월한 거리는 오직 당신의 마음에만 존재한다. 당신은 마음을 통해 먼 곳을 볼 수 있다. 당신이 마음속에서 인지하는 이 거리는 실제 공간으로 존재하는 것이 아니라, 당신의 마음속에 존새하는 것이다.

당신이 멀리 있는 별을 볼 때, 그 별이 당신으로부터 얼마나 떨어져 있는지 알 수 없으며, 당신과 그 별 사이의 정확한 거리를 가늠할 수도 없다. 하지만 당신은 이 공간을 마음의 영상으로 그릴 수 있다. 어쩌면 이 마음속 영상이 진실과는 다를지라도, 이 그림의 목적은 달성된 것이다. 즉, 당신의 실제 필요를 만족시킨다. 마음의 눈을 통해 별을 원하는 만큼 가까운 것으로 볼 수 있으며, 그러면 그것은 그만큼 가까운 것이 될 것이다. 당신의 의식에서 그것이 어떤 공간을 차지하는 것은 아니다.

그렇기에 멀리 있는 별에 살고 있는 사람에게 정신적인 메시지를 보내고 싶다면, 굳이 공간을 통해 보낼 필요는 없다. 그 사람이 바로 눈앞에 있다고 상상하면서 텔레비전처럼 대화할 수 있다. 물론, 텔레비전에 대한 비유는 정확하지 않다. 당신은 실제로 그 사람과 직접 소통하고 있는 것이기 때문이다. 이 만남은 실제 만나서 대화하는 것만큼이나 생생한 현실이다.

우리의 자연스럽고 진실한 모든 감정을 신성하게 만들고, 영적인 것으로 만들어야 한다. 우리 인간의 모든 감정은 하나님이 주신 소중한 선물이다. 다만 우리는 반드시 그것을 긍정적인 측면에서 받아들여야 한다. 감정이 영적인 것이 되면,

더욱 강렬해진다. 모든 감정을 하나님의 감정으로 받아들임으로써, 우리는 그것을 영적인 것으로 만들 수 있다.

예수 그리스도의 드라마틱한 활동은 항상 영적이었다. 그분은 언제나 자신의 생각과 행동을 하늘에 계신 아버지와 연결시켰다. 이렇게 모든 행동을 영적인 것으로 만드셨다. 신성한 동기가 그분의 모든 행동을 이끌었다. 따라서 천상의 존재들과의 교감을 위해서는 영적인 감정이 반드시 수반되어야 한다. 만약 당신이 그들을 형제자매처럼 대한다면, 낯설게 대하거나 경계하면서 대하는 것보다 더 친밀해질 것이다. 예수 그리스도도 자신의 사역이 끝나갈 무렵, 제자들과의 관계를 더욱 가깝게 만드셨다.

예수 그리스도는 이렇게 말했다. "이제부터는 너희를 종이라 부르지 않겠다. 종은 주인이 하는 일을 알지 못하지만, 나는 너희를 친구라 부른다. 내가 내 아버지께 들은 모든 것을 너희에게 알려주었기 때문이다."[요한복음 15:15] 그리스도는 모든 인간의 감정을 영적으로 승화시켰을 뿐만 아니라, 그분과 가까이 지낸 모든 이들에게 영감을 주고 활력을 불어넣었다. 때로는 내가 의식이 낮은 상태에 있으면서 천상의 존재들과 교류하고자 할 때, 그들에게 "오소서! 오소서! 천상의 형제자매들이여, 저는 그대들을 원합니다!"라고 직접 부른다. 그러면서 그들이 내 앞에 있는 모습을 그린다. 이렇게 직접적으로 부르면 내 마음에는 활력이 생기며, 깨어 있는 상태에서 그들과 교류할 수 있게 된다.

예수 그리스도는 천사나 천상의 존재들과 교류할 수 있다고 믿었다. 그분은 우리가 이러한 천상의 존재들과의 교류 없이는 완전하게 표현되지 않는다고 생각했다. 당신이 아프다면 의사를 찾는다. 그런데 그보다 더 훌륭한 치유자가 가까이에 있다는 생각을 해본 적이 있는가? 당신은 지금 이 순간, 치유의 방법을 매우 잘 알고 있는 존재들에게 도움을 청할 생각을 하지 못한 것 같다. 당신은 단 한 번도 천상의 존재들이 침대 옆에 앉아 있는 것을 상상하지 않았다.

자, 그 이유를 말해 보라. 그것은 당신의 마음이 세상의 사고방식과 사람들로 가득 차 있기 때문일 것이다. 당신은 항상 멀리서 도움을 찾고 있다. 물론, 하나님의 도움의 손길은 인간이라는 매개체를 통해서도 온다. 이러한 매개체는 멀리 있지 않다. 그들은 바로 부를 수 있을 만큼 가까이에 있다. 당신의 영적인 친구들이 이미 당신을 도울 준비가 되어 있다고 상상하고 믿으면서, 직접 불러보는 것은 어떤가? 하나님은 당신에게, 당신이 도울 수도 있고, 당신이 도움을 받을 수도 있는 동료 영혼들을 주셨다. 그들을 불러 그들이 오고 있거나 당신 앞에 있다고 상상해 보는 것은 어떤가? 그런 다음, 당신이 원하는 것을 그들에게 말하고, 그들이 당신을 돕고 있다고 믿어라. 이렇게 말해보라. "나의 동료 영혼들이여, 모든 것을 주시는 분께서 당신들이 저에게 도움을 주기를 원하십니다. 저를 도우소서!"

그리고 이렇게 긍정적인 답변을 상상해보라. "그렇습니다. 우리는 당신을 돕고 있습니다. 우리는 당신이 하나님과 우리를 믿기를 바랍니다." 삶이라는 드라마에서 이것은 반드시 필수적인 것이다. 아이들이 빵이 필요하다면, 하나님은 아이들이 받을 수 있는 방법으로 빵을 주신다. 당신을 도울 수 있는 존재들과 직접적으로 접촉하는 이 방법을 통해, 당신은 마음에서 많은 걱정거리를 덜 수 있다. 영적인 관점에서 보자면, 당신은 어린아이와 같다. 그렇기에 하나님은 당신의 일상적인 필요를 충족시키기 위해 이 방법을 주신 것이다.

한번은 한 세일즈맨이 나에게 영업이 잘되지 않는다고 불평했다. 나는 그에게 그가 판매하는 제품이 좋은 것인지, 사람들이 필요로 하는 것인지 물었다. 그는 그렇다고 대답했다. 나는 이렇게 말했다. "걱정할 필요 없습니다. 당신의 마음속에서 고객들을 불러 그 물건을 파세요. 이 진리를 실제로 실천해보면서, 당신이 가야 한다고 느끼는 방향으로 움직이고 방문하고 싶은 곳을 방문하세요. 예비 구매자를 만났을 때 먼저 어떤 정신적 반응이 오는지를 살펴보세요. 만약 조화롭고 서로 공감하고 있다면 올바른 사람과 만난 것입니다. 예비 구매자들을 속이려고 하지 마세요. 항상 정직하고 솔직하게 대하세요. 그러면 당신의 판매 실적은 빠르게 늘 것입니다." 이 간단한 방법을 적용하여 이 남자는 매우 짧은 시간 안에 큰 실적을 올리게 되었다.

당신이 하나님의 법을 따르고 신성한 지혜를 사용한다면 반드시 성공할 것이다. 보다 더 고차원적인 방법을 사용해서 위와 같은 결과를 얻을 수도 있다. 당신은 거래를 원하는 사람들에게 인도해달라고 그리스도나 높은 천상의 존재에게 요청할 수 있다. 그리고 인도되고 있다고 믿어라. 특정한 느낌이나 내면의 충동이 온다면 그것을 따르라. 이렇게 당신이 올바른 사람들에게 인도된다고 믿는 것을 통해 놀라운 결과를 얻게 될 것이다. 항상 물질적 이득으로 결과를 판단하지 말라. 천상의 존재가 인도해서 만나게 해 준 사람들에게 당신이 무엇을 남겼는지로 결과를 판단하라. 더 높은 존재의 인도로 어떤 사람을 만났을 때, 당신이 그 사람을 위해 무엇을 할 수 있는지 물어보고, 전능한 영의 지시를 통해 만나게 되었다고 말하라. 그가 당신을 받아들이면 그와 함께하고, 그렇지 않다면 축복을 남기고 떠나라.

그가 고통받고 있다면, 그를 도울 수 있게 조언해야 하며, 더 높은 존재가 그를 인도한다는 믿음을 심어줘야 한다. 가족 중에 아픈 사람이 있다면, 그리스도의 영을 불러 그리스도가 그 사람을 치유하는 것을 상상해서 치료할 수 있다. 이런 이타적인 방식을 이용하면 큰 사업체를 구축하는 것도 가능하다. 나는 이 이타적 방식을 통해 번창하는 사업체를 설립한 노인을 알고 있다. 물론, 당신이 진리를 깊게 이해해서 영적으로 발전했다면, 초의식과의 접촉을 통해 모든 일을 할 수 있다. 초의식은 당신 인생의 모든 여정을 인도할 수 있다. 인생에서 어떤 위치를 취해야 하고 자신의 사명이 무엇인지 알지 못한다고 걱정하지 마라. 그럴 때, 그리스도와 같은 높은 영적 존재의 인도를 구하라. 이런 인도 속에서 당신의 일과들을 해결하다 보면, 당신은 인생의 사명을 발견하게 될 것이다.

당신의 인생 여정에서 특정한 일을 할 때 수호천사를 상상하며 그 존재의 인도를 받을 수도 있다. 그렇게 한다면 당신이 의지할 수 있는 확실한 존재가 생길 것이다. 하지만 그 수호천사를 하나님의 매개체로 대해야 한다. 당신이 어떤 곤경에 처해 있을 때는 항상 이렇게 되뇌어라. "이 또한 지나가리

라. 나의 수호천사가 지금 이 순간 나를 돕고 있다." 당신이 믿을 수 있는 영적인 방법을 선택하는 것이 중요하다. 하지만 한 가지 반드시 명심해야 할 것이 있다. 당신의 인생 여정에서 당신을 도우려는 더 높은 존재들은 다른 이의 행복, 권리, 자유를 빼앗는 일에 있어서는 당신을 돕지 않을 것이다.

당신이 내면에서 더 높은 수준의 긍정적 운명론을 발전시킨다면, 감정이나 욕망을 억누르며 투쟁하지 않을 것이며, 시기, 탐욕, 욕정을 부추기는 일도 하지 않게 될 것이다. 당신은 당신의 것을 받게 될 것이며, 당신이 받기를 기대하는 것을 받게 될 것이다. 당신이 내면에서 보는 것은 실제이며, 이 객관적 세계에 나타난 것도 또한 실제이다. 당신의 객관적 세계에 표현된 것도 궁극적으로는 주관적인 것이다. 다시 말해, 그렇게 나타난 모든 것은 정신적인 것이다. 어떤 동기를 통해 하게 되는 신체적인 행동조차도 정신적인 것이다. 정신적인 인식이 없다면 신체적인 행동은 아무런 의미도 지니지 않는다. 그렇다면 신체적 행동을 승화시켜 하나님을 찬양하는 것이 어떤가?

실제로 객관적인 세계와 주관적인 세계 사이에는 경계선이 없다. 당신이 신성한 생명의 계획을 이해하지 못할 때만 마음속에 그 경계선을 그을 뿐이다. 당신이 의식을 가진 존재로 남아 있는 한, 당신은 의식을 통해 활동할 것이다. 오직 내면에서 올바른 세상을 상상하고 생생한 비전을 품을 때에만 당신의 정신적 시야가 넓어지며, 더 많은 것을 보고 깨닫고 누릴 수 있게 된다.

내면의 것과 외부의 것은 항상 서로 반영된다. 여기서 '것'이란 사물의 형태를 의미한다. 나는 이 형태를 밀도에 상관없이 항상 객체라고 부른다. 우리가 그 밀도를 정신적인 밀도로 볼 때, 이를 정신적인 객체라고 부를 수 있겠지만, 그로 인해 객체의 객관적 밀도가 변하는 것은 아니다.

자, 내가 지금 어떤 객체를 원자 수준의 밀도로 상상하고 그것이 끊임없이 진동하는 것을 인식한다고 가정해보자. 내가 그 외부 밀도를 교란시키기 위한 특정한 방법을 사용하지 않는 한, 그 인식이 외부 밀도에 영향을 미치지 않는다. 따라서 우리가 객체의 정신적 그림을 그릴 때마다, 우리는 그것을 정신적인 밀도로 보는 것이며, 이는 객체에 전혀 영향을 주지 않는다. 그것은 여전히 외부적 객체로서 실재하는 것이다. 정신적인 비전을 창조하는 것을 통해 우리는 단지 장막을 걷어내고 실체를 보게 된다. 모든 것은 정신적 질료로 이루어져 있다. 우리가 상상하는 모든 것은 하나님 안에 어딘가에 존재한다. 만약 그렇지 않다면 우리는 그것을 상상할 수도 없다.

따라서 우리가 무언가를 상상하고 내면의 눈으로 볼 때마다, 우리는 실재하는 객체를 더 미세한 밀도로 보는 것이다.

객체의 본질이 에너지이기 때문에, 우리가 그것을 이런 방식으로 받아들인다고 해서 그 의미가 축소되는 것은 아니다. 이 철학적 관점을 더 복잡하게 만들려는 것이 아니라, 하늘에 계신 아버지께서 우리의 필요를 이미 알고 계시며, 우리가 그것을 받아들일 준비가 되어 있다는 사실을 인식하는 것만으로도 충분하다. 하나님은 이미 우리를 위해 모든 것을 준비해 놓으셨다. 우리는 어떤 것이든 그것이 어떤 형태로 존재한다는 사실을 인식하지 않으면 그 필요성을 느낄 수 없다.

삶에서 어떤 일에도 절망하지 말라. 당신이 필요로 하는 것이 가까이에 있다는 것을 믿는다면, 그것은 현실이 될 것이다. 당신이 명확한 목표를 위해 노력할 때, 불쾌한 비판을 받는 일이 있을지라도 낙담하지 말라. 오히려 당신에게는 다른 사람들의 주의를 끌 수 있는 특별한 무언가가 있다는 사실에 감사하라. 아무도 당신의 미래를 예측할 만큼 당신을 잘 알지 못한다. 당신이 하나님의 자녀임을 주장하는 한, 두려워할 것은 없다. 하나님은 천사들을 통해 당신의 소망이 성취되도록 인도하실 것이다. 하나님을 믿는다면, 당신은 스스로의 운명을 예언할 수 있는 예언자가 될 것이다.

당신 내면의 비전과 긍정적인 행동은 당신을 성공의 길로 이끌 것이다. 단 한 순간도, 당신이 가고자 하는 길이 누군가에 의해 방해받을 것이라고 생각하지 말라. 누군가 당신의 일이 무의미하다고, 당신이 쓸모없다고 생각하더라도 개의치 말라. 당신에게 야망과 비전이 있고, 긍정적으로 행동할 수 있는 능력이 있다면, 당신은 성공할 운명이다. 당신이 이상을 향해 나아갈 때, 어떤 사람들은 당신을 실패자로 볼 수도 있다. 그것은 그들이 자신의 실패와 패배를 상상하며 그것을 당신에게 투영하기 때문이다. 그런 사람들의 비판에 귀 기울일 필요가 있을까? 그들의 험담에 분개하기보다는 웃어넘겨라. 성공한 사람의 비판은 건설적이지만, 실패한 사람의 비판은 파괴적일 뿐이다.

세상의 위인들도 처음에는 매우 평범했다. 그들도 처음에는 미래에 엄청난 성공을 거둘 것이라는 기대를 받지 못했지만, 그들에게는 특별한 것이 있었다. 그것은 끈기, 비전, 야망, 그리고 믿음이었다. 그들이 자신의 야망과 포부를 이야기할 때, 좁은 시야를 가진 사람들은 대개 비웃고 조롱했다. 그러나 그들은 마치 운명을 타고난 사람들처럼 목표에 도달할 때까지 멈추지 않고 나아갔다. 그리고 그들이 마침내 성공을 이루었을 때, 과거에 그들을 과소평가했던 사람들은 뒤늦게 그 영광을 나누며 경의를 표했다. 위인들의 역사는 언제나 이와 같았다. 위인들은 좁은 시야를 가진 사람들이 하는 불필요한 비판에 신경 쓰지 않는다. 왜냐하면 그들은 그런 사람들이 항상 자신의 패배와 실패를 타인에게 투영한다는 것을 알기 때문이다.

당신이 자신의 비전에 따라 행동하면서 타인과 비교하지 않는다면, 자신의 야망과 포부에 대해 이야기한다고 해서 자만심에 빠질 일은 없다. 당신은 그저 당신 자신의 이상을 영광스러운 것으로 만들고, 이루고자 하는 원대한 목표를 마음에 새길 뿐이다. 당신의 목표와 사명에 대해서, 그리고 인생에서의 성공에 대해 더 많이 이야기할수록, 당신의 운명을 향해 나아갈 수 있다는 확신이 마음속에서 더욱 강하게 새겨진다. 예수 그리스도는 자신이 메시아라고 주장했기에 일부 사람들에게는 엄청난 자만심을 가진 사람으로 여겨지기도 했다. 예수 그리스도는 계속해서 사람들에게 하늘이 내린 자신의 사명을 상기시켰다. 어떤 누구도 그 일을 방해하는 것을 용납하지 않았다. 그분은 서기관들과 바리새인들이 자신의 가르침대로 살지 않으면서 자신의 사명을 방해하려 했기 때문에 그들을 위선자라고 부르는 것에 주저하지 않았다. 그분의 가장 담대한 행동은 성스러운 도시 예루살렘으로 행진하여 자신이 모든 사람의 구원자임을 선포한 것이었다.

예수 그리스도의 이 모든 행위는 자만심의 표현이 아니라, 자신에게 특정한 사명을 준 하늘에 계신 아버지에 대한 찬양 행위였다. 당신이 당신에게 주어진 수많은 천상의 선물과 신성한 사명을 사람들에게 말하기 부끄러워한다면 당신은 세상에서 가장 감사할 줄 모르는 사람일 것이다. 당신의 행동과 말을 통해 당신 안의 하나님을 더욱 찬양할수록, 하늘에 계신 아버지께 더 큰 영광을 받게 될 것이다.

나는 살아있는 그리스도에게서 받은 수많은 축복을 인정하는 것이 전혀 부끄럽지 않다. 나는 세상을 향해 내가 특정한 사명을 완수하기 위해 왔다고 말하며, 그 사명은 그리스도의 메시지를 전하는 것이라고 주장하는데, 나는 그것이 자만심 때문이라고 생각하지 않는다. 나는 교육이 부족했고, 세속적으로 가진 것이 없으며, 명성이 높지 않지만 그런 것이 이 경이로운 메시지를 전하는 것에 장애가 되지 못했다. 주께서 '나'라는 이 불완전한 도구를 선택하여 이토록 완벽한 메시지를 전달하게 하셨다는 생각에 나는 고양된 기분을 느끼며 영광스럽게 생각한다. 나 같이 부족한 사람이 살아있는 그리스도를 받아들임으로써 이 정도만큼 이룰 수 있다면, 이 세상에서 많은 것을 이루고 많은 이점을 가진 당신이라면 얼마나 더 많은 것들을 이룰 수 있겠는가! 당신에게 무한한 가능성이 있음을 상상할 수 있는가? 만약 그렇다면 당신은 축복받은 사람이다. 그렇다면 앞으로 행진하라. 목적지에 도달할 때까지 절대 멈추지 마라.

  이 책을 마무리하기 전에, 잠과 꿈 세계의 신비에 대해 이야기해보겠다. 사람들은 이 주제에 대해 점점 더 많은 관심을 가지고 있으며, 마땅히 그래야 한다. 왜냐하면 우리 마음이 잠드는 시간은 우리에게 매우 중요하기 때문이다. 낮 동안 어떻게 살았느냐가 밤에 어떻게 잠들지를 결정한다. 당신이 낮에 한 생각, 행동, 반응, 인상들은 당신의 꿈나라 문 앞에 서서는, 당신이 잠에 들 때 같이 따라가려 한다. 그것들은 특정한 진동을 지니고 있다. 모든 진동들, 다시 말해 진동하고 있는 이 에너지는 특정한 존재들로 의인화된다. 따라서 당신이 일상에서 무의식적으로 선택한 동료들은 잠자는 동안에도 당신을 따라다닌다. 그 무엇도 당신이 부르지 않았는데 온 것은 없다. 심지어 도둑조차 당신이 잠든 동안 그와의 진동이 잠재의식적으로 조화되지 않았다면 당신의 방에 들어올 수 없다. 만일 당신이 다른 사람을 험담해서 그 사람의 명성을 훼손시키거나, 사욕을 위해 다른 누군가를 속이려 한다면 도둑이 발산하는 진동과 크게 다르지 않다. 또한 당신은 두려움의 진동을 통해 도둑의 진동과 일치된다면 그가 당신의 집을 반드시 털게끔 끌어들이고 있는 것이다.

잠자리에 들기 전, 마음을 돌아보면서 낮 동안 가지고 있던 생각과 인상이 얼마나 남아 있는지 살펴보라. 행복한 것들인가, 아니면 불행한 것들인가? 완벽한 평화로움이 느껴지는가, 아니면 혼란스러운 느낌인가? 당신의 생각이 건전하고 마음이 평화롭고, 사랑과 축복으로 넘쳐흐른다면 그 무엇도 두려워할 필요가 없다. 그러면 당신은 잠의 세상에서 천상의 무리와 함께 여행하며 당신의 영혼과 몸은 영양분을 얻을 것이다. 하지만 마음의 평화가 찾아오지 않고, 알 수 없는 불안이 당신의 내면을 습격한다면, 잠들기 전 의식 속에서 완전한 평화를 회복해야 한다. 당신이 불행한 생각, 걱정하는 생각, 의미 없고 비생산적인 부정적 생각속에 빠져 있다면 하나님의 왕국과 연결되지 못한다. 당신은 하나님의 영원의 법을 어기고 당신 자신을 그분의 왕국에서 멀어지게 했다. 잠들기 전에, 당신은 불멸의 세계와의 잃어버린 연결점을 되찾아야 한다.

당신의 생각과 행동에 대해 변명하고 자기정당화를 시도하는 것은 마음의 평화를 회복하는 데에 도움되지 않는다. 평화는 우주에 편재하는 하나님의 속성이다. 당신이 긍정적인 생각과 행동을 하면 하나님을 기쁘게 하고, 그러면 당신은 애쓰지 않고도 모든 이해를 초월하는 평화를 얻게 될 것이다. 잠자리에 누웠을 때, 누군가의 모습이 떠올라 혼란스럽나? 그러면 그 얼굴을 똑바로 보고 평화를 선언하라. 그리고 주님의 이름으로 떠나라고 말하라. 그러면 떠나갈 것이다. 평화라는 단어는 표현할 수 없을 만큼 강력한 힘을 지니고 있다. 그것은 당신의 건강, 행복, 기쁨, 풍요를 의미한다. 그것은 악을 쫓아내고 당신을 포함한 모든 사람들의 건강과 온전한 정신을 회복시키는 일을 한다. 짧은 단어에 불과한 평화는, 우리가 그 마법의 힘을 이해하고 입 밖에 낼 때 인류의 상처를 보듬고, 지친 세상에 하늘의 축복을 내려준다. 평화! 평화! 평화! 그것은 달콤하고 낭랑한 사원의 종소리처럼 울려 퍼지며, 밤의 예배에 경건한 것들을 초대한다. 하루가 저물고 모든 다툼과 투쟁이 멈춘 후, 우리가 서로에게 건넬 수 있는 최고의 인사는 평화이다. 하루의 끝이든, 인생의 끝이든, 언제나 평화를 노래하라!

만약 당신이 무거운 짐을 지고, 긴 사막을 횡단하여서 지치고 발이 아프고 피가 나서 황혼에 휴식이 필요하다면 평화를 노래하라. 그러면 당신은 위안받게 될 것이다. 무엇인가가 당신의 마음을 어지럽히고 불필요한 불안을 느끼게 한다면, 이렇게 말하라. "평화로워져라! 고요해져라!"[마가복음 4:39] 갈릴리 바다에 폭풍이 몰아치던 어느 날, 예수는 겁에 질린 제자들에 의해 잠에서 깼다. 그들은 작은 배가 가라앉을까 두려워했다. 거친 바다에서 폭풍우를 헤쳐가는 데에 익숙했던 그들도 칠흑같이 어두운 밤에는 용기가 사라진 것이다. 예수 그리스도는 일어나 균형을 잡고 섰다. 그분의 얼굴은 신성한 광채로 물 위에 빛나고 있었고, 머리는 거센 강풍에 휘날렸다. 그분은 바람을 꾸짖으며 말했다. "평화로워져라. 고요해져라." 바람은 즉시 멈추고 성난 바다는 평온해졌다.

제자들은 위안과 평화를 찾았다. 믿음이 부족하다며 예수가 부드럽게 꾸짖었지만, 그들의 감사하는 마음속 평화를 어지럽힐 수는 없었다. 하나님의 보호하는 권능 안에서 생겨난 숭고한 깨달음은 평화의 힘을 만들어냈다. 통제되지 않은 부정적인 감정 안에서는 통제력과 힘이 생기지 않고, 오직 마음의 평화 안에서만 생긴다. 부정적 감정의 폭풍에 휩싸여 마음과 몸의 통제력을 잃었을 때, 크게 외쳐라. "평화로워져라. 고요해져라. 주 하나님께서 너희에게 고요하라고 명령하신다." 하루 일과를 마친 후 마음이 불안하다면 평화를 외치면서 모든 존재와 사물에게 평화와 축복을 보내라. 마음속에서 이렇게 말하라. "당신들 모두의 안녕과 건강, 행복과 번영을 기원합니다. 주님의 이름으로 당신들에게 인사드립니다." 당신이 하나님의 자녀임을 언제나 잊지 말라. 스스로를 낮추어 하늘에 계신 아버지를 모욕하지 말라. 자신이 진리를 깊게 이해하지 못하고 믿음이 약하다고 해서, 하나님의 일을 할 수 없을 거라고는 생각하지 말라. 하나님의 천사들이 항상 당신을 돕고 있다. 그렇기에 당신이 스스로를 약하다고 생각할 때조차 실은 강하다.

당신이 어렵다고 생각하면서 그것을 어렵다고 믿는다면 언제나 어려움을 겪게 된다. 당신이 믿기만 한다면 하나님은 당신이 평생 노력해서 할 수 있는 것보다 더 많은 것을 한 순간에 해줄 것이다. 그저 하나님의 선물을 받아들일 마음의 준비를 하면 된다. 그것이 당신이 해야 할 일 전부이며, 그때 하나님에게서 선물이 주어질 것이다.

한 남자는 그리스도가 자신을 통해 말씀하신다고 믿었더니, 하룻밤 사이에 달변가가 되었다. 그가 그렇게 될 수 있었던 이유는 단지 믿음을 실천했기 때문이다. 성경은 "행함이 없는 믿음은 죽은 것이다"[야고보서 2:26]라고 말하는데, 이는 참된 진리이다. 무언가를 믿는다면, 즉시 그 믿음을 실천해야 한다. 시기와 질투가 당신의 마음을 괴롭혀서 마음을 병들게 한다면, 모든 사람에게 풍요의 기운을 전해주어야 한다. 당신은 모든 사람을 하나님의 찬란한 빛 속에서 보면서 이렇게 말해야 한다. "당신의 풍요를 기원합니다. 당신이 풍요롭게 된 모습이 보입니다. 하나님의 선한 것들이 당신 주위에 있으며, 당신이 그것들을 받고 있습니다." 그리고 그들이 다음과 같이 일제히 대답하는 것을 상상하라. "네. 우리는 하나님의 선물을 풍성하게 받고 있습니다. 당신도 당신의 것을 받기를 바랍니다." 그러면 당신은 이렇게 대답하라. "네. 저도 제 것을 받고 있습니다. 여러분 모두에게 축복이 있기를!" 이것은 당신의 시기와 질투를 치유하고 당신의 마음에 고귀한 평화를 가져다줄 것이다.

만약 이 평화를 가져오기 위해 죄를 고백해야 한다면 전지전능하고 모든 곳에 편재하신 하나님께 고백하라. 어떤 특정한 사람에게 죄를 고백하는 것보다는 하나님께 고백하는 것이 훨씬 낫다. 당신의 약점을 알게 되었을 때 당신을 위로 끌어올리고 긍정적인 진리로 대해줄 수 있는 사람은 드물다.

잠을 방해하는 또 다른 요인은 험담하는 습관이다. 독을 당연히 피해야 하듯, 험담도 피해야 한다. 당신이 누군가를 험담한다면, 당신은 험담하는 진동속에 있게 된다. 진동의 상호작용 원리에 따라 험담하는 사람들을 주위에 끌어들이게 되고, 그로 인해 당신의 몸과 마음에 더 많은 독이 쌓이게 된다. 험담만큼 마음의 평화를 파괴하는 것은 없다. 그것은 사람의 마음을 혼란스럽게 한다. 또한 두 사람이 모여서 제삼자에 대해 험담한다면 보다 강력한 힘을 내뿜는다. 그것은 두 사람이 긍정적인 이야기를 나눌 때에도 똑같이 적용된다. 그렇다면 왜 누군가에 대한 칭찬을 하면서 긍정적으로 대하지 않는가? 사람들을 부정적으로 이야기하는 것은 하나님의 근본 법칙을 위반하는 것이다. 우리 질병의 대부분은 우리가 서로에게 가한 부정적인 진동으로 인해 발생한다고 볼 수 있다. 당신이 정신적으로 병들어 있는 한, 마음의 평화를 얻을 수 없다. 완벽한 평화를 얻지 못하면 당신은 결코 육체의 질병에서 해방될 수 없다. 당신이 하나님을 바라보고 그리스도의 발자취를 따르고자 할 때 사람들이 자신들의 의식 수준으로 당신을 끌어내리려고 할 수도 있다. 하지만 절대 끌려내려가지 말라. 하나님과 연결되어 있지 않은 것 모두는 어둠이다. 왜 불필요하게 어둠을 초대하여 그리스도가 세상에 가져오려 한 평화를 훼손시키는가? 험담하고 싶은 병적인 욕구가 솟아날 때마다, "사탄아, 물러가라! 어둠의 사자여! 너는 나의 영적인 유산을, 즉 하나님에 대한 나의 힘과 권능과 믿음을 빼앗아갈 수 없다. 나는 네게 떠나라고 명령한다!"라고 말하라. 그러면서 그것이 떠나가는 것을 보라.

당신이 타인의 입장에서 생각해보거나, 당신이 다른 사람을 판단한 기준으로 당신 자신을 판단해본다면, 다른 사람에 대해 험담하거나 부정적인 태도를 가질 시간이 없을 것이다. 당신 스스로 지키지도 못하는 원칙을 다른 사람들이 따르기를 기대해서는 안 된다. 이렇게 간단한 추론과 분석을 해본다면 당신은 다른 사람들에게 관대하고 자비로운 마음을 지니게 될 것이다. 더불어 예수의 산상수훈을 읽어보기를 권한다. 그것은 당신을 세속적인 사고방식에서 해방시키고, 당신에게 모든 부정적인 상황을 이겨낼 지배력과 힘을 줄 것이다. 꿈의 세계에서 어떤 이득을 얻고자 한다면 마음의 평화가 절대적 필수요소이다. 잠이 항상 휴식을 주는 것만은 아니다. 많은 사람들이 긴 시간 잠을 자고 늦게 일어나지만 여전히 피곤함을 느낀다. 그런데 잠의 시간을 이용하면 신체적인 휴식을 취할 수 있을 뿐만 아니라, 예술이나 과학 등의 분야에서 중요한 것을 배울 수도 있다. 완벽히 평화로운 상태를 만든 후에, 특정한 초월적 지식을 지닌 천상의 존재가 하나님 안에서 당신 가까이에 있다고 상상하면 실제로 그러한 존재와 만남이 이루어질 것이다. 당신은 이 천상의 존재에게 이렇게 말할 수 있다.

"오, 스승이시여! 저를 당신의 진동하는 차원으로 데려가주시고, 제가 잠든 동안 제가 찾는 지식을 전해주소서."

그리고는 그가 당신의 간청에 응답한다고 상상하면서, 그 보살핌 아래에 있다고 느껴라. 자, 이제 당신의 방에 당신 혼자만 있는 것이 아니라 천상의 존재가 함께 있다는 생각만을 마음에 남기고 잠에 들도록 하라.

이런 식으로 천상의 존재에게 지식을 구할 때면, 반드시 명확한 주제를 마음속에 품고 있어야 한다. 마지막으로 이전 수업에서 다루었던 내용을 인용해보겠다.

EDUCATION IN SLEEPLAND
잠의 세계에서 배우기

　잠은 완전한 망각도 아니며, 모든 활동이 중단된 시간도 아니다. 잠은 의미와 목적으로 가득한 시간이다. 만약 잠의 신비가 밝혀진다면, 인류는 스스로를 교육할 수 있는 매우 큰 기회를 얻게 될 것이다. 당신이 꿈의 세계로 들어가는 순간, 객관적 활동은 멈추고 주관적 활동이 시작된다. 당신이 그 문에 어떤 상태로 들어가느냐가 꿈속에서의 어떤 주관적인 활동이 이루어지는지를 결정한다.

　하루의 걱정과 근심을 내면의 성소에 들어가기 전에 떠나보내지 않으면 그것들이 당신을 따라다닌다. 마지막 순간의 생각은 당신을 꿈 세계의 구불구불한 길을 따라 이끌고, 당신이 객관적 의식의 세계로 돌아올 때까지 안내한다. 당신이 깨어 있는 동안에는 당신에게 자유를 주기 위해 풍요로운 것과 삶의 지식을 전달하는 존재들의 목소리를 듣지 못한다. 이 땅이 생기기 전부터, 다른 영혼들은 근원의 창조 생명을 찬양하는 아침의 찬송가를 불렀다. 그들은 계속 진보해나가서 객관적인 것과 주관적인 것이 하나로 합쳐지는 깨달음의 경지에 도달했다. 그들은 오늘날 지구를 여행하는 영혼들에게 천상의 천사들로 나타난다. 우리 스스로 만든 걱정, 근심, 두려움이라는 어둠이 우리 삶을 뒤덮고 있을 때 그 존재들은 우리를 깨우기 위해 끊임없이 노력하고 있다. 음악, 예술, 발명, 시는 모두 하나님의 영감으로부터 주어지며, 그것과 조화를 이루는 사람들을 통해 받아들여진다. 창조의 광대한 영역에서 이 진동은 계속되고 있다. 당신이 받는 모든 건설적인 메시지는 하나님으로부터 온 것이며, 불변하는 신성한 계획을 따라 전달될 뿐이다.

당신 내면의 주관적 앎을 객관적으로 표현하려고 할 때, 당신이 스스로 만들어낸 물질적 생명에 대한 관념이 객관적 한계가 되어 방해받게 된다. 이런 당신의 객관적 한계로 인해 항상 메시지를 뚜렷하게 받을 수 있는 것은 아니다. 하지만 잠자는 상태에서 주관적인 훈련을 한다면 메시지를 명확하게 받을 수 있게 될 뿐만 아니라, 당신이 원하는 것을 표현할 수 있게 해 줄 것이다. 걱정과 두려움은 내면의 메시지를 받아들이지 못하게 하는 장애이다. 따라서 당신은 언제나 당신을 보호해주는 하느님의 섭리와 당신을 돕고자 하는 천사들에 대한 신뢰와 믿음을 계속 키워나가야만 한다. 예술가, 시인, 발명가는 무의식적으로 자신의 생각을 꿈나라로 가져가며, 이로 인해 자신이 속한 지식의 영역과 조화를 이루게 된다. 이것을 통해 그들은 깨어 있을 때 그 지식을 객관적인 세상에 내놓을 수 있게 된다. 당신은 의도적으로 잠의 세상으로 들어가 당신이 몹시 원하는 지식을 받을 수 있는 곳으로 들어갈 수 있다. 이 땅에서 어떤 지식을 얻고자 할 때 교사나 상담가에게 도움을 청하는 것처럼, 당신을 언제나 기꺼이 도우려고 하는 고도로 진화된 영혼들에게 더 고차원적인 지식, 영감, 도움을 바라는 것이 비합리적인가? 근원의 생명이 다양한 역할을 수행하고 있으며, 당신이 개별적인 생명의 표현 상태에서 받게 되는 지식은 실제로는 근원의 무한한 원천에서 온다는 것을 잊지 말아야 한다. 매일 밤 잠자리에 들면서 그리스도와 같은 깨달은 영혼들과 만나게 해달라고 초의식에게 요청하라. 그리고는 그 천상의 존재가 가까이에 있다고 상상하면서 당신을 꿈나라로 인도하여 원하는 지식을 전해달라고 부탁하라. 모든 걱정, 불안과 의심, 두려움에서 벗어나 마음을 편히 쉬어라. 잠에서 깰 때, 당신은 만족감과 확신, 그리고 모든 이해를 초월하는 평화를 느낄 것이다. 당신에게 평화가 있기를!

주여! 이것은 저의 미완성 교향곡입니다! 저는 단지 부러진 갈대피리를 불고 있을 뿐입니다. 이것이 제가 할 수 있는 최선입니다. 당신의 완벽한 메시지가 저라는 이 불완전 매개체를 통해 얼마나 잘 전달될지는 알 수 없지만, 당신의 메시지를 전하는 겸허한 메신저가 될 수 있는 이 영광스러운 특권에 감사드립니다. 당신의 완벽한 메시지를 완벽하게 전달할 수 있는 사람은 오직 당신뿐입니다. 이것이 이 작은 항해의 시작인지 끝인지 저는 알지 못합니다. 주여, 제 곁에 계셔주십시오. 저의 작은 배는 끝없는 영원을 향해 항해하고 있습니다. 당신의 영과 용기, 그리고 영감이 필요합니다. 저는 언제나 떠오르는 태양을 향해 나아가고 있습니다. 뒤로 갈 수도, 돌아설 수도 없습니다.

주여! 제 곁에 계셔주십시오. 저와 함께 하소서.

아멘

어떤 위대한 일을 하고 싶은 충동을 느끼는가?
그렇다면 적극적으로 해보라.

자신에게 비밀을 단단히 잠그고 신의 권능이 자신을 이끌고 있는 것을 느껴라. 어떤 악조건 속에 있을 때라도 고요하게 앉아서 신에게 자신을 이끌어달라고 기도하라. 선입견과 개인적인 의견만 꽉 붙들고 있지 않다면 신이 당신을 그곳에서 건져줄 것이다.

마음의 평화를 깨는 것은 무엇이든 올바른 일이 될 수 없다. 걱정과 근심으로 가득한 길은 올바른 길이 아니다. 이 간단한 규칙을 따르라. 그러면 올바른 것과 올바른 길을 찾는 데에 어려움이 없을 것이다.

걱정하지 말라.
당신이 갖고 있는 모든 어려움들은 당신 안에 거하는 신에게 그 일을 맡긴다면 사라져버릴 것이다.

『모줌다, 왕국의 비밀』

정체된 일상을 벗어나, 삶의 무한한 의미를 깨닫다
모줌다 왕국의 비밀

발행일 2010년 8월 15일

"Mystery of the Kingdom"과 "Today and Tomorrow"를 묶은 책이다. 생명의 참 의미를 깨닫게 되면, 우리는 삶 전반에서 무한한 의미를 깨닫고 정체에서 벗어나게 된다. 계속해서 주어지는 긍정적 생각의 흐름 속에서 점차 신에 대한 깨달음은 밝아져온다.

서른세개의 계단 도서

서른세개의 계단 유튜브

서른세개의 계단 블로그

언제나 모든 곳에 존재하는 신을 자각하라
모줌다, 그리스도와의 대화

2024년 10월 9일 초판 1쇄 발행

지은이	모줌다
번 역	이상민
윤 문	김의숙
펴낸곳	서른세개의 계단
디자인	이세극(금손생) inzaghiraul@nate.com
ISBN	978-89-97228-38-6(03110)

잘못된 책은 바꿔 드립니다. pathtolight@naver.com